한국 언론 수용자 운동사

한국 언론 수용자 운동사

채백 지음

한국 언론 수용자 운동사

지은이__채백
펴낸이__한기철
편집장__이리라 · 편집 및 제작__이여진, 김유진

2005년 3월 5일 1판 1쇄 박음
2005년 3월 15일 1판 1쇄 펴냄

펴낸 곳__도서 출판 한나래
등록__1991. 2. 25. 제22 - 80호.
주소__서울시 송파구 신천동 11-9, 한신오피스텔 1419호
전화__02) 419 - 5637 · 팩스__02) 419 - 4338 · e - mail__editor1@hannarae.net

필름 출력__DTP HOUSE · 인쇄 · 제책__상지사
공급처__한국출판협동조합 [전화: 02) 716 - 5616, 팩스: 02) 716 - 2995]

ⓒ 2005 채백
Published by Hannarae Publishing Co.
Printed in Seoul.

한국 언론 수용자 운동사/ 채백 지음. -- 서울: 한나래, 2005.
    310p.: 23cm(한나래 언론 문화 총서, 44)

    KDC: 326.7
    DDC: 302.23
    ISBN: 89-5566-036-7   94330

    1. Mass media--Audiences.   2. Mass media--Korea--Audiences.   I. 채백.

차례

일러두기

· 한글 표기를 원칙으로 하되, 필요에 따라 외국어와 한자를 병기하였다.

· 한글 맞춤법은 '한글 맞춤법' 및 '표준어 규정'(1988), '표준어 모음'(1990)을 적용하였으나 혼란이 있는 경우는 출판사의 원칙을 따랐다.

· 외국어의 우리말 표기는 개정된 '외래어 표기법'(1986)을 원칙으로 하되, 그 중 일부는 현지 발음에 따랐다.

· 사용된 기호는 다음과 같다.

　　신문, 잡지, 텔레비전 프로그램 등: < 　 >

　　책이름: ≪ 　 ≫

머리말

이 책은 한국 언론의 역사를 통해 나타났던 수용자 운동 사례들을 통사적으로 정리한 것이다. 개화기부터 최근에 이르기까지 수용자들이 언론에 대해 집단적으로 문제 제기를 하고 이를 바로 잡고자 행동에 나섰던 주요 사례들을 모아서 정리해 보았다.

우리는 일반적으로 과거는 무언가 지금보다 못하고 뒤떨어진 것으로 생각하는 경향이 있다. 일종의 선입견이다. 역사란, 그리고 사회의 발전이란 과거에서 현재로, 미발전에서 발전으로 진행되어 가는 이원적이며 단선적인 것으로 파악하는 경향이 있다는 말이다. 이는 서구의 근대 사상이 그 밑바탕에 깔고 있는 대전제이다. 그러나 실제 역사 속으로 들어가 보면 우리는 놀라는 경우들이 꽤 많다. 대부분이 "그때에도 그런 것이 있었나" 혹은 "그때에도 그랬었나" 하는 놀라움이다. 이 '유쾌한 배반'이야말로 바로 역사를 읽는 가장 큰 즐거움일 것이다.

언론 수용자 운동사에서도 마찬가지다. 언론 수용자 운동이라고 하면 일반적으로 언론의 보급이 어느 정도 수준 이상으로 이루어지고 그 바탕 위에서 수용자들의 적극적인 의식이 필요 조건일 것이다. 대부분의 사람들은 언론의 보급도 미미했을 과거에 그러한 수용자 운동이 제대로 있었겠나 하고 판단하기 십상인 것이다. 그러나 실제 한국 언론의 역사 속으로 들어가 보면 결코 그렇지 않다. 어떤 면에서는 현대보다도 훨씬 더 적극적인 수용자들의 행동이 우리 언론의 초창기 역사부터 있었음을 금방 알 수 있게 된다.

개화기에 시골의 독자들까지 나서서 자발적으로 성금을 보내 경영난으로 정간 위기에 처한 신문을 되살려내는 일이나 일제 강점기에 독자들이 신문 불매 운동을 벌이는 사례 등등은 그동안 우리 역사 서술에서 제대로 언급되지 못했던 사실이기에 대부분의 독자들에게는 '유쾌한 배반'을 안겨 줄 전혀 새로운 사실일 것이다. 이러한 사례들을 통해 독자들은 개화기나 일제 강점기에도 수용자들이 적극적인 운동을 벌였음을 알 수 있게 되고, 현재 활발하게 진행되고 있는 시민 언론 운동의 역사적 뿌리를 확인할 수 있게 될 것이다.

언론 시장에서 수용자들의 비중과 역할이 갈수록 커지고 있다. 해방 이후 오랫동안 우리 언론은 정치 권력의 통제하에 놓여 있었다. 정당성이 약한 독재 정권이었기에 언론을 자유롭게 놓아둘 수가 없었던 것이다. 이러한 권력의 그늘 아래서 한국 언론은 정치 권력을 능가하는 또 다른 권력으로 성장해 버렸다. '선출되지 않은 권력'이기에 임기도 없었고, 그랬기에 정권이 바뀌어도 언론 권력은 부동의 지위를 유지하면서 계속 커 왔던 것이다.

하지만 1980년대 후반부터 상황은 바뀌고 있다. 정치 권력의 간섭과 개입은 줄어들고 대신 시장 논리에 의해 좌우되는 상황이 전개되면서 수용자의 역할과 비중이 커지게 된 것이다. 그 사이 수용자들의 의식은 한껏 고양되어 이제는 언론 문제가 술자리의 안주거리에만 머무는 게 아니라 직접적인 비판과 행동의 대상이 되고 있는 것이다.

이와 같은 변화 속에서 필자도 학계 주변을 맴돌다 보니 언론 수용자 운동에 한쪽 발을 담그게 되었다. 가끔씩 언론 수용자 운동과 관련된 글도 써야만 할 형편에 놓이게 되었다. 이 책은 이러한 맥락 속에서 태어나게 된 것이다. 지난 1998년 동료 교수들과 공동 작업을 하면서 한국 언론 수용자 운동의 역사를 한 편의 논문으로 개괄적이나마 정리해 볼 기회를 갖게 되었다. 그 이후 이를 다시 보완하여 한 편의 통사로 만들어 볼 욕심으로, 시기별로 자료를 보완하는 작업에 들어가게 되었다. 그 과정에서 새로운 자료와 새로운 사례들도 발견할 수 있었다. 그러한 사례들은 적절히 묶어서 한편의 논문으로 학술지를 통해 발표하는 작업을 지난 몇 년간 해왔다.

그동안 작업의 결과를 모아서 한 권의 책으로 재구성해 놓은 것이 바로 이 책이다. 이 책은 총 5개의 장으로 구성되어 있다. 시기별로 보면 개화기와 일제 강점기, 그리고 해방 이후의 세 시기로 크게 나누었다. 원래는 언론 수용자 운동에서 나온 각종 선언문들을 맨 뒤에 부록으로 모아놓으려 했다. 하지만 그렇게 하면 자료 모음으로서의 효용성은 높아질지 모르나 독자들이 읽기에는 불편하고 어려움이 따를 것으로 판단하였다. 그래서 본문에 관련 내용이 나오는 곳에 적절히 배치하여 독자들이 읽기 편하도록 도모하였다.

이 선언문들은 모두 해방 이후에만 해당될 뿐 일제기 이전에는 이와 유사한 자료가 없었다. 따라서 독자들의 이해와 가독성을 높이기 위해 전반부에는 몇 건의 관련 사진을 첨부하였다. 새로운 것은 없고 그동안 많이 사용된 사진들이다. 단지 독자들이 호흡 조절해 가면서 편안하게 읽어갈 수 있도록 하기 위해서 배치한 것이다.

이렇게 만들어진 것이 바로 이 책이다. 부끄러운 작품이지만 굳이 의의를 찾아보자면 한국 언론 수용자 운동의 역사를 통사적으로 정리한 작업으로는 이 책이 처음인 것으로 알고 있다. 또한 언론 수용자 운동 역사의 장을 개화기까지 거슬러 올라가 서술한 것도 학계에서는 처음 이루어진 시도일 것이다. 하지만 그런 만큼 이 책은 또한 여러 가지로 부족함이 많다. 앞으로 많은 보완을 필요로 한다. 독자 여러분의 따뜻한 비판과 질정을 기대해 본다.

이 책이 햇빛을 볼 수 있게 만들어 준 한나래 출판사 한기철 사장에게 고마움을 전하고 싶다. 별로 상업성도 없는 책만을 들고 오는 부담스러운 후배임에도 늘 흔쾌히 출판을 허락해 주시는 후의가 그저 고마울 따름이다. 극심한 불황 속에서도 원칙적인 필자 관리를 흐트러짐 없이 해나가는 그의 모습은 우리 출판계의 든든한 버팀목이 될 것으로 믿는다. 책을 만드느라 고생한 이리라 편집장과 실무자들에게도 고마움을 전한다.

2005년 2월

채백 씀

1장

서론

1. 왜 수용자 운동인가

언론 수용자 운동에 대한 학계와 사회의 관심이 날로 높아 가고 있다. 한국 사회에서 언론 수용자 운동이 활성화된 것은 1980년대 후반부터라 할수 있다. 1980년대 중반 서슬 퍼런 5공화국 치하에서 여성 단체와 YMCA 등에 의해 텔레비전에 대한 감시와 모니터 운동이 시작되어 1987년의 6월 항쟁으로 불어 닥친 민주화의 바람 속에서 활기를 띠기 시작하였다. 종교 단체나 여성 단체 등 기존의 시민 단체들이 언론 모니터, 시민들에 대한 언론 교육 등을 중심으로 시작한 언론 수용자 운동은 1991년도에 서울의 민주언론운동협의회(1998년 3월에 민주언론운동시민연합이라 명칭 변경)가 언론학교를 개설하면서 언론인 단체에서 시민 언론 운동 단체로 전환한 것을 시작으로 지방에도 시민 언론 운동 단체가 생겨나기 시작하였다. 1992년에는 광주에 광주전남민주언론운동협의회(1998년 7월에 광주전남민주언론운동시민연합이라 명칭 변경)가 출범하였으며, 1994년에는 부산과 대전에서 각기 부산민주언론운동협의회(1998년 6월에 부산언론운동시민연합, 2003년 6월에는 다시 부산민주언론운동시민연합으로 명칭 변경)와 방송바로세우기대전시민위원회가 설립되는 등, 언론 운동을 전문으로 하는 시민 단체들이 속속 생겨나기 시작하였다.

1990년대 후반으로 오면서는 언론 운동 단체가 중심이 되고 다른 부문의 시민 단체들과 연대하여 연대 기구를 구성할 정도로 성장하였다. 이는 다른 부문의 시민 단체들로서도 활동의 거의 모든 부문에 걸쳐 항상 언론 문제가 개입되게 마련이고 대부분 걸림돌로 작용했기 때문일 것이다. 이 때문에 다른 시민 단체들도 언론 개혁의 필요성과 당위성을 절감하면서 자연스럽게 연대 기구들이 생겨나게 되었던 것이다.

1998년 8월 서울에서 언론개혁시민연대가 출범한 데 이어 9월에는 광주(언론개혁광주시민연대), 11월에는 부산에서 언론 개혁을 위한 시민들의 연대 기구(언론개혁부산시민연대)가 출범하였다. 언론이 개혁되어야 한다는 사회적 필요와 주장에도 불구하고 별다른 개혁의 징후들이 나타나지 않자 시민 단체들이 연대하여 언론을 바로 잡겠다고 깃발을 올린 것이다. 이러한 언론 수용자 운동은 2001년 이후의 언론 개혁 논쟁에서 중요한 한 축을 담당하기까지에 이르렀다.

학계에서도 최근 한국 언론의 현실을 논하는 경우에는 대부분 그 개혁을 위한 현실적 방안의 하나로 언론 수용자 운동을 거론한다. 최장집(1996, 385쪽)은 "사회의 민주적 개혁은 언론의 개혁으로부터 출발하지 않으면 안 될 것이다"라고 전제하면서 언론 개혁을 위한 방법으로 언론인에 의한 자정과 언론 수용자 운동의 두 가지를 제시하고, 후자에 더 큰 기대를 다음과 같이 표명한 바 있다.

> 더 중요한 다른 한 가지는 시민 사회의 힘, 시민 사회의 자율적 운동에 대한 기대이다. 언론이 계속 언론 기업의 이익이나 기득 이익에만 집착하여 사회의 보편적 이익과 이슈가 아닌 특정 이익과 이슈를 지속적으로 제기하고 옹호하는 일에 전념하도록 허용된다면, 민주주의는 위협받을 것이다. 따라서 국민과 시민 단체의 외부로부터의 감시와 감독을 통한 언론 개혁은 민주화의 진전을 위해서는 필수적인 것이다. 오늘날 공정한 언론의 존재, 그리고 이를 위한 언론의 개혁은 다른 것이 아니라 바로 민주주의를 위하여 절실하다.

양승목(1995, 131쪽)도 언론 민주화와 민주주의의 실현을 위해서는 언론에 대한 시민 사회의 적극적인 참여가 필요하다고 다음과 같이 주장한 바 있다.

국가의 개입이나 자본의 영향으로 언론의 자율성과 공공성이 훼손되면 민주주의 자체가 위협받게 된다. 따라서 민주주의를 실현하고자 하는 건전한 시민 사회가 존재한다면 언론의 자율성과 공공성을 회복하기 위한 언론 민주화 운동을 어떤 형태로든 시도하게 될 것이다. 언론에 대한 시민 사회의 적극적인 참여는 언론 민주화와 민주주의의 실현을 위해서 필요할 뿐만 아니라, 민주적인 언론 체계라면 당연히 그러한 참여를 보장할 수 있어야 한다는 데 많은 사람이 동의하고 있다. 언론개혁시민연대는 이러한 입장을 집대성하여 언론 관련 법률의 개정을 위한 안을 마련하기까지 한 상태이다. 이처럼 언론 개혁의 주요 주체이자 방법으로 언론 수용자 운동이 주목받으면서 중추적 역할을 하고 있는 것이다.

1980년대 후반부터 각 언론사에 노조가 설립되고 언론 노조 운동이 활발하게 전개되면서 한국 사회는 언론인들 스스로에 의한 개혁에 상당한 기대를 걸었다. 언론 노조 운동이 일정한 성과를 거둔 점도 부인할 수는 없겠지만 근본적인 개혁을 이루지는 못하자 언론 개혁의 열쇠는 국가와 시민 사회에 주어지고 있는 것이다. 국가가 주도적으로 언론 개혁을 이끌어 간다면 효율적으로 이루어질 수도 있지만 다른 한편에서는 국가의 언론 개입이라는 부작용을 낳게 마련이다. 이와 같은 맥락에서 언론 개혁의 방법으로 언론 수용자 운동이 주목받는 것이다.

그러나 이러한 중요성에도 불구하고 언론 수용자 운동의 현재나 미래가 순탄치만은 않은 것 같다. 한국 사회 대부분의 언론 수용자 운동 단체는 여러 가지 어려움을 벗어나지 못하고 있다. 시민 참여의 부족과 재정난, 전문 인력의 부족 등 산적한 어려움이 언론 수용자 운동의 활성화를 가로 막고 있는 것이다.

이러한 어려움 속에 김대중 정권이 들어선 이후 시민 단체에 재정적 지원이 이루어지면서 새로운 문제를 야기하게 되었다. 시민 단체의 도덕성이 훼손된다는 비판이 만만치 않더니 급기야는 2001년의 언론사 세무 조사 정국에서 "정권의 홍위병"이라는 소리(이문열, 2001)까지 듣게 되었던 것이다.

학계도 이처럼 언론 수용자 운동에 적지 않은 기대를 하면서도 언론 수용자 운동의 역사에 대해서는 별다른 연구 성과들이 축적되지 못하였다. 특히 해방 이전, 즉 개화기와 일제기의 언론 수용자 운동은 거의 학문적 탐구의 대상이 되지 못하였다. 그동안 한국 사회의 언론 수용자 운동을 논한 연구들에서는 그 역사적 기원을 대부분 1960년대의 언론윤리위원회법 파동으로 잡고 있다(예컨대 김기태, 1989; 임영호, 1995; 양승목, 1995 등). 다시 말해 개화기와 일제 시기가 언론 수용자 운동의 역사 서술에서 배제되어 왔던 것이다. 언론 운동에 관한 논의를 보면 언론 운동은 초창기인 개화기에 언론인 운동에서 시작되어(손석춘, 1999, 54쪽) 해방 이후 수용자 운동으로까지 확대(최민희, 1999, 153쪽)되었다고 평가하는 것이 일반적이다.

이 연구에서는 언론 수용자 운동의 역사적 기원을 개화기까지 확대시키는 시도를 하고자 한다. 다시 말해 한국 사회에서의 언론 수용자 운동이 한국 언론의 초창기인 개화기부터 시작된 것으로 평가해 보려는 것이다. 당시 제한된 여건에서 언론의 수용자층도 한정될 수밖에 없었지만 개화기 언론의 역사에서도 수용자들이 언론에 대하여 집단적으로 의사 표시를 하거나 구체적으로 행동을 취했던 사례들이 존재한다. 이러한 사례들을 언론 수용자 운동의 범주로 포괄하여 분석해 보려는 것이다.

2. 언론 수용자 운동의 개념과 범위

그렇다면 어느 범위까지 언론 수용자 운동에 포함시키느냐 하는 것이 문제가 된다. 이는 언론 수용자 운동이라는 개념을 어떻게 규정할 것인가 하는 문제로 연결된다. 김기태(1994, 134쪽)는 언론 수용자 운동을 "대중 매체를 올바로 이해하고 대중 매체가 인간에게 미치는 각종 영향력에 대해 체계적으로 인식한 후 이를 능동적으로 선택, 수용함은 물론 나아가서 대중 매체의 구조와 내용을 수용자 중심으로 개선하고자 하는 목표를 달성하기 위해 노력하는 지속적, 집단적 행동"으로 정의한다.

이 정의에 따르면 언론 수용자 운동의 특징은 세 가지로 요약할 수 있다. 첫째는 언론에 대한 체계적 인식이 바탕이 된다는 점이며, 이어서 언론의 구조나 내용 개선을 목표로 한다는 점이다. 마지막으로 개인의 차원이 아니라 집단적이며 지속적으로 이루어지는 행동이라는 점이다. 이 세 가지 특징으로 우리는 언론 수용자 운동을 규정할 수 있다.

이 연구에서도 언론 수용자 운동을 이러한 방식으로 규정하면서 이 개념틀에 따라 개화기부터 현재에 이르기까지의 언론 수용자 운동을 분석해 보고자 하는 것이다. 개화기나 일제 강점기의 언론에서도 현대의 그것처럼 조직적으로 이루어지지는 않았지만 그 움직임들이 언론을 대상으로 하며 개인 차원에 머무는 것이 아니라 수용자들의 집단 차원에서 이루어졌던 사례들이 존재한다. 이 역사적 사례들을 언론 수용자 운동이라는 범주로 포괄하여 분석 및 고찰해 보려는 것이다.

최근에는 '언론 수용자 운동'이라는 용어보다도 '시민 언론 운동'이라는 용어가 많이 사용된다. 이는 수용자라는 말이 언론에 대해서 상대적으로 수동적 의미를 많이 내포하는 소극적인 어휘이기 때문이라는 것이다. 따라서 이보다 더욱 적극적인 의미를 담는 시민 언론 운동이라는 용어를 많이 사용하고 있다(선거보도감시연대회의, 1992, 14~6쪽).

이러한 견해에 대해 필자도 같은 입장이다. 그러나 이 책에서는 그대로 '언론 수용자 운동'이라는 용어를 사용하고자 한다. 이는 시대를 관통하여 적용하기에는 이 용어가 제일 적합하다고 생각하기 때문이다. 최근의 한국 사회에 대해서는 '시민 언론 운동'이라는 용어가 더욱 적절할 수 있지만 산업화나 도시화를 논하기 어려운 개화기나 일제 강점기에 대해서도 '시민'이라는 개념을 적용한다는 것은 무리라고 보기 때문이다.

시기 구분은 크게 세 시기로 나누어 정리해 보려고 한다. 개화기와 일제 강점기, 그리고 해방 이후의 세 시기이다. 각 시기별로 주요 언론 수용자 운동을 사례별로 분석하여 그 진행 과정과 배경을 분석해 보고 각 시기별 언론 수용자 운동의 특성과 역사적 의의를 언론에 대한 인식과 주체, 방법이라는 세 개의 차원에 걸쳐 분석 및 정리해 보고자 한다. 이러한 특성과 의의를 시기별로 비교 및 분석함으로써 한국 언론 수용자 운동을 통사적으로 정리해 보려는 것이 이 책의 목적이다.

이처럼 언론 수용자 운동의 역사를 정리하는 작업을 통해 한국 사회에서 언론 수용자 운동의 역사와 전통을 재확인해 봄으로써 그 흐름 속에서 언론 수용자 운동의 위상과 전망을 가늠하는 단초로 삼고자 한다. 역사에 대한 고찰을 통해 우리는 현재를 확인하고 미래의 방향을 잡기 위한 시사를 얻을 수 있는 것이다. 이것이 바로 이 책의 목적과 의의라고 할 수 있다.

참고 문헌

강명구 외 (1999). ≪시민의 힘으로 언론을 바꾼다≫. 서울: 언론개혁시민연대.
김기태 (1989). 한국 언론 수용자 운동의 성격과 방향에 관한 연구: 시청료 거부 운동을 중심으로. 서강대학교 대학원 박사 학위 논문.
───── (1991). 신문 독자 운동 사례 연구. ≪저널리즘≫ 봄, 230～51쪽.
───── (1994). 한국의 언론 수용자 운동. 한국언론연구원 편, ≪언론과 수용자≫. 서울: 언론연구원, 132～244쪽.
선거보도감시연대회의 (1992). ≪14대 총선 보도와 시민 언론 운동≫(선거보도감시연대회의 심포지움 자료집). 서울: 선거보도감시연대회의.
손석춘 (1999). 언론인 운동의 과제와 전망. 강명구 외, ≪시민의 힘으로 언론을 바꾼다≫. 서울: 언론개혁시민연대, 53～64쪽.
양승목 (1995). 한국의 민주화와 언론의 성격 변화: '자율 언론'의 딜레마. 유재천 외 편, ≪한국 사회 변동과 언론≫. 서울: 도서출판 소화, 93～146쪽.
이문열 (2001. 7. 9). '홍위병'을 떠올리는 이유. <동아일보>.
임영호 (1995). 한국의 시민 사회와 언론 운동의 성격 1985～1993. 유재천 외 편, ≪한국 사회 변동과 언론≫.

서울: 도서출판 소화, 227 ~ 64쪽.

최민희 (1999). 언론 감시를 위한 모니터 네트워크 구축. 강명구 외, ≪시민의 힘으로 언론을 바꾼다≫. 서울: 언론개혁시민
연대, 153 ~ 162쪽.

채백 (1995). 지역 사회 시민 언론 운동의 현황과 과제. ≪언론과정보≫ 창간호, 169 ~ 98쪽.

2장

개화기의 언론 수용자 운동

1. 박문국 방화 사건

최초의 근대 신문인 <한성순보>를 발행하던 박문국이 1884년 갑신정변 와중에 군중들에 의해 불타버리는 사건이 발생하였다. 갑신정변의 마지막 날인 1884년 12월 6일에 박문국이 소실됨으로써 <한성순보>가 폐간될 수밖에 없었던 것이다. 군중들에 의해 신문사가 방화되고 결과적으로 폐간에까지 이르게 된 이 사건의 배경과 경과에 대해서 살펴보자.

1) 시대적 배경

(1) 근대 신문의 형성

1883년 10월 1일 박문국에서 <한성순보>가 창간됨으로써 한국 사회에서도 근대 신문의 시대의 막이 올랐다. 개항 이후 한국 사회는 급격한 사회 변동을 경험하게 되었다. 안으로는 봉건 지배 체제가 한계를 드러내면서 붕괴 위기에 직면하였고, 밖으로는 제국주의 열강의 침략에 국권 수호가 위태로운 상황이었다. 이러한 위기 상황에 대한 한국 사회의 대처는 크게 세 가지 흐름으로 나타나게 되었다. 지배 엘리트층에서는 위정척사와 개화의 상반되는 두 개의 사상적 대응이 형성되었으며, 민중 부문에서는 동학이 나타났다(김영호, 1984, 124~5쪽).

이 가운데 근대 신문의 형성과 밀접한 관련을 맺게 되는 것은 바로 개화 사상이다. 서구의 문물을 도입하여 근대적 개혁을 이룸으로써 내외의 이중적 위기를 극복하자는 것이 바로 개화 사상이다. 이 개화파들이 바로 근대 신문 형성의 주역이 되었다. 이들은 국민 계몽을 통해 개화 사상의 기반을 넓히려는 시도의 일환으로 신문을 발행하게 되었다. 이를 통해 자신들의 정치적 기반을 넓히려 시도했던 것이다.

최초의 근대 신문인 <한성순보>는 바로 이 개화 세력들이 자신들의 정치적 입지를 강화하기 위해 일본과의 연합을 시도하는 과정에서 도입되었다. 개항 이후에도 개화파들은 청의 영향력을 등에 업은 보수파에 대해 정치적 열세를 면하지 못했다. 그리하여 이들은 일본과의 연합을 통해 친청 보수 세력에 대항하려는 시도를 하게 되었다. 당시 개화파들은 일본의 침략성을 간파하지 못한 채 우리의 개화를 도와 줄 우호적인 세력으로 인식하였다.

개화파와 일본이 만나게 된 구체적 계기는 1882년 박영효를 수반으로 하는 2차 수신사의 일본 방문을 통해 이루어졌다. 박영효는 귀국하면서 일본의 개화 사상가 후쿠자와 유키치福澤諭吉가 추천한 신문 편집 및 인쇄 기술자를 대동하였다. 이것이 <한성순보> 창간의 직접적인 계기가 되었다. 귀국 후 한성 판윤에 임명된 박영효는 1883년 초 고종의 윤허를 받아 한성부 신문국에서 근대 신문 창간을 위한 준비 작업에 들어갔다. 애초에 신문 창간 작업은 유길준이 일본인들의 도움을 받아 주도하였다.

창간 준비가 무르익어갈 즈음 박영효가 보수 세력에 밀려 한성 판윤에서 광주 유수로 좌천되는 사태가 발생하였다. 이에 신변의 위협을 느낀 유길준도 사임하고 일본인들도 귀국함으로써 창간 주체가 김윤식 등의 온건 개화파로 넘어 가게 되었다. 그러나 온건 개화파도 신문의 중요성과 필요성을 잘 인식하고 있었기 때문에 신문 준비 작업을 그대로 이어서 하였다. 그리하여 마침내 1883년 10월 1일 <한성순보>가 창간될 수 있었다.

이처럼 개화파의 주도에 의해 <한성순보>가 창간될 수 있었던 것은 조선 후기부터의 사회 변화 속에서 가능했던 것이다. 근대 신문이라는 새로운 매체를 가능케 했던 조선 후기의 사회 배경은 크게 나누어 경제적, 사회적, 문화적 측면에서 찾아볼 수 있다(채백, 1990, 26~31쪽).

먼저 경제적 측면의 배경으로는 조선 후기부터 상업과 화폐 경제가 발달했다는 점을 지적할 수 있다. 원시 이래로 상업의 발달은 커뮤니케이션 매체의 발전 과정에서 중요한 추동 요인이 되어 왔다. 상업의 발전은 그만큼 인간의 상호 작용의 영역과 기회를 확대시켜 보다 원활한 커뮤니케이션을 가능케 하며 또 필요로 하는 것이다. 이러한 맥락에서 조선 후기부터 이루어진 상업과 화폐 경제의 발달은 새로운 매체가 태동할 수 있는 밑바탕이 되었다.

사회적 측면의 배경 요인으로는 개항기 한국 사회가 급격한 사회 변동의 와중에 있었다는 점을 지적할 수 있다. 안으로는 봉건 체제의 붕괴 위기, 밖으로는 제국주의 침략에 직면한 상황에서 이양선과 이방인이 출몰하는 등의 문화적 충격까지 경험하게 되면서 커다란 사회 불안이 야기될 수밖에 없는 상황이었다. 이처럼 사회 불안이 상승하는 상황에서는 정보에 대한 욕구가 급격히 커지게 마련이다. 그러나 기존의 커뮤니케이션 매체들로는 이 증대된 정보 욕구에 부응할 수 없는 상황이기에 새로운 매체가 태동할 수 있는 배경이 되었다.

문화적 측면에서는 조선 후기부터 한글의 보급이 늘어나면서 문자 문화의 저변이 꾸준히 확대되어 왔다는 점을 지적할 수 있다. 조선 후기로 들어서면서 한글 문헌의 보급이 꾸준히 확대되고 가사와 소설 문학의 발전으로 한글 사용의 영역이 확대되었다. 이러한 문자 문화의 저변 확대는 신문 발전의 기본적인 토대가 되는 것이다.

순 한문의 순간旬刊 체제로 발행된 <한성순보>는 제한된 여건에

漢城旬報

統理衙門博文局

第一號

朝鮮開國四百九十二年

癸未十月初一日

旬報序

為鼎示發周于辨土要荒之外猶不及焉蓋以四界隔越不同匪可獨乎而力致此先王所以不勤遠畧也今風氣漸闢智巧日長輪船驅馳環澄定線瑗絡四土至於定公法修聘問登港埠貿易而窮邊燬昔之胝跫而無殊聯廣乎變物類幻說了出車服器用技巧萬端固齎心世務者質不可不知也是以我朝廷開局設官廣譯外報衿載內事顯示國中疏分列國名曰旬報以之廣開見聞繁感禪前利中西之官報中報鄉便變斷其義一也亏內之方位鎮浸政今法度府庫器械貧窮飢饌與夫人品之臧否物價之低昻撥實可以鴻照鏡考而襟眛勸懲之義叉未容不行乎其間也雖然覽者鶩好近囸是市歩而失故者也眛新緊售兄非覲而貝夫者也其必度畔審勞勿流勿泥取捨可否必求諸益不失其正然後庶乎平開局之本意也歟

中國光緒九年

苦日知道

內國紀事

謹奉錄

八月初六日奉 旨行護軍尹守海校江原監司欽錄

議政府啓

四月初八日大議政金炳國所啓潻劃守令另加愼擇當五錄公私所掌擧行用事謹 啓

<한성순보> 창간호

22

서 많은 어려움을 겪을 수밖에 없었지만 인쇄라는 당시로서는 발달된 테크놀로지를 이용하여 새로운 정보와 뉴스를 널리 공개함으로써 매스 미디어의 시대를 열었다고 평가할 수 있다.

그러나 최초의 신문인 <한성순보>는 그 독자층이 매우 제한될 수밖에 없었다. 특히, 사용 언어 면에서 순 한문을 쓰다 보니 한문을 모르는 사람들은 신문을 볼 수가 없었다. <한성순보>는 주로 지방 관청을 중심으로 배포되어(정진석, 1990, 90쪽) 지방의 관리들과 소수의 지식인들이 주된 독자층이었다. 이렇듯 제한된 계층이지만 <한성순보>의 창간과 함께 신문의 독자라는 새로운 집단이 출현하게 되었다는 의의는 간과할 수 없다. 언론의 수용자라는 새로운 집단이 한국 역사상 최초로 등장하게 된 것이다.

(2) <한성순보>에 대한 일본의 영향

<한성순보>는 최초의 창간 논의 과정이나 준비 과정, 그리고 실제 발행 과정에서 직접·간접으로 일본의 영향이 작용하였다. 앞서 말한 대로 창간의 계기는 1882년 수신사로 일본에 간 박영효와 일본의 후쿠자와의 만남에서 이루어졌다. 이때 박영효는 후쿠자와에게 조선의 개화를 위해서 시급히 해야 할 방책이 무엇인가를 물었다. 이에 후쿠자와는 젊은 청년들을 선진 외국에 유학 보낼 것과 신문을 발행할 것을 권유하였다. 그러면서 후쿠자와는 조선에서의 신문 발행을 도와 줄 신문 기자와 인쇄공을 함께 데려 가도록 추천하였다.

이때 후쿠자와가 조선의 개화를 위해 이처럼 적극적으로 나섰던 것은 어디까지나 일본의 국익을 위한 행동이었다. 당시 일본도 조선과 마찬가지로 내외적인 위기 상황이었다. 안으로는 봉건 체제의 위기요, 밖으로는 제국주의 침략에 직면하였다. 여기서 일본의 국권과 안전을 지키기 위해서는 인접 국가인 청과 조선도 근대적 개혁을 할 필요가 있다고 후쿠자와는 생각하였다(채백, 1990, 60~70쪽). 이러한 맥락에서 조선의 신문 발행을 적극 원조하였던 것이다.

갑신정변의 두 주역 김옥균(왼쪽)과 박영효

애초의 창간 준비 과정에는 유길준이 주도하는 가운데 박영효와 함께 건너 온 후쿠자와의 제자였던 우시바 타쿠조牛場卓造와 다카하시 마사노부高橋正信가 참여하였다. 그러나 민비 세력의 견제로 박영효가 한성 판윤에서 밀려나 광주 유수로 좌천되면서 급진 개화파에 의한 신문 창간 준비는 벽에 부딪쳤다. 유길준도 그만 두고 후쿠자와의 제자들도 신변의 위협을 느껴 귀국해 버렸다. 그러나 김윤식을 중심으로 하는 온건 개화파도 신문의 중요성과 필요성을 잘 알고 있었기 때문에 이들에 의해 신문 창간 작업이 다시 재개되었다. 이때부터는 박영효와 함께 들어왔던 일본인 이노우에 가쿠고로井上角五郎가 온건 개화파의 거두인 김윤식의 신임을 바탕으로 참여하였다(채백, 1990, 74쪽). 이러한 점 때문에 <한성순보>는 직접·간접으로 일본의 영향을 받을 수밖에 없었던 것이다.

<한성순보>가 창간되자 이에 대한 반발도 적지 않았다. 이노우에는 당시 조선 사회의 신문에 대한 반발을, "<한성순보>가 조선 사회에 나타나자 조선인 중에도 반대가 있었으며, 특히 중국인들의 반대가 심했다. 서교西敎 전파를 위한 것이라느니 일본의 선양宣揚을 위한 것이라느니 가지각색의 말들이 많았다"고 회고하고 있다(井上角五郎, 1934/1984, 302~3쪽). 친청 보수 세력들을 중심으로 근대 신문이 전통적 관습에서 벗어나 서양과 일본에 우호적이라고 비판하였다는 것이다. <한성순보>가 개화 세력에 의해서 주도되었고, 직접·간접으로 일본인이 참여하였으며 서양의 근대 문물을 긍정적으로 소개하고 있는 점 등이 친청 보수 세력에게는 부정적으로 보일 수밖에 없었던 것이다.

어려운 여건에서 발행되던 <한성순보>는 오래 발행되지 못하고 창간 1년여 만에 폐간되어야 했다. 그 이유는 이 신문의 발행처였던 박문국이 갑신정변의 와중에서 불타버렸기 때문이다. <한성순보>의 창간을 처음에 계획하고 준비 작업을 주도했던 박영효와 김옥균 등 급진 개화파 세력이 도모했던 갑신정변이 실패로 돌아가면서 그 와중에 박문국도 군중들에 의해 불타버렸다.

2) 박문국 방화 사건의 과정

<한성순보>를 발행하던 당시 박문국은 한성 내 저동에 있었으며, 신문 발행에 관여했던 일본인 이노우에가 이곳에 기거했다(古庄豊, 1918, 19~20쪽). 이 박문국이 정변의 마지막 날인 1884년 12월 6일 군중들에 의해 불타 버렸다.

갑신정변에 일본 공사관이 깊숙이 개입함으로써 일본에 대한 반일 감정이 급격히 악화되었으며, 청의 개입으로 전세가 기울어가는 정변 3일 째부터는 한성 시내 곳곳에서 일본인이나 그들의 거처가 백성들로부터 공격당했다. 이노우에는 당시의 정황을 다음과 같이 회고한다(井上角五郎, 1891/1990, 311쪽).

> 일본 군인과 공사관원 약간 명, 그리고 40여 명의 거류 일본인이 청국 군인과 조선인 폭도에 의하여 죽거나 다쳤다. 이는 참으로 통탄할 일이 아닐 수 없다.
> 7일 서울 안의 여기저기에서 폭도들이 봉기하여 일본인은 한 발자국도 공사관 밖으로 나갈 수가 없었다. 지난 밤에도 왕궁 쪽에서는 끊임없이 총성이 들려 왔다. 아침에는 어젯밤에 비교해서 조금 잠잠해졌다. 내 집도 어젯밤 폭도들에 의해서 불타버렸다는 소식을 들었다(강조는 인용자).

앞서 지적한 바와 같이 이노우에가 자신의 집이라고 말한 곳이 바로 박문국이다. 박문국이 바로 1884년 12월 6일에 군중들에 의해 방화되었던 것이다. 이때에 박문국이 불타버린 것은 당시 일반 백성들의 반일 감정 때문인 것으로 해석할 수 있다. 정진석(1985, 32쪽)도 당시 군중들이 박문국을 불태워 버린 것은 <한성순보>가 일본측과 긴밀한 유대 아래 발간되었다고 생각하였기 때문이라고 분석하고 있다.

당시 이처럼 반일 감정이 고조되었던 사회 분위기를 ≪매천야록梅泉野錄≫(卷1 上, 92쪽)은 "시민들은 개화당[의 정변 모의에 대해서 노하였다. 만나기만 하면 잡아 죽였으며 여러 사람이 몰려가서 일본 공사관을 불태웠다"고 전하고 있다. 갑신정변 주역의 한 사람으로 참여했던 서재필도 자서전에서 정변의 과정을 서술하면서 이때에 거리로 나온 민중들 사이에서 "'왜놈 죽여라, 역적 놈 잡아라' 소리가 사방에서 들렸다"고 회고하고 있다(김도태, 1972, 168쪽).[2] 이와 같이 반일 감정이 고조된 속에서 군중들이 일본인과 그 거주 시설에 대해 공격하게 되었으며 그 과정에서 박문국에도 방화가 이루어졌던 것이다.

3) 박문국 방화 사건의 의의

그렇다면 이러한 반일의 분위기 속에서 왜 박문국이 방화의 대상이 되었는지가 문제로 떠오른다. 이를 명확하게 밝혀 줄 직접적인 자료는 없다. 다만 당시의 여러 정황으로 미루어 추정이 가능할 것이다. 앞에서도 지적한 바와 같이 <한성순보>는 창간 논의나 준비, 그리고 실제 발행 과정에서 직접·간접으로 일본이 개입하였기에 일본과 밀접한 연관이 있다는 인식이 널리 퍼져 있었다. 이러한 인식 때문에 갑신정변의 와중에서 박문국이 군중들의 공격 대상이 되었다는 추정이 가능할 것이다.

　　<한성순보>의 발행 과정에 이노우에가 참여하였으며 그 밖에도 창간 초기의 연호 표기에서 중국 연호를 구석에 표기한 점이나 내용 면에서 중화 사상에 어긋나는 지구론과 같은 기사들이 등장하는 것이 일본의 영향 아래 중국의 영향으로부터 벗어나려는 시도였던 것으로 해석된다. 특히, <한성순보> 제10호(1884. 1. 30)에 실린 '화병 범죄華兵犯罪' 제하의 기사는 청의 직접적인 반발을 불러 일으켜 청이 외교 채널을 통해 공식 항의까지 했다(채백, 1990, 76~80쪽). <한성순보>의 창간 초기에 당시 사회

---

1. 원문에는 '倭黨'으로 되어 있다.
2. 이러한 상황은 당시 내각의 외국인 고문으로 있던 독일인 파울 게오르그 폰 묄렌도르프 Paul Georg von Möllendorff의 회고에서도 나타난다. 그는 당시의 정황을 "민중들은 격앙되어 길에 나타나는 일본인들을 모조리 살해했다"고 기록하였다(한국정치외교사학회 편, 1985, 52쪽).

에서는 이 신문이 일본에 아부하기 위한 목적에서 발행되었다는 비판도 있었다고 한다(古庄豊, 1918, 20쪽). 그 외에 앞에서도 언급한 바와 같이 당시 박문국에는 일본인 이노우에가 기거하고 있었다는 사실도 군중들의 공격 대상이 되게 하는 원인이 되었을 것이다.

당시 사회가 박문국을 일본과 연관시키면서 비판적으로 인식하였다는 사실은 ≪매천야록≫을 통해서도 확인할 수 있다. ≪매천야록≫ 1권의 갑오 이전 항(119쪽)을 보면 박문국이 "설치한 지 수 년이 지났으나 실용적인 일을 한 것이 없고 한갓 국고만 허비하여 폐지한다"고 밝히면서 다음과 같은 언급을 덧붙이고 있다.

> 을사(광무 9년) 이후 이토 히로부미伊藤博文가 통감의 자리에 앉아 정국을 휘어잡으니 어떤 이는 말하기를 박문국博文局은 그렇게 될 조짐이라 하였다.

이는 박문국의 '박문'이 초대 통감 이토 히로부미의 이름과 한자가 일치하는 사실을 두고 한 말이다. 다시 말해 박문국이 생긴 것이 일본의 지배에 들어가게 될 조짐이었다는 말이다. 이는 박문국의 성격에 대해 일본과 밀착된 것으로 보았으며 이에 대해 비판적 인식이 존재하고 있었다는 사실을 말해 준다.

이와 같이 <한성순보>에 일본이 관련되었다는 사실에 대한 당시 사회의 비판적 인식이 갑신정변의 와중에서 박문국 방화로 나타났다고 볼 수 있다. 그렇다면 이 사건은 당시 독자층도 극히 제한되어 있는 등 여러 가지 한계를 지니고 있지만, 일반인[3]들의 신문에 대한 비판적 인식이 집단

---

3. 여기서 당시 박문국 방화 사건에 가담했던 사람들을 반드시 <한성순보>의 독자로 볼 수 있느냐는 문제가 제기될 수 있다. 이를 밝힐 수 있는 자료는 없지만 아마도 이들 중 <한성순보>의 독자는 극히 일부분에 불과했을 것이다. 그러나 이 사실이 이 사건을 수용자 운동으로 볼 수 없다는 논거가 될 수는 없다고 본다. 일반적으로 수용자 운동에서 수용자가 반드시 해당 매체의 직접적 접촉자만을 의미하지는 않는다. 예컨대 1990년도에 전개된 스포츠 신문 구독 거부 운동에 참여한 사람들이 반드시 스포츠 신문의 구독자만은 아니었을 것이다. 이러한 맥락에서 이 박문국

적 행동으로 나타났다는 점에서 한국 언론 역사에서 최초의 수용자 운동으로 보아도 좋을 것이다.

2. <황성신문>과 <제국신문> 살리기 운동

개화기의 신문들은 신문이 발전할 수 있는 제반 사회적 여건이 성숙되지 못한 상태였기 때문에 여러 가지 어려움을 겪을 수밖에 없었다. 특히, 구독자층도 한정되어 보급의 확대가 어려운 상황이었으며, 광고로 재원을 조달할 만큼 산업 발전도 안 되었던 탓에 극심한 재정난을 겪을 수밖에 없었다. 이러한 재정난 때문에 <황성신문>과 <제국신문>이 계속 발간이 어려워 정간해야 할 지경에 처하게 되자 독자들을 중심으로 뜻있는 사람들이 신문 돕기에 발벗고 나선 사례가 있다. 이에 대해 살펴본다.

1) 시대적 배경

(1) 근대 신문의 정착과 발전

청일 전쟁 이후 한국의 근대 신문은 종수도 많아지고 발행 주체도 다양화되면서 본격적인 발전 단계로 접어들었다. 1896년에 창간된 <독립신문>은 여러 민간 신문들의 창간을 자극하는 중요한 계기가 되었다. 1898년 들어서면서 <매일신문>, <제국신문>, <황성신문> 등 여러 신문들이 창간되었다. 이 가운데 가장 먼저 창간된 것은 <매일신문>이다. 배재학당의 학생회인 협성회가 1898년 1월 1일부터 주간으로 발간하던 <협성회회보>가 그 해 4월 9일부터 제호를 <매일신문>으로 바꾸어 일간으로 발행하기 시작하였다. 이 신문은 한국 최초의 일간 신문이라 평가된다. 발행

방화 사건을 수용자 운동으로 보아도 큰 무리는 없을 것이다.

<독립신문> 창간호

주체가 배재학당의 학생들이었다는 사실로부터 알 수 있듯이 이 신문은 혁신적이고 진보적인 성향을 보여 주었다.

　<제국신문>은 1898년 8월 10일에 창간되었다. 이종일 등이 중심이 된 이 신문은 중류 이하의 일반 대중과 부녀자를 주된 대상으로 순 한글로 발행하였다. 이어서 1898년 9월 5일에는 <황성신문>이 창간되었다. 이 신문은 그 해 3월 2일부터 발행되던 <경성신문>이 4월 6일 <대한황성신문>으로 제호를 바꾸었다가 다시 이것이 합자 회사 형태로 <황성신문>이라는 이름으로 창간된 것이다. <황성신문>은 개신 유학층을 대상으로 하여 국한문 혼용체를 사용하였다.

　신문의 종수가 많아졌을 뿐만 아니라 신문의 발행 주체 세력도 개화 세력뿐만 아니라 보수 세력, 종교 세력 등까지 가세하여 다양화되었다. 보수 세력들이 창간한 신문으로는 <시사총보>와 <상무총보>가 있다. 독립협회와 대립하던 황국협회도 신문의 필요성을 깨닫고는 1899년 1월 24일 국한문의 격일간으로 창간한 신문이 <시사총보>이다. 1899년 4월 14일에는 보부상 모임인 상무사에서 <상무총보>를 창간하였다. 이 신문들은 독립협회 운동이 활성화되면서 민족 운동 계열의 신문들이 활기를 띠게 되자 이에 대응할 목적으로 발행했던 신문들이다.

　한편 선교를 목적으로 하는 종교 신문들도 창간되었다. 1897년 2월 2일 감리교의 아펜젤러 목사가 <조선그리스도인회보>를 순 국문의 주간으로 창간하였으며 장로교의 언더우드 목사는 1897년 4월 1일 역시 순 국문의 주간 신문인 <그리스도신문>을 창간하였다. 이 밖에 일본인들이 발행하는 외무성 기관지 <한성신보>도 1895년 1월에 창간되었다. 이 신문은 일본이 청일 전쟁에서 승리한 후 조선에 대한 침략을 본격화하는 가운데 이를 뒷받침하기 위한 선전 기관으로서의 역할을 위해 창간된 신문이다.

　이 당시 이처럼 신문이 발전할 수 있었던 것은 내외적 상황의 변화 속에서 가능했던 것이다. 즉, 청일 전쟁과 동학 혁명, 갑오개혁, 을미사변

뎨국신문

第一號　第一卷

광무 이년 팔월 팔일 뎨
인가 (일일발간)

모하 회샤를 죠직ᄒᆞ여 가지고
셔로 신문을 발간ᄒᆞ되
대국신문이라 ᄒᆞ야, 슌국문으
로 남녀마다 츌판ᄒᆞ더니 슈방쳡
군조는 만히 쥬의 들ᄋᆞ여 보시오

...

관보

팔월 팔일

○쥬셔 홍샤 경무쇼
윤웅녈노 닉부 협판원 슝명
시고 탁지부 대신 민영기로 경무슈롱
의 정부 찬졍 리근명 샤직상쇼
비지니에 찬졍 쥬임을 업지 무망훈 병으로 허임

〈제국신문〉 창간호

등 커다란 정치적 사건들이 줄을 이었으며 제국주의 열강의 이권 침탈도 본격화되었다. 이에 대한 대응으로 독립협회 운동도 활발해지면서 정보에 대한 사회적 욕구가 급속하게 상승했던 시기라 할 수 있다. 이러한 여건에서 갑오개혁을 통해 우편 제도와 통신 제도가 도입되며 한글을 공식 문자로 채택하는 등 신문 발전의 밑바탕이 되는 개혁 조치들이 취해진 것이다(채백, 1990, 126~71쪽).

그리하여 이 시기부터 다양한 세력들이 신문 발행에 참여하여 신문의 종류도 많아지고 활성화되면서 신문은 사회의 영향력 있는 매체로 정착할 수 있게 되었다.

특히, 이 시기 신문들은 이전의 신문들과 달리 제국주의에 대한 인식면에서 진일보한 측면을 보여 주었다. 초창기 <한성순보>나 <한성주보>, 그리고 <독립신문>까지는 제국주의에 대한 인식에서는 한계를 보여 주었다. 즉, 제국주의의 침략적 속성을 간파하지 못하고 우리가 본받아야 할 근대화의 모델로서, 그리고 우리의 근대화를 도와 줄 우방으로 인식하였다(김민환, 1988).

그러나 1898년 창간된 <매일신문> 이후로는 제국주의의 침략적 속성을 파악하고 이를 지면을 통해 폭로함으로써 여론의 힘으로 침략에 맞서려는 이념적 지향을 보여 주었다. 예컨대, <제국신문>은 1902년 9월 12일자 논설을 통해 "약흔 나라이 권리 찾는 힘은 군소에 잇지안코 민론에 잇는지라"라고 주장하였다. 이 시기 신문들은 이러한 이념적 지향에 바탕하여 당시 가속화되던 열강의 이권 침탈을 지면을 통해 폭로하는 논조를 보여 주었다.

이처럼 신문들이 제국주의에 대한 인식에서 변화된 모습을 보여 주고 이를 신문 논조에도 반영함으로써 신문에 대한 당시 사회의 인식은 초기의 거부 반응에서 긍정적 인식으로 바뀌었을 것으로 분석할 수 있다. 이러한 인식의 변화가 여기서 논하고자 하는 <황성신문>과 <제국신문> 돕기 운동의 밑바탕이 되었을 것이다.

大韓光武二年九月五日 月曜日

陰曆戊戌七月二十日 (一)

皇商工部認可 入日

每日刊行 第一卷 第一號

皇城新聞

論說

（前略）

官報

●九月二日

◯宮庭錄事

◯九月二日

●九月三日

〈황성신문〉 창간호

(2) 신문 독자층의 확대

이와 함께 신문의 독자층도 점차 확대되어 갔다. 어느 사회에서나 초창기의 신문은 여러 가지 어려운 여건 속에서 그 배급에 많은 어려움이 따르게 마련이다. 앨런 J. 리(Alan J. Lee, 1976, 35쪽)는 초창기 신문이 보편적으로 겪는 어려움을 네 가지로 설명하였다. 첫째는 문자 해독 능력이다. 신문의 초창기라 할 근대 초기에는 어느 나라나 교육 기회가 제한되어 있어 대부분의 사람들은 문자 해독 능력을 갖추지 못한 것이 일반적이었다. 둘째는 경제력이다. 초창기 신문은 가격이 상당히 비쌌다. 구독료 위주로 운영하다 보니 비쌀 수밖에 없었던 것이다. 따라서 일반 대중들로서는 경제적 여유가 없어서 신문을 보지 못한 사람들도 많이 있었다. 셋째는 여가이다. 산업화 초기의 노동자들은 장시간 노동에 시달리다 보니 신문을 읽을 시간적 여유도 없었다. 넷째는 배달의 어려움이다. 교통 수단의 발달이 미약했고 도로망의 정비도 잘 안 되어 있는 상황이었기에 대도시 이외의 지역에는 신문 보급에 어려움이 클 수밖에 없었던 것이다.

이러한 어려움을 극복하기 위해 근대 신문은 초창기에 여러 가지 간접적 구독 방식들이 형성되었다. 서구의 경우는 공원 등지에서 돈 받고 신문을 읽어 주던 누벨리스트들이 생겨났으며 커피 하우스나 살롱 등도 신문을 구비하여 읽을 수 있도록 하였다(Smith & Anthony, 1979/1990).

한국 근대 신문에서도 문자 해독 능력이 있는 사람이 글을 읽을 줄 모르는 다른 사람을 위해 신문을 대신 읽어 주는 방식이나 한 부의 신문을 여러 사람들이 돌려 읽는 방식, 특정한 공간에 그 지역 유지나 뜻있는 사람들이 자비로 신문과 잡지를 구비하여 다른 사람들이 와서 읽을 수 있도록 한 신문잡지종람소를 통한 구독, 구독료 대납이나 공동 부담을 통한 구독, 공공 기관의 구독 등의 여러 형태의 간접적 구독 방식들이 출현하였다(채백, 1998). 이처럼 근대 신문 초창기의 제한된 여건 속에서도 정보 욕구를 해소하고 신문의 보급을 확대하기 위한 다양한 메커니즘들이 생겨났던 것이다. 이로써 신문들의 발행 부수보다 훨씬 많은 사람들이 신문의 구독층에 포함될 수 있었다.

  그러나 개화기 신문들은 공통적으로 극심한 경영난에 시달려야 했다. 이는 당시의 신문들이 대부분 신문을 발행하여 기업으로서 수지를 맞추기 힘든 상황 속에서 시작했기 때문에 겪어야만 했던 불가피한 현상이었다. 이렇듯 신문이 경영난을 겪으면서 계속 발간이 어려운 지경에까지 이르자 독자들이 나서서 신문 돕기 운동을 펼친 사례들이 있다.

2) <황성신문>과 <제국신문> 살리기 운동의 전개 과정

(1) <황성신문> 살리기 운동

<황성신문>은 1903년 연초에 극심한 경영난을 겪으면서 정간 위기에 처하게 되었다. 이 사실이 지면을 통해 알려지자 뜻있는 독자들이 의연금을 보내 신문이 계속 발행될 수 있도록 만들었다.

  1903년 2월 5일자 <황성신문>은 신문 경영의 어려움을 호소하는 사고를 게재하였다. 이 사고에서 <황성신문>은 먼저 경영의 현황을 자세히 공개하고 있다. 그 내용을 보면 발행 부수가 3000여 부로서 매달 구독료와 광고료 수입이 1050여 원, 경비는 830원으로서 매달 220원 정도 이익이 발생해야 하는데, 실제로는 구독료 징수가 제대로 이루어지지 않아 적자와 경영난을 면치 못한다는 것이다. 당시 전국에 걸친 구독료 미수금 총액은 7000여 원으로서 이것만 징수가 되면 종이나 잉크 대금, 우편료 등 부채 2000원을 청산하고도 남는 액수이다. 이러한 재정 현황을 공개하면서 전국의 독자들에게 구독료를 속히 납부해 줄 것을 간곡히 호소하였다.

  같은 날짜 논설에서는 '大呼擲筆'이라는 제목으로 경영의 어려움 때문에 신문이 계속 발간하기 어려워 부득이 정간할 수밖에 없는 처지라는 것을 다음과 같이 설파하고 있다.

<황성신문>의 정간을 알리는 '대호척필'의 논설

百計가 沒策ᄒ야 從此로 續刊홈을 不得ᄒ니 嗚呼라 本社ᄂᆫ 永永 盲聾客이 되얏도다. 雖然이나 本記者ᄂᆫ 本社에 盲聾客됨을 悲感홈이 아니라 窃히 全國의 盲聾客됨을 憤恨ᄒ야 大聲一呼ᄒ고 禿筆을 擲地ᄒ노라

신문의 속간이 어렵게 되었으니 이는 전국이 장님, 귀머거리가 되는 것으로서 이를 분히 여기며 무딘 펜을 던진다는 비장한 내용의 글이다. 이 글이 나가자마자 바로 독자들의 반응이 줄을 이었다. 신문이 중단되어서는 안 된다는 격려의 편지와 후원금이 전국에서 답지하기 시작하였던 것이다. 아마도 이렇듯 비장한 논조의 글이 독자들의 심금을 울렸던 것 같다. 2월 5일자를 발행한 후 4일 정도를 쉬다가 발행한 9일자를 보면 각지에서 정간을 비통해 한다는 내용의 독자 투고와 의연금이 들어 왔음을 알리고 있다. 이 날치 신문에 실린 것만도 투고를 통해 신문이 정간되는 것을 차마 볼 수 없어 조그만 보탬이라도 하려고 돈을 보낸다며 수송일인壽松逸人이 100원, 백창산인白倉山人이 20원을 보냈다.

이러한 독자들의 반응에 대해 <황성신문>(1903. 2. 9)은 장문의 사고를 실어 회사의 공식 입장을 밝혔다. 그 주된 내용은 당초 신문을 정간하려 하였으나 독자들의 후원금을 가지고 부채만 갚는다거나 돌려 줄 수는 없는 노릇이기에 다시 신문을 발간한다는 것이었다. 또한 신문이 계속 발간되기 위해서는 재정적 측면에서 방책이 있어야 하니 이에 좋은 방안을 알려 달라는 뜻을 밝히고 있다.

성금 답지는 4월 중순경까지 이어졌다. 거의 매일 전국의 독자들에게서 온 편지가 지면에 소개되었다. 대부분이 소액이나마 신문의 재정을 위한다며 후원금을 함께 보냈다. 그 중 한 사례만 예로 들어 보면 <황성신문> 1903년 2월 27일자에 수원에 사는 나성규라는 사람이 보낸 다음과 같은 편지가 실렸다.

生은 鄕邑에 居生ᄒ난 一個 蠢愚之人으로 耕田食鑿井飮ᄒ난 餘暇에 貴社 新聞을 購覽愛讀ᄒ온지 多年에 不知中 曉悟ᄒᆸ비 不少ᄒ야 見聞에 熱

習ᄒ면 神益이 甚大ᄒ기를 深望ᄒ엿더니 向日擲筆論題에 停刊ᄒ다난 句語에 至ᄒ야난 茫然失圖ᄒ다가 (중략) 及見連日續刊之報ᄒ오니 切爲寄書諸君子ᄒ야 不勝百倍感謝也로다 聊表欣感之情ᄒ야 僅以銅貨十元을 仰呈于文几之下ᄒ오니 (후략).

평범한 농민이 틈틈이 신문을 읽으면서 깨우치는 바 적지 않던 차에 신문이 정간한다는 소식을 듣고는 망연자실하였으나 다시 속간한다니 고맙기 이를 데 없어 10원을 보낸다는 이야기이다. 대부분 이러한 내용의 편지가 줄을 이으면서 액수는 다양하지만 성의껏 후원금을 함께 보냈던 것이다. 이광린(1986, 19~22쪽)의 분석에 따르면 당시 신문에 게재된 기서는 총 65통에 의연금 액수는 2032원 20전에 달하였다고 한다. 이 금액은 <황성신문>이 출발한 당시에 모집된 자본금 액수에 맞먹을 만큼 상당한 액수의 돈이다.

당초 <황성신문>은 주식회사 형태로 1주당 10원씩 총 500주를 발행하여 자본금 5000원을 목표하였으나 당초의 자본금 모집 계획에도 불구하고 자본금 납입이 제대로 되지 않았다. 1900년 9월에 열린 총회의 기록인 <황성신문사총회회록>을 보면 1900년 8월까지 2631원이 납입되었으며, 나머지 2369원은 미납된 상태였던 것으로 기록되어 있다. 따라서 당시에 모금된 2000원이 넘는 액수의 돈은 상당한 금액으로서 <황성신문>이 경영난을 극복하는 데 적지 않은 도움이 되었다고 할 수 있다.[4]

---

4. 이때 고종 황제도 <황성신문>에 보조금 500량을 하사하였으며, 내부로 하여금 각도에 훈령을 내려 각도의 적체된 신문 구독료를 납부케 하였다. 이때의 훈령으로 일시적으로 몇몇 도에서는 반응이 있었으나 근본적인 해결이 되지는 못했던 것 같다. 그리하여 그 뒤로도 몇 차례 같은 내용의 훈령이 반복되었다. 즉, 그 해 7월 18일과 8월 18일에 다시금 훈령이 내려갔다(<황성신문>, 1903. 8. 22 별보).

(2) <제국신문> 살리기 운동

<제국신문>의 사례도 <황성신문>과 비슷했다. 1907년 9월 들어 <제국신문>은 지면을 통해 신문사 운영의 어려움을 여러 차례 호소하였다. 9월 5, 6, 7일 3일에 걸쳐 '엇지 홀 슈 업는 일'이라는 제목의 논설과 10일자의 '붓을 들고 통곡홈'이라는 논설이 그것이다. 이 논설들이 나간 후 의연금이 들어 왔으나 경영난을 해결하기에는 태부족이어서 결국 9월 20일자로 '붓을 던져 신문 스랑ㅎ는 여러 동포에게 작별을 고홈'이라는 제목으로 신문이 더 이상 발간되지 못한다고 선언하기에 이르렀다.

> 지금 본샤에 최장이 천여원이라 ㅎ나 밧을 것이 또 그 수효가 넉넉ㅎ지라 무삼 근심홀 비리오만은 금년 봄만 갓허도 샤회의 유지ㅎ신 이들이며 우리 신문 스랑 ㅎ시는 동포들이 그 군졸홈을 본샤 샤원에게만 맛겨두지 안을 것은 뎡혼 일이러 니 그동안 죠금 남앗던 국믹이 아주 쓴어져셔 본국인민의 희망졈이 쓴어지고 — 또한 그 뿐이 안이라 신문죠례를 반포혼 지 두달이라 본월 이십스일 니로는 보 증금 삼빅원을 내부에 밧치지 안이ㅎ면 또혼 신문을 발행ㅎ지 못홀 경우인즉 본 샤의 지묵비도 군간한 중 더구나 숨빅원 공익을 어더셔 판츌ㅎ리오

여기서 말하는 신문 조례란 1907년 7월 24일 반포된 신문지법을 말한다. 당시 <제국신문>이 정간할 수밖에 없었던 이유는 구독료 미수금이 많아서 만성적인 적자를 벗어날 수 없었던 점 외에도 이 신문지법에 따라 새로 규정된 발행 보증금 300원을 마련할 길이 없었다는 점이 직접적인 요인이 되었음을 알 수 있다. 보증금 300원을 마련하지 못하여 납부기일 며칠을 앞두고 정간할 수밖에 없었던 것이다.

이러한 사정으로 <제국신문>이 정간에 들어가자 독자들이 나섰다. 9월 21일부터 신문이 발행되지 않자 <제국신문>의 속간을 위한 각계의 의연금이 답지하기 시작했다. 창신사의 사원들이 뜻을 모아 62환을 기부한 것을 필두로(<황성신문> 1907. 9. 22, '果然彰信') 여자교육회 사무장을 맡고 있는 장욱자 씨가 회원들에게 절절한 어조의 편지를 보내 <제국신

문>에 의연금을 내줄 것을 간청하였다(<황성신문> 1907. 9. 24, '女中君子').
<황성신문>은 이를 보도하면서 여성들이 이렇게 나서는데 남성들은 가
만히 있다면 부끄러운 줄 알아야 한다고 덧붙였다. 이 기사가 나가자 바로
뒤이어 남성 단체에서도 의연금 모금에 발벗고 나섰다(<황성신문> 1907. 9.
26, '各社會熱心').

　　<제국신문>을 위한 의연금 모금 운동에는 미주 지역에 거주하는
교포들까지 참여하였다. 미주 지역에서 발행되던 <공립신보>는 1907년
10월 18일자[5]에 정재관 외 10명의 발기인 명의로 된 '뎨국신문을 위ᄒᆞ야
연조금을 모집하는 취지서'를 지면에 게재하였다. 이들은 취지서를 통하
여 "뎨국신문이 투필뎡간ᄒᆞᄂᆞᆫ 비경을 당한 것은 아직것 우리 동포가 신문
의 소즁홈을 ᄭᅢ닷지 못ᄒᆞ야 사랑ᄒᆞᄂᆞᆫ 마음이 부죡한 연고"라 하면서 다음
과 같이 의연금 모금을 천명하였다.

　　　　뎨국신문을 위ᄒᆞ야 의연금 모집ᄒᆞ기를 발긔ᄒᆞ고 의연금 모집소ᄂᆞᆫ 공립신보샤로
　　　　뎡ᄒᆞ엿ᄉᆞ오니 유지ᄒᆞ신 쳠군쟈ᄂᆞᆫ 등졍을 표ᄒᆞ시고 뜻글을 모아 틱산을 이루ᄂᆞᆫ
　　　　것을 싱각ᄒᆞ시와 다쇼를 불구ᄒᆞ고 각각 출의연조ᄒᆞ시되 스긔가 급박ᄒᆞ오니 연조
　　　　금을 이달 30일 ᄂᆡ로 보ᄂᆡ시기를 절졀간망 ᄒᆞ옵ᄂᆞ다

　　이처럼 각계 각층 독자들이 발벗고 나서 의연금을 모금한 데 힘입어
다시 10월 3일자로 속간할 수 있었다. 속간호에서 <제국신문>은 '본 신
문 쇽간하난 일'이라는 제목의 논설을 통해 신문사에 의연금을 보내 준 이
들에게 사의를 표명하면서 계속 구독해 줄 것을 당부하였다. <제국신
문>이 정간을 극복하고 속간하는 데에 독자들의 의연금 모금이 중요한
역할을 하였음을 알 수 있다.

---

5. 그러나 아래에서 논하겠지만 이때에는 이미 <제국신문>은 속간된 상태였다. <공립신보>
는 미주에서 발행되는 관계로 정보가 늦어서 뒤늦게 나서게 되었던 것으로 보인다.

3) <황성신문>과 <제국신문> 살리기 운동의 의의

지금까지 살펴 본 바와 같이 <황성신문>과 <제국신문>의 두 사례는 독자들이 자발적으로 나서서 의연금을 모금함으로써 신문에 경제적인 도움을 주어 문 닫을 위기에 처했던 신문을 살려 내는 결과를 가져 왔다. 따라서 이는 조직을 통해 이루어진 형태는 아니었을지라도 각계 각층의 많은 독자들이 집단적으로 참여하였으며 그 행위의 대상이 신문을 목표로 하고 있다는 점에서 수용자 운동의 범주에 포함시킬 수 있을 것이다. 특히, 독자들이 자발적으로 나서서 어려운 지경에 처한 신문을 도우려 했다는 사실은 당시 사회의 신문에 대한 인식과 관련하여 중요한 시사를 던져준다.

첫째로는 독자들이 신문의 중요성에 대해서 상당히 확고한 인식을 가지고 있다는 점을 지적할 수 있다. 이러한 인식이 바탕이 되었기에 독자들이 자발적으로 나서서 신문을 살리려는 운동이 가능했던 것이다. 둘째로는 당시 신문들의 역할에 대해서 독자들이 긍정적으로 평가했다는 사실을 지적할 수 있다. 긍정적인 평가가 있었기에 신문이 재정적 어려움에 처하자 독자들의 자발적인 의연금 모금 운동이 펼쳐질 수 있었던 것이다.

신문에 대한 독자들의 인식과 평가가 이처럼 긍정적으로 형성될 수 있었던 것은 <독립신문> 이후 창간된 여러 신문들을 경험했기에 가능했을 것이다. 이들 신문들이 어려운 여건에서도 국민들을 개명 진보로 이끌기 위해 진력하였으며 특히 이전 신문들과 달리 제국주의 침략에 저항하는 모습들을 보았기에 이처럼 긍정적인 인식이 가능했으리라는 말이다.

3. <국민신보> 습격 사건

1) 시대적 배경

러일 전쟁에서의 승리를 계기로 일본은 한반도에 대한 독점적 지배 상태에 돌입하면서 한국에 대한 침략 야욕을 본격화하였다. 미국과는 1905년 7월 29일의 카츠라-태프트 비밀 협약을 통해서, 이어서 영국과는 1905년 8월 12일 제2차 영일 동맹을 맺으면서, 그리고 러시아와는 러일 전쟁의 종전 조약인 포츠머스 조약을 통해 일본은 한반도에 대한 독점적 지배를 열강으로부터 사실상 인정받기에 이르렀다. 이를 바탕으로 일본은 1905년 11월 17일 대한제국 정부에 이른바 을사조약을 강요하여 체결하게 했다. 이로써 외교권을 박탈하고 통감부를 설치하여 보호 정치를 편다는 명분 아래 사실상 내정 전체에 간섭하고 나섰다.

　을사조약이 체결된 후 한국 황실은 그것이 강제로 체결되었음을 외국에 알리려 노력했고 필요하면 비밀리에 사절을 보내기도 하였다. 1907년 6월 헤이그에서 열린 만국평화회의에 이준을 비롯한 세 명의 밀사를 보낸 것도 그러한 노력의 일환이었다. 그러나 밀사를 파견한 것도 일본뿐만 아니라 영국 등의 집요한 방해에 부딪쳐 아무런 효과도 거두지 못했고 오히려 일본의 강요에 의해 고종이 퇴위하는 결과를 가져오고 말았다(강만길, 1984, 207~10쪽).

　헤이그 밀사 사건이 알려지자 일본 정부는 두 방향으로 이 사건을 그들의 침략에 이용하기로 방침을 정하였다. 하나는 일본에 저항한다는 구실로 고종을 폐위시키고 황태자를 내세워 그들의 침략을 보다 용이하게 관철시키려 하였으며, 다른 하나는 통감에 의한 내정 간섭을 보다 강화하기 위하여 신협약을 강요한다는 것이었다.

　통감 이토 히로부미는 본국 정부의 훈령에 따라 고종을 위협하는 한편 총리 대신 이완용에게 고종의 양위를 성사시키도록 압박을 가하였다. 당시 내각의 총리대신은 이완용이었으며 농상공부 대신으로 일진회의 거두 송병준이 자리하고 있었다. 이들이 앞장서서 고종을 압박함으로써 마침내 1907년 7월 20일 양위식을 거행하게 되었다(김의환, 1980, 358~61쪽).

한편 이때의 언론 상황을 잠시 정리해 보기로 하자. 러일 전쟁을 계기로 일제는 한국의 언론에 대해서도 직접적인 탄압을 자행하게 되었다. 일제는 우선 1904년 2월 한일의정서를 강제로 체결하여 일본 군대의 주둔이 가능케 만들었다. 이를 바탕으로 무력을 앞세워 한국 언론에도 직접적인 탄압에 나섰던 것이다.

이어서 일본은 1904년 7월 20일 군사 경찰 '훈령'을 반포하였다. 이 훈령에 따르면 한국 신문으로 하여금 군사령부의 사전 검열을 받도록 되어 있었다. 10월 9일에는 군정 시행에 관한 '내훈'을 시달하여 치안 방해라는 명목으로 신문, 잡지의 정간과 발행 금지를 명할 수 있도록 하였다. 이처럼 일제는 러일 전쟁을 전후한 시기부터 그들의 군사 경찰권을 앞세워 한국의 언론에 대해 직접적인 통제에 나서게 되었다.

이처럼 일제의 직접적인 언론 탄압이 자행되면서 항일 언론의 필봉은 다소 무디어져 갔다. 대신 영국인 배설(裵說, Ernest Bethell)이 사장으로 되어 있어 일본이 직접 간섭할 수 없었던 <대한매일신보>가 항일 언론의 선봉에 서게 되었다. 이러한 상황임에도 불구하고 새로이 여러 종의 신문들이 창간되었다. 이 시기에는 친일 세력도 신문을 내기 시작했으며 지방에서도 한국인에 의한 신문이 창간되었다.

1906년 6월 17일에는 <만세보>가 창간되었다. 손병희, 오세창 등 천도교 세력이 중심이 되어 창간한 이 신문에는 주필을 맡았던 이인직의 신소설 ≪혈의 누≫가 50회에 걸쳐 연재되었다. 그러나 경영난 때문에 1907년 6월 29일자를 마지막으로 폐간되었다. 이 인쇄 시설과 사옥을 이인직이 사들여 1907년 7월 18일 <대한신문>을 창간하여 이완용 내각의 기관지로 발행하였다.

1906년 10월 19일에는 프랑스인 신부 안세화(安世華, Florian Demenge)가

<경향신문>을 창간하였다. 한글 전용의 주간지였던 이 신문은 종교 기사뿐만 아니라 일반 기사도 실었다. 한일합방 후인 1910년 12월 30일 폐간되었으며 1911년 1월 15일부터는 종교적인 내용을 중심으로 한 <경향잡지>로 이름을 바꾸어 발행하였다.

대표적인 친일 단체였던 일진회는 1906년 1월 6일 기관지로 <국민신보>를 창간하였다. 초대 사장은 일진회 회장이었던 이용구가 맡았다. 이 신문은 각 지방 관청에 강제로 신문을 보내어 한때는 지방 발송 부수가 7000부까지 되었다.

1909년 10월 15일에는 국내 최초의 지방지인 <경남일보>가 창간되었다. 경남 진주 지역의 유지들이 뜻을 모아 회사를 설립하고 창간한 이 신문에는 <황성신문>의 사장을 역임한 장지연이 주필을 맡았으며 김홍조金弘祖가 사장 겸 발행인이었다. 이 신문은 한일합방 이후까지 발행되다가 1914년 말경 폐간되었다.

2) <국민신보> 습격 사건의 전개 과정

대표적 친일 단체였던 일진회의 기관지 <국민신보>가 성난 군중들에 의해 습격당한 것은 1907년 7월 19일의 일이었다. 일본의 강압에 의해 고종이 퇴위한다는 소식이 전해지면서 이에 분노한 민중들의 목소리가 여기저기서 터져 나오기 시작했다. 7월 17일부터 서울 시내 종로를 비롯한 각처에는 "임진의 난을 보라, 을미년의 일은 어떠했던가! 일본인의 포학은 그칠 줄 모르니 우리들의 도탄은 눈 앞에 도달했다"는 비분강개조의 내용을 담은 방들이 나붙기 시작했다(독립운동사편찬위원회, 1983, 436쪽).

7월 18일부터는 성난 군중들이 서울 내 종로와 대한문 앞 등지에 수천 명씩 모여 들어 양위 반대를 외치기 시작했다. 군중들을 자극하여 결집하게 만든 직접적 계기가 된 것은 두 가지였다. 하나는 당시 친일적 성향이 강했던 이완용 내각의 친일 대신들이 고종 황제에게 세 가지 사항을 강청하였다는 것이며 다른 하나는 이 건을 조속히 매듭짓기 위해 일본 외무대신 하야시 곤스케林薰가 건너온다는 소식 때문이었다. 친일 대신들이 고종 황제에게 청한 세 가지 사안이란 <황성신문> 1909년 7월 19일자에 의하면 '첫째, 광무 9년 11월 17일의 신조약에 어새御璽를 押홀 事 둘째, 대황제폐하끠 섭정을 추천홀 事 셋째, 대황제폐하끠셔 동경에 親幸하사 일본 황제에게 사과하실 事'의 세 가지였다고 한다.

이 중 첫 번째에 언급된 신조약이란 1905년의 이른바 을사보호조약을 말하는 것이다. 일제가 보호 조약을 강제하였지만 고종은 이에 옥쇄를 찍기를 거부하였던 것이다. 이를 2년이 지난 이때에 친일 대신들이 고종에게 강권했던 것이다. 둘째 섭정을 하라는 것은 왕위를 넘기라는 말과 같은 의미이다. 세 번째는 황제께서 몸소 일본으로 건너가시어 일본 황제에게 헤이그 밀사 사건에 대해 사과하라는 말이다. 이 사실을 보도하면서 <황성신문>은 참을 수 없는 말이라는 뜻의 '所不忍言'이라고 제목을 달아 분노를 표시하면서 황제께서 이를 윤허치 않으셨다고 덧붙였다.

이 내용 중 특히 민중들의 분노를 자극했던 것은 바로 고종이 친히 일본에 가서 사과한다는 대목이었다. 이러한 사실이 언론 보도를 통해서 그리고 구전을 통해서 널리 유포되면서 많은 사람들의 분노를 자아내게 되었으며 그 중 많은 숫자의 백성들이 종로와 대한문으로 모이게 되었던 것이다. 특히, 대한문 앞에 집결한 백성들은 고종 황제가 일본으로 가려고 대한문을 나서면 그 가마를 몸으로 결사적으로 막아야 한다고 결사대까지 뽑아서 대기하였다. 이 소식이 전해지면서 종로에 있던 민중도 합류하였다(국사편찬위원회, 1968, 210쪽). 이때의 상황을 ≪매천야록≫(권5 광무 11년조)은 다음과 같이 전한다.

伊藤博文이 고종을 일본으로 송치하기 위해 별도로 만든 차를 대궐 밖에 숨겨 놓고 고종에게 그 차를 타라고 위협하였다. 이때 都民들은 그 소문을 듣고 남녀 노소가 방망이와 몽둥이를 가지고 달려와 잠시 사이에 길거리를 메우고, 또 각

학교 학생들도 서로 연락하여 조수처럼 몰려오며 고함을 지르고 사투를 벌일 기세를 보이므로, 이등박문은 노도 같은 군중이 결사적으로 몰려든 것을 보고 즉시 그 음모를 중지하였다.

이처럼 많은 군중들이 모여 들자 일본 경찰을 해산시키려 진압을 시도하였다. 이 과정에서 일본 경찰의 발포가 시작되었던 것 같다. 군중들은 이에 투석으로 저항하면서 시위는 격해져서 부상자가 속출하게 되었다(독립운동사편찬위원회, 1983, 438~9쪽).

뿐만 아니라 군인들도 이 대열에 합류하였다. 7월 19일 오후 4시경이 되자 전동典洞 병영에 있던 시위대 보병 제1연대 제3대대 소속 약 100명의 군인들이 고종이 일본으로 가려고 인천으로 떠난다는 소문을 듣고 완전 무장한 채 병영을 뛰쳐나왔다. 이들은 종로에서 일본 경찰 3명을 사살하고 여러 명을 부상시켰다. 이에 백성들도 힘을 얻어 일본인에 대한 공격이 더욱 거세지면서 부상자가 속출하였다(국사편찬위원회, 1968, 205쪽).

이러한 양위 반대의 과정에서 성난 민중들이 일진회의 기관지 국민신보사를 습격하였다. 7월 19일 오후에 대한문 앞에 집결해있던 시위대 중 일부가 미동美洞에 소재하는 국민신보사를 습격하여 사옥과 인쇄기 등 기계를 모두 파괴시켜 버렸다. 한편 그보다 하루 전인 7월 18일 밤에도 시위의 과정에서 국민신보사가 일부 파손당하는 사고가 있었다. 당시 <황성신문>은 1907년 7월 20일자 잡보란에서 국민신보사가 파손 당하게 된 과정을 '虛驚被害'라는 제목으로 비교적 소상하게 보도하고 있다. 그 기사의 전문은 다음과 같다.

그저께 밤 종로에서 집회를 열고 연설하였다는 것은 어제 신문에 이미 게재한 바 있거니와 다시 취재해 보니 그 회원6 및 구경꾼 수천 명이 대한문 앞으로 행진하는데 여러 명이 시끄럽게 떠드는 소리에 그곳에 집결해 있던 일진회 회원

---

6. 동우회를 말하는 것으로 보인다.

수백 명이 대경실색하여 그곳으로 수많은 사람들이 몰려오는 것으로 착각하고 국민신보사 안으로 일제히 도망하여 몸을 숨기려 하니 급하게 서둘다 보니 넘어지고 밟히는 자가 속출하여 머리가 깨진 자도 생기고 옷이 찢어진 자는 무수하며 국민신보사의 유리창과 기계실은 많은 사람들에 발에 채이고 밟히어 대부분이 부서졌다고 하더라.

시위대가 대한문으로 이동하자 일진회 회원들이 이를 보고 놀라 신문사로 도망가면서 기계와 시설이 파괴되었다는 말이다. 일진회는 잘 알려진 바와 같이 대표적인 친일 단체로서 평소에도 민중들의 반감을 사기에 충분했지만, 특히 양위 반대 운동 과정에서 이들이 매국 각료와 일본인들 보호에 앞장섰기 때문에 더욱더 민중들의 반발을 샀다. 그 며칠 전부터 일진회원 약 400명은 10명씩 조를 짜서 친일 관료들을 보호한다고 병기를 들고 궁성 주변을 순찰하였다는 것이다. 그리하여 당시 백성들은 일진회는 다 왜놈이라고 하면서 이들에 대한 공격이 집중적으로 이루어졌다는 것이다(독립운동사편찬위원회, 1983, 439). ≪매천야록≫(권5 광무 11년조)도 일진회에 대한 반감을 다음과 같이 기록하고 있다.

一進會員 수백 명도 수일 전부터 병기를 들고 궁성을 포위하여 일본인과 별로 다를 것이 없었다. 그러므로 이때 도민들은 "일진회도 모두 일본인이다, 어찌 그들도 죽이지 않을 수 있겠는가?"라고 고함을 치고 칼과 곤봉을 빗발같이 휘둘러대므로 수십 명의 사망자가 발생하고, 도주하다가 다리가 부러진 사람이 길가에 줄을 잇고 있었다.

뿐만 아니라 일진회는 그 며칠 전인 7월 16일에 내각에 다음과 같은 공문을 보내기도 하였다.

무릇 국가가 국가인 것은 토지가 있고 인민이 있으며 宗社가 있은 연후에 국가라 칭하는 것이니 이를 지키고 보호하는 책임이 어디에 있으냐 하면 오로지 내각이라. 최근 헤이그문제가 벌어진 이후 세계에 풍파가 크게 몰아치고 있으니

(중략) 본회는 오로지 토지와 인민과 종사만을 생각하며 불행한 일이 급박하게 몰아치고 있는 이때를 당하여 이를 지키고 보호할 책임을 누구에게 물을 수 있겠는가. 금번 내각이 조각된 이후에 지금껏 도모할 수 없었던 대사업과 풀 수 없었던 원한이 하루아침에 모두 벌어지고 풀리고 있으니 건국 이래 이번 내각의 자격과 체제를 확신할 수 있을 것이다. 하물며 최근의 중대 문제 중에 국가 안위의 지경에 힘써 대담하실 책임이야 두말 할 필요 없겠지만 정세가 워낙 급하고 우려의 심정을 어찌할 수 없기에 감히 청하노니 깊이 살피시어 대한국가의 토지와 인민과 종사를 안녕 보존케 할 책임의 최선책으로 대담하시기를 삼가 바라옵니다.

지금이야말로 우리 민족이 새로운 기회를 맞이하여 새롭게 뻗어 나갈 기회이므로 내각은 대담하게 일을 처리해 달라는 부탁의 말이다. 그런데 이때는 이토 히로부미가 내각의 총리대신 이완용과 송병준 등에게 고종의 양위를 도모하도록 압력을 행사하고 있었으며, 7월 15일 일본 외무대신 하야시도 이 건을 매듭짓기 위해 내한하였고 이토 히로부미는 이완용 내각에게 더욱 적극적으로 추진하라고 명령하였던 때이다. 그리하여 7월 16일 밤에는 내각을 소집하고 고종에게 양위를 주청하기로 방침을 정했던 상태이다(독립운동사편찬위원회, 1983, 431쪽). 이러한 상황에서 '더욱 대담하라'는 청은 바로 고종의 퇴위를 확실하게 매듭지어 달라는 말에 다름없는 것이다. 이러한 일련의 활동들이 당시 사회의 비판 의식에 불을 당겼으며 이에 따라 시위의 과정에서 직접적인 공격으로 나타났던 것으로 볼 수 있다.

이때의 시위에서 주도적인 역할을 했던 것은 대한자강회와 동우회 등의 계몽 단체들이다. 대한자강회는 당시 애국 계몽 운동의 선구적이고 대표적인 단체로서 1906년 4월에 장지연, 윤효정, 심의성, 임진수, 김상범 등 5인의 발기로 창립된 단체로서 회장은 윤치호가 맡고 있었다(조항래, 1993, 39∼55쪽).

한편 동우회는 7월 18일부터 종로에서 연설회를 개최(<황성신문> 1907. 7. 19 잡보)하여 고종 양위 반대 시위를 실질적으로 주도한 단체였다. 동우회는 1907년 6월에 발족한 단체로서 출범 초기의 목적은 한일 양국의 협조를 돈독히 하자는 데 있었다. 하지만 고종 양위의 소식이 전해지면서 동우회는 조직을 일신하였다. 내각의 대신들이 고종에게 세 가지를 강청하였으며 일본 외상이 온다는 사실이 전해지자 동우회는 종로에 임시 사무소를 설치하고 '만민공동회 만인소청'이라는 간판을 달아 양위 반대 운동에 본격적으로 나섰다(국사편찬위원회, 1968, 209쪽).

이처럼 동우회가 강경한 입장으로 선회하게 되자 회장이었던 이윤용李允用과 부회장 이범규李範圭는 '나이가 많아서 혼이 다했기 때문年老神耗'이라는 이유를 내세우며 사퇴하였다(<황성신문> 1907. 7. 20 잡보). 이에 부회장이던 김이병金履炳이 회장을 맡고 이사 김재붕金在鵬이 부회장을 맡으면서 조직의 취지도 '황실 존중, 청년 교육, 동양 평화'의 세 가지 목적을 표방하는 것으로 수정하였다.

이처럼 애국 계몽 단체들이 중심이 되어 시위를 주도해 나갔으며 여기에 일반 백성들이 참여하고 나중에는 군인들까지 참여하면서 항쟁의 열기가 점차 높아져 갔으며 그런 와중에서 일진회의 기관지 <국민신보>가 습격을 당해 기물이 파손되는 사태가 빚어졌던 것이다.

3) <국민신보> 습격 사건의 의의

이 사건은 여러 가지 면에서 갑신정변의 과정에서 빚어졌던 박문국 방화 사건과 성격이 같아 보인다. 먼저 정치적인 시위의 과정에서 군중들에 의해 신문사의 시설이 공격의 대상이 되었으며 파괴되었다는 점이 동일하다. 또 다른 유사점으로는 두 사건 모두 반일 감정이 밑바탕이 되었다는 점이다.

전술한 바와 같이 박문국 방화 사건도 갑신정변의 주역들이 일본과 밀착되어 있었으며, <한성순보>가 여러 면에서 일본의 영향이 작용하였으며 특히 일본인 이노우에 가쿠고로가 신문 편집에 관여하였고 박문국에 기거하고 있었다는 점 때문에 방화의 대상이 되었던 것이다. <국민신보> 습격 사건도 이 신문이 대표적 친일 단체였던 일진회의 기관지로서 평소에도 친일적인 논조를 보였으며 특히 고종 양위 과정에서 일진회가 이완용과 송병준 등 매국 각료들을 뒷받침하는 활동을 전개하였다는 점에서 민중들의 불만을 폭발시키는 요인이 되었던 것으로 분석할 수 있다.

하지만 이때의 <국민신보> 습격 사건은 박문국 방화 사건에 비해 더욱 철저한 반제 의식이 밑바탕이 되었던 것으로 분석할 수 있다. 일반적으로 청일 전쟁 이전의 초기 개화파들은 제국주의의 침략적 성격을 제대로 인식하지 못했던 것으로 분석되고 있다. 박문국 방화 사건에서 나타났던 반일 감정이 일본에 대한 민족적 감정의 발로라고 본다면 <국민신보> 습격은 일본의 침략적 야욕으로 인해 황제가 물러나는 그야말로 국권 상실의 위기에 대한 저항의 형태로 나타났다는 점에서 더욱 철저한 반제 의식이 밑바탕이 되었다고 분석할 수 있겠다.

이와 같이 <국민신보> 습격 사건은 일본 제국주의의 침략에 대한 민중들의 저항 의식이 밑바탕이 되어 그 주구 노릇을 하는 신문에 대한 공격으로 이루어졌다는 점에서 그 역사적 의의를 평가할 수 있다.

4. 개화기 언론 수용자 운동에 대한 역사적 평가

한국 신문의 초창기인 개화기에는 여러 가지 면에서 언론의 발전이 미흡할 수밖에 없었다. 무엇보다도 독자층이 제한되었다는 점을 들 수 있다. 여러 종류의 신문이 발행되기는 했지만 그 독자층은 일부에 한정될 수밖에 없었다. 초창기의 신문은 어느 사회에서나 제반 여건의 미성숙으로 말미암아 독자층이 제한되게 마련이다.

이와 같이 독자층의 형성이 제한된 여건 속에서 수용자 운동이 본격적으로 발전할 토양을 찾기는 어렵다. 그러나 개화기 한국 사회에서는 이처럼 제한된 여건에도 불구하고 앞에서 살펴본 바와 같이 독자들이 신문에 대하여 집단적인 형태로 의사 표현을 하는 수용자 운동의 맹아를 발견할 수 있다.

그러면 개화기 언론 수용자 운동의 역사적 특성을 언론에 대한 인식과 운동의 주체, 방법의 차원으로 나누어 정리해 봄으로써 그 의의를 새겨 보고자 한다.

1) 언론에 대한 인식의 차원

개화기의 수용자 운동은 갑신정변의 와중에서 빚어진 박문국 방화 사건이나 <국민신보> 습격 사건과 신문 돕기 모금 운동의 밑바탕에 자리한 언론에 대한 인식은 매우 대조적이라 할 수 있다. 박문국 방화 사건은 언론에 대한 수용자들의 불만이 정치적 쿠데타라는 사건의 와중에서 신문사 시설에 대한 방화라는 공격적인 형태로 나타난 것이다. <국민신보> 습격 사건도 마찬가지이다. 신문의 성격과 운용에 대한 평소의 불만과 비판적 인식이 정치적 소요의 과정에서 공격적 행태로 전화된 것이다. 이 사건들에서 신문과 독자는 상호 대립적인 관계로 설정할 수 있다. 대립적인 관계 속에서 신문은 독자들의 공격 대상이 되었다.

이러한 대립 관계는 앞에서도 지적한 바와 같이 신문의 성격에 대한 비판적 인식이 밑바탕에 자리하였던 것이다. 즉, <한성순보>나 <국민신보>가 일본과 밀착되어 있다는 인식 속에서 나타났던 것이다. 그러나 두 사례에서 나타난 반일 감정은 성격을 달리하는 것으로 볼 수 있다. <한성순보>가 발행되던 단계에서는 제국주의에 대한 인식은 제대로 자리 잡지 못했던 때이다. 특히, 개화파들은 그 침략적 성격을 파악하지 못하고 우방으로 인식하는 등 한계를 보여 왔다. 이러한 때의 반일 감정은 국내의 정치적 이해 관계와 연결된 것이거나 혹은 민족에 대한 스테레오

타입 성격의 것으로 보아야 할 것이다.

그러나 <국민신보>가 발행되던 때에는 일제가 1905년 을사조약을 강요하여 우리의 외교권을 박탈하는 등 사실상 지배 상태나 다름없었다. 이런 상황에서 반일 감정은 반제적 성격을 띠는 것으로 볼 수 있다. 이러한 이념이 바탕이 되어 일제 침략의 앞잡이 노릇을 하던 일진회 기관지 <국민신보>에 대한 공격이 이루어졌던 것이다.

반면 <황성신문>과 <제국신문>을 돕기 위한 모금 운동에서는 신문과 독자의 관계가 대립적인 것이 아니라 매우 높은 수준의 연대 의식으로 결합되어 있음을 보여 준다. 신문의 어려움을 독자들이 발벗고 나서서 해결해 주려는 시도는 이 연대 의식 없이는 불가능한 것이다.

이처럼 연대 의식이 가능했던 배경은 개화기 언론들이 영리를 추구하기보다는 국민 계몽을 위한다는 순수한 의도에서 경영의 어려움을 무릅쓰고 신문을 발행했기 때문이라 할 수 있다. 이와 같은 신문의 발행 목적들이 일반 민중들에게도 호소력을 발휘함으로써 독자들은 신문에 대해서 긍정적인 평가를 하고 이를 바탕으로 신문과 연대 의식을 가질 수 있었으며 이 연대 의식이 신문을 돕는 운동으로 연결될 수 있었던 것이라 분석할 수 있다.

2) 주체의 차원

개화기 언론 수용자 운동의 주체는 조직화되지 못하고 개별화된 수준에서 이루어졌다. 박문국 방화 사건은 정변의 와중에서 군중 형태의 집단에 의해 이루어졌다. 그 군중들은 대개 갑신정변의 주체와는 반대 세력인 보수파에 동조하는 사람들로 이루어졌으며 이들에 의해 정변의 주체들과도 관련이 있으며 일본과 긴밀한 관계를 유지하고 있는 <한성순보>의 사옥 박문국에 방화가 이루어졌던 것이다.

<국민신보> 습격 사건도 군중 형태의 집단에 의해 이루어졌다는

점에서는 대동소이하다. 하지만 이때의 군중은 이미 노골적인 침략 의도를 드러내고 있는 일본 제국주의에 대한 민족적 저항 의지를 지닌 군중이었다고 볼 수 있다. 특히, 강제로 해산된 군대의 요원들이 시위대에 합류하면서 시위가 더욱 과격해진 점을 고려할 때 이 시기의 군중은 반제적 성격을 보다 명확하게 갖는다고 할 수 있다.

<황성신문>과 <제국신문>에 대해서 전개되었던 신문 돕기 운동은 전국 각지의 뜻있는 독자들의 개별적이고 자발적인 참여에 의해 이루어졌다. 일부에서 후원회를 결성하려 하는 등 조직화를 시도하기도 했지만 전반적으로는 개인들의 수준에서 이루어졌다고 보는 것이 타당할 것이다. 따라서 전반적인 운동의 참여 주체는 조직적으로 이루어지기보다는 개인들의 자발적 참여에 의해서 이루어졌다고 볼 수 있다.

3) 방법의 차원

개화기 언론 수용자 운동 사례에서 나타난 운동의 방법에서도 <한성순보> 및 <국민신보> 사례와 <황성신문>, <제국신문> 사례가 매우 대조적인 양상을 보여 준다. 박문국 방화 사건에서는 수용자들이 신문사에 대해 비판적이고 대립적인 인식을 바탕으로 해서 공격적인 행위로 나타났다. 반면 개화기의 후반기에 오면 수용자들이 신문을 공격하는 방법뿐만 아니라 적은 액수의 돈이나마 모아서 신문에 재정적인 도움을 주어 신문을 계속 발간할 수 있게 하려는 방법도 사용되었다.

이와 같은 변화는 개화기의 신문이 <한성순보>에서 시작하여 여러 신문들이 창간, 발행되고 우리 사회에 정착되면서 신문에 대한 독자들의 인식이 달라졌기에 가능했던 것으로 분석할 수 있다. 즉 초기인 <한성순보> 시절에는 신문이 극히 제한된 범위 내에서 보급되는 가운데 기존의 정치적 태도에 의해 극단적인 평가들이 이루어졌었다.

하지만 후반기로 오면서 신문 종류도 많아지고 성격도 정치적 상황

변화에 따라 신문의 성격도 다양해지면서 독자들도 그 신문의 성격에 따른 나름대로의 복합적인 인식을 하게 되었다는 사실을 말해 준다. 다시 말해 신문이 사회적 대의와 명분을 위해 발행되는 경우에는 그 신문의 중요성이나 역할에 대해서 긍정적인 인식과 평가를 가지게 된 것으로 보인다. 반면 신문이 특정 집단의 정치적 이익을 위한 수단으로서 사회적 대의와는 거리가 멀게 운영될 경우에는 수용자들은 이에 대해 매우 부정적으로 인식하면서 단호한 대응을 보여 주었던 것이다. 이러한 인식의 변화가 있었기에 방법적인 측면에서도 변화가 가능했을 것이다.

지금까지의 논의를 통하여 우리는 개화기의 언론에서도 수용자 운동이 나타나기 시작했음을 알 수 있다. 이러한 사실은 한국 사회에서 수용자 운동의 역사적 뿌리가 그만큼 깊고 오래되었음을 말해 주는 것이며 이는 또한 언론 수용자의 역사적 의의를 다시금 확인시켜 주는 것이다.

참고 문헌

< 황성신문 >, < 제국신문 >, < 공립신보 >
황성신문사총회회록. ≪한국 근현대사 연구≫ 제3집, (한국근현대사연구회 발행) 1995, 401～3쪽.
황성신문사규칙. ≪한국 근현대사 연구≫ 제3집, (한국근현대사연구회 발행) 1995, 397～400쪽.

古庄豊 (1918). ≪井上角五郎君略傳≫. 東京: 井上角五郎君功勞表彰會.
井上角五郎 (1934). ≪福澤先生の朝鮮御經營と現代朝鮮の文化とに就いて≫. (舊韓末日帝侵略史料叢書 7권, 1984). 서울: 아세아문화사.
────── (1990). ≪漢城迺殘夢≫ (한상일 옮김). 서울에 남겨둔 꿈. ≪일본평론≫ 제1집, 287～335쪽. (원저 출판 연도 1891)
黃玹 (1978). ≪梅泉野錄≫ (이장희 옮김). 서울: 대양서적. (원저 출판 연도 1910).

강만길 (1984). ≪한국 근대사≫. 서울: 창작과비평사.
국사편찬위원회 (1968). ≪한국 독립 운동사 1≫. 서울: 정음문화사.
김도태 (1972). ≪서재필 박사 자서전≫. 서울: 을유문화사.
김민환 (1988). ≪개화기 민족지의 사회 사상≫. 서울: 나남.
김영호 (1984). 개항기 한일간의 사상적 대응형태. 역사학회 편. ≪일본의 침략 정책사 연구≫(113～35쪽). 서울:

일조각.

김의환 (1980). 의병 운동. 안병직, 박성수 외. ≪한국 근대 민족 운동사≫. 서울: 돌베개.

독립운동사편찬위원회 (1983). ≪독립 운동사 제1권 의병항쟁사≫. 서울: 고려서림.

이광린 (1986). <황성신문> 연구. ≪동방학지≫, 제53집, 1~44쪽.

이은주 (2001). 한국 사회 언론 운동에 관한 역사적 고찰. ≪언론 문화 연구≫(서강대학교 언론문화연구소), 18집, 71~118쪽.

정진석 (1985). ≪한국 현대 언론사론≫. 서울: 전예원.

―――― (1990). ≪한국 언론사≫. 서울: 나남

조항래 (1993). ≪1900년대의 애국 계몽 운동 연구≫. 서울: 아세아문화사.

채백 (1990). 한국 근대 신문 형성 과정에 있어서 일본의 역할에 관한 연구. 서울대학교 박사 학위 논문.

―― (1998). 개화기 신문의 간접적 구독 방식에 관한 연구. ≪언론과 정보≫(부산대학교 언론정보연구소), 제4호, 229~56쪽.

최민희 (1999). 언론 감시를 위한 모니터네트워크 구축. 강명구 외, ≪시민의 힘으로 언론을 바꾼다≫(153~62쪽). 서울: 언론개혁시민연대.

한국정치외교사학회 편 (1985). ≪갑신정변 연구≫. 서울: 평민사.

Lee, Alan J. (1976). *The Origins of the Popular Press in England 1855~1914*. London: Croom Helm.

Smith, Anthony (1990). *The Newspaper: International History*. (최정호·공용배 옮김) ≪세계 신문의 역사≫. 서울: 나남 (원저 출판 연도 1979).

3장

일제 강점기의 언론 수용자 운동

1. 일제 강점기의 신문 불매 운동

1) 일제 강점기의 언론 상황과 신문 불매 운동

(1) 일제 강점기의 언론 상황

1910년 8월 29일 강제로 조약을 체결하여 한국을 그들의 식민지로 만든 일본은 일차적으로 식민지를 통치할 수 있는 기구를 정비, 신설하는 작업에 착수하였다. 그 과정에서 일제는 그들의 제국주의적 이익을 일방적으로 대변하기 위한 기관지들만을 남기고 한국인들이 발행하는 언론들은 강제로 폐간시켰다.

식민 지배라는 모순 구조를 무자비한 억압으로 유지하려던 일제의 무단 정치는 그 자체가 우리 민족의 거족적인 저항 운동을 가져오는 토양이 되었다. 1919년 3 · 1 운동으로 우리 민족의 독립 의지와 역량이 집약적으로 표출되는 것과 함께 그동안 억눌려 왔던 우리 언론의 민족 운동도 활발히 전개되기 시작했다.

3 · 1 운동 후 일제는 억압 일변도의 무단 정치를 포기하고 회유와

통제를 시도하는 문화 정치로 전환하였다. 이와 함께 언론에 대한 정책도 바뀌었다. 한국인에 의한 민간지 창간을 허용한 것이다. 이에 따라 1920년 3월 5일 <조선일보>가 가장 먼저 창간되었으며 4월 1일에는 <동아일보>와 <시사신문>이 창간되어 일제기 민간 신문의 시대가 막을 올리게 되었다.

가장 먼저 창간된 <조선일보>는 조일 동화주의朝日同化主義를 표방하고 나선 친일 단체 대정실업친목회大正實業親睦會에 의해 창간되었으며, 4월 1일 창간된 <시사신문>도 역시 친일 단체인 국민협회의 기관지로 출발하였다. <동아일보>는 외견상 민족 진영을 대표하는 신문이라는 명분으로 출발하였다. 그러나 창간의 주역인 김성수 일가는 일제의 지원과 비호 속에 그들과 타협하는 식민지 토착 자본의 성격을 지니고 있었다.

민중의 표현 기관임을 표방하고 주식을 공개 모집하는 형태로 시작한 <동아일보>는 <조선일보>보다 많은 독자들의 성원을 받을 수 있었다. 1920년대를 통해 독자들의 성원을 받으며 착실한 기업적 성장을 계속해 온 <동아일보>는 초기에는 총독부의 정책을 비판하는 항일 논조를 전개하였다. 초기에는 일제의 언론 탄압도 그 기준이 상당히 완화되어 명백하거나 직접적인 항일 기사 외에는 대체로 가혹한 탄압을 가하지는 않았고, 그리하여 1920년부터 1923년까지는 1회의 정간과 해마다 10~20건의 압수밖에는 당하지 않았다.

그러나 1924년을 계기로 <동아일보>의 논조에 중대한 변화가 일어났다. 즉, 그 해부터는 일제 총독 정치를 현실적으로 받아들여 일제의 테두리 안에서 자치론을 주장함으로써 일제와 더욱 타협적으로 되었고, 따라서 지면의 항일 논조도 점차 약화되어 갔다.

한편 <조선일보>는 <동아일보>에 비해 자본력도 미약하였고 친일계의 신문으로 출발했기 때문에 독자들의 호응을 얻기가 어려웠다. 더구나 민족지를 자임했던 <동아일보>보다 더한 항일의 논조로 이러한 어려움을 극복하려다 보니 총독부로부터 정간을 당하는 등 신문 발행의

<조선일보> 제3호

불연속성으로 인해 더욱 극심한 경영난을 겪게 되었다.

그러다가 1924년에 <조선일보>의 소유주가 친일계 인사에서 민족 진영 인사로 바뀌게 되었다. 새로운 경영진은 월남 이상재를 사장에 앉히는 등 전면적인 인사 개편과 지면 혁신을 단행하였다. 이때 <조선일보>에 좌익계 인사들이 대거 참여하게 되었다. 그러나 그 당시는 러시아 혁명 이후 일제도 사상 문제에 대해서는 극도로 신경을 곤두세우고 있던 터여서 1925년 9월의 정간 처분을 계기로 <조선일보>도 총독부의 압력에 굴복하여 이들 좌익계 기자들을 대거 해고하고 말았다.

일제는 1920년대 말부터 전 세계적으로 몰아친 경제 대공황의 위기를 대륙 침략으로 타개하려 했다. 그리하여 식민지 조선을 대륙 침략의 병참 기지화하는 정책을 펼쳤고, 1931년에는 급기야 만주 사변을 일으켰다. 또한 일제는 1929년의 광주 학생 의거를 계기로 해서 국내의 민족 운동에 대한 탄압의 고삐를 더욱 조였다.

한편 언론에 대해서도 탄압의 기준이 더욱 강화되었다. 과거와 달리 신문들은 발행 부수도 많아졌고 지면도 늘어 압수를 당하면 손실이 크고 또 압수가 거듭되면 정간 또는 폐간의 가능성도 커지므로, 이러한 기업적 측면을 고려하여 자연히 검열에 걸리지 않도록 하려는 경향이 짙어갔다. 따라서 검열의 강화에도 불구하고 1930년대 이후로는 총독부에 의해 압수 처분을 받은 기사의 건수는 현저히 줄어들었다.

이 시기의 <동아일보>와 <조선일보>는 각종의 문화 사업을 경쟁적으로 펼쳐 나갔고, 치열한 증면 경쟁과 사옥 경쟁 등을 벌였다. 또한 사세 확장에 치중하여 양사가 모두 여러 개의 잡지를 발행하고 단행본 출판업에도 진출하여 초보적이나마 복합 미디어 기업으로서의 면모를 보여 주기까지 하였다.

그러다가 간부진과의 사전 협의 없이 몇몇 기자와 인쇄공들이 감행한 이른바 일장기 말소 사건을 계기로 <동아일보>는 279일이라는 최장기의 마지막 무기 정간을 당하게 되었다. 1937년 6월 2일 속간호를 내면서

<동아일보>는 그동안 스스로 표방하였던 민족지의 깃발을 내리고 '대일본제국의 언론 기관'으로서 공정한 사명을 다하여 조선 통치의 일익을 담당할 것을 공식적으로 서약하였다. 그리고 이를 계기로 해서 이 땅의 다른 민간지들도 앞장서서 2000만 민중에게 친일을 권유, 설득하는 논조를 펼쳐 나가게 되었다.

1937년 중일 전쟁을 일으킨 일제는 1938년 5월에는 국가총동원법을 공포하고 이어 1939년부터는 이 법에 의해 언론을 통제하기 시작하였다. 이에 의해 1940년 8월 11일 <동아일보>와 <조선일보>는 친일 논조를 통해 총독부에 협력하는 태도를 보여 왔음에도 불구하고 총독부의 자진 폐간 권유를 받아들여 '국책에 순응'한다는 명분하에 자진 폐간의 형식으로 폐간당하였다. 이로써 일제하 민간 언론의 시대는 막을 내리게 된 것이다(이상은 한국 사회언론연구회, 1996, 2장 참조).

(2) 신문 불매 운동의 범위

여기서는 이러한 일제 강점기에 벌어졌던 신문 불매 운동을 분석해 보려고 한다. 일제 강점기 언론사의 초창기인 1920년대 초반부터 1930년대까지 구독자 집단이 언론을 상대로 불매 운동을 벌인 사례들을 대상으로 그 전개 과정과 주체 세력, 배경 요인 등을 분석해 보려는 것이다. 어떠한 집단들이 어떤 계기로 어떻게 불매 운동을 벌였는가를 분석해 보는 것이 이 장의 주요 내용이다.

여기서 불매 운동이라 함은 어떤 집단이 특정의 언론 매체를 대상으로 구독을 거부한다는 내용, 당시의 용어로는 비매 동맹非買同盟을 결의하고 이를 공개적으로 선언한 경우를 말한다. 물론 불매 운동이라고 하면 이러한 결의와 선언에서 그치는 것이 아니라 그 이후의 실행과 확산 과정이 필수적으로 수반되어야 할 것이다. 그러나 아쉽게도 여기서는 이 측면에 대한 분석까지는 이루어지지 못했다. 이는 자료상의 문제 때문이다. 비매 동맹이 결의, 선언된 이후 어떻게 실행되었으며 그것이 신문의 발행 부수나 기타의 측면에 어떠한 영향을 주었는지에 대해서는 체계적인 분석이 가능할 만큼의 자료가 남아 있지 않다.[1] 따라서 여기서는 부득이 비매 동맹이 결의되고 선언된 과정과 그 배경을 분석해 보고자 하는 것이다.

신문 불매 운동이라면 수용자들이 언론 매체에 대해 집단적인 항의의 표시로서 가장 강력한 형태의 것이라 할 수 있다. 1920년 민간지의 창간이 허용되고 난 직후인 1920년대 초반부터 여러 차례에 걸쳐 다양한 집단들이 언론의 보도 태도 등을 문제 삼아 불매 운동을 벌였던 사례들이 존재한다. 일제기에 발행된 대표적 잡지 <개벽> 1924년 1월호(37~8쪽)를 보면 '우리의 사상 혁명과 과학적 태도'라는 제목의 글에서 다음과 같은 언급이 등장한다.

> 주의자主義者는 누구가 자기네와 반대되는 의사를 소개할가바 겁을 내어 야단이다. 만일 신문이나 잡지에 이와가튼 언론이 게재된다면 그네들은 반다시 비매 동맹을 하거나 또는 성토를 하야 무슨 '불공대천지경不共戴天之警'을 만난 것처름 큰 소동을 한다. 여기에 우리의 일반 비평가는 이런 미움을 면하기 위하야 할 말도 하지 못하고 우리의 언론 기관은 언켜야 될 글도 언지 못하는 것 같다 (밑줄은 인용자).

언론의 보도 내용이 자신들의 입장과 조금만 달라도 불매 운동을 펼치는 등의 과도한 반응 때문에 언론이 위축될 지경이라는 말이다. 이 말은 그만큼 당시 사회에서 신문에 대한 수용자들의 집단적 행동으로서 구독 거부가 많이 이루어졌음을 단적으로 말해 준다.

현재나 과거나 언론이란 수용자들에 의해 어떻게 받아들여지고 어떠한 영향을 미치는가에 따라 그 사회적 역할 및 역사적 의의가 달라지게 마련이다. 일제 초창기의 언론에서 수용자들이 언론에 대해서 취했던 구

---

1. 이러한 문제는 현대의 한국 언론에 대해서도 마찬가지이다. 발행 부수를 비롯한 경영과 관련된 자료가 공개되지 않기 때문에, 예컨대 안티 조선 운동과 같은 현대의 신문 불매 운동을 분석하더라도 그것이 신문의 경영에 어떠한 영향을 주었는지는 체계적으로 밝히기 어려운 현실이다.

체적 행동들을 통해서 우리는 당시의 언론이 어떻게 인식되고 수용되었는 지를 알아볼 수 있다.

2) 고김윤식사회장반대회의 <동아일보> 불매 운동

(1) 불매 운동의 전개

① 김윤식 사회장과 <동아일보> 불매 운동

1920년 일제의 식민지 통치 정책의 변화로 한국인에 의한 민간지 발행이 허용된 이후 독자들에 의한 최초의 신문 불매 운동은 1922년 2월 초에 벌어진 <동아일보> 불매 동맹이었던 것으로 보인다. 이때에 개화기부터 정계의 거물로 활약한 운양 김윤식의 장례식을 사회장으로 치르는 문제를 둘러싸고 청년 단체들이 반대하면서 이 과정에서 김윤식 사회장에 주도적 역할을 했던 <동아일보>를 대상으로 불매 운동이 전개되었다. <매일신보> 1922년 2월 3일자 3면을 보면 고김윤식사회장반대회가 2월 1일 두 번째 대중 강연회를 개최한 사실을 보도하면서 <동아일보> 비매 동맹회가 결성되었다는 사실과 함께 비매 동맹회의 다음과 같은 결의문을 인용해 보도했다.

> 결의문
> 一. 동아일보의 사장, 주간, 편집장 등은 귀족계급, 자본계급과 기타 간악한 지식매매자계급과 결탁하야 민중의 의사에서 출出치 안이한 하등의 사회적 이유가 업눈 고김윤식사회장이란 것을 전단적專斷的으로 결정훈 것
> 一. 동아일보는 이천만민중의 표현기관이라고 자임하면서 민중의 여론을 극도로 무시하고 소위 사회장이란 것을 종종의 오언궤변敍言詭辯등으로써 단체장의 의미로 미봉기만하는 것
> 一. 동아일보 송진우는 의주 대표자에게 대하야 "이 경성에서 우리 칠십여명 위원을 제훈 외에 여론을 이르킬 능력을 가진 자가 누가 잇느냐"고 훈 것
> 一. 이상 모든 조건에 의하야 우리 민중의 인격권리침해에 대한 징벌로 그 사장주간 편집장되는 자의 인책 사직을 볼때ㅅ지 조선 전민중은 동아일보 구독을 거절하기로 단행훌 것

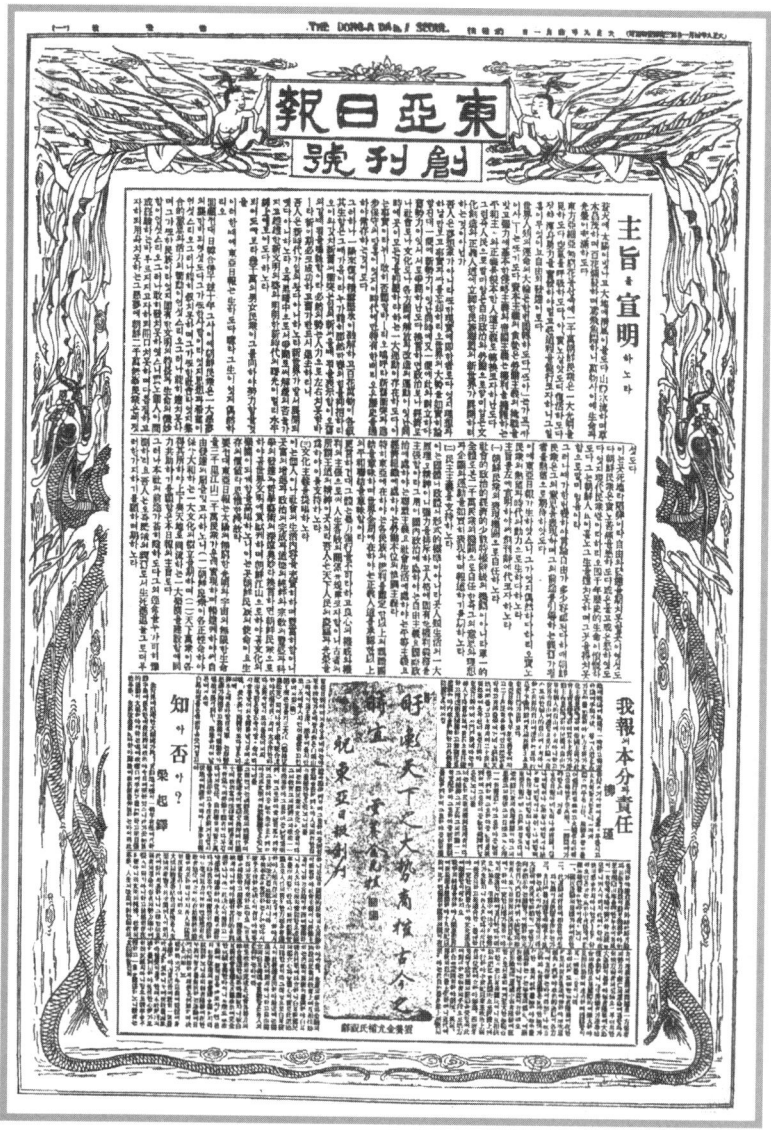

<동아일보> 창간호

위의 결의문을 통해 당시의 <동아일보> 불매 운동은 김윤식의 사회장 문제가 직접적인 계기가 되어 촉발되었음을 알 수 있다. 결의문에서 요구 사항을 제외한 나머지 세 항목이 모두 김윤식 사회장과 관련된 내용들이다. <동아일보>가 여론을 오도하여 정당성도 없는 김윤식 사회장을 주도하려 한다면서 간부들의 사직을 요구하고 이것이 이루어질 때까지 구독 거부할 것을 결의하였다.

이에 앞서 1922년 1월 21일 개화기 한국 정계의 주요 인물 중 한 사람이었던 운양 김윤식이 죽었다. 그의 죽음에 대해 <동아일보>는 1월 23일자에 '운양 선생의 장서長逝를 도도悼하노라'는 제목의 사설을 게재하여 김윤식을 '조선의 문장, 사회의 원로'라고 평하면서 "민중을 위하는 일념이 절절부지切切不止함을 모慕하고 그 사死를 도도悼함에 한이 무無하도다"라고 그의 죽음에 애도를 표하였다.

바로 뒤이어 1월 24일에는 언론계, 교육계, 종교계, 법조계를 비롯한 각계 인사들이 모여 김윤식의 장례를 2월 4일 사회장으로 치르기로 결정하였다. 김윤식의 죽음은 "사회로서는 큰 원로를 잃고 학계로서는 큰 문장을 잃어 사회 각 계급에서는 애도 추모하는 감회가 심히 깊어 사회장으로 치른다"는 것이었다(<동아일보> 1922. 1. 24).

첫 번째 모임에서 사회장위원회의 집행부가 구성되었다. 위원장에는 박영효, 부위원장에는 이용직, 실행위원으로는 윤덕영자, 이범승, 이상협, 유인종, 장두현, 유진태, 유성준, 최진, 고원훈, 장덕수 등 10인이 선정되었다(<매일신보> 1922. 1. 25). 이 가운데 위원장 박영효는 당시는 퇴사한 이후였지만 창간 당시 <동아일보> 사장이었고, 장덕수는 당시 부사장, 이상협은 상무 겸 편집국장, 장두현은 취체역取締役이었다(동아일보사 편, 1975). <동아일보>의 관계자들이 사회장위원회의 위원장 이하 핵심을 이루고 있음을 알 수 있다.

이어 <동아일보>는 1월 26일자 사설란에 '운양 선생 장송葬送에 대하야'라는 제목의 사설을 게재하였다. 이 사설을 통하여 <동아일보>

는 "셰익스피어는 인도와도 바꾸지 않겠다"는 영국인 칼라일의 말을 인용하면서 김윤식이 과실이 없었던 것은 아니지만 나름대로 우리 사회에 커다란 기여를 한 만큼 그의 장례를 성대하게 치를 필요가 있을 것이라고 주장함으로써 사회장으로 치르려는 입장을 다시 한 번 역설하였다. 뒤이어 사회장위원회는 각계의 인사들을 참여시켜 집행위원으로는 70여 명의 인사를 선정하였으며 집행을 위한 각 분과를 구성하는 등(<매일신보> 1922. 1. 29) 본격적인 준비에 착수하였다.

② 김윤식 사회장 반대 운동

그러나 바로 뒤이어 이 사회장에 대한 반대 운동이 고개를 들었다. 사회장이 확정되고 위원회가 구성되자마자 이에 반대하는 세력들이 1월 27일과 28일 양일간 모여서 토의한 결과 각계 80여 명의 인사들로 고김윤식사회장반대회를 결성하였다. 이들은 집행위원으로 이상천李相天, 박이규朴珥圭, 노병희盧秉熙 등 10명을 선정하면서 바로 반대 운동에 돌입하였다. 이 모임은 김윤식이 사회장을 치러 줄 만한 가치가 없는 사람이며, 일부에서는 가치가 있다고 주장하지만 그에 대한 사회장은 부당한 것이라고 주장하면서 다음과 같은 결의문을 채택해 공포하였다(<매일신보>, 1922. 1. 30).

1. 고김윤식의 장식(葬式)에 대한 사회장임을 취소홀 사(事)
2. 사회장 집행위원은 그 성명을 구(具)하야 일반 사회에 사죄홀 사
3. 자의의 승낙이 업시 사회장위원으로 발표된 그 당인(當人)에 대하야 직접 자임(資任)자는 특히 사죄할 사
4. 동아일보 사장은 즉시 사직할 사
단, 전항을 이행치 못홀시는 동아일보가 자임한 '이천만민중의 표현기관'임을 취소할 사
5. 사회장 집행위원에 참가한 각급학교 교장 각 단체 대표자는 각기직(各其職)을 사(辭)할 사
6. 1, 2, 3, 4항에 대한 행위는 동아일보 지상에 즉시 발표홀 사
7. 우기(右記)² 각항에 대흔 이행을 즉시 당해 각기관에 대하야 본회 위원으로써

권고케 할 사
우(右) 결의홈

김윤식에 대한 사회장을 즉각 취소할 것을 요구하면서 <동아일보>에 대해서도 사장의 퇴진까지 요구하였던 것이다. 이처럼 반대 운동이 조직적으로 전개되자 <동아일보>는 바로 다음날인 1월 31일자에서 사회장위원장이었던 박영효의 말을 인용해 보도하는 형태로 사회장의 의미를 정리하면서 계속 추진할 뜻을 밝혔다. 이 보도를 통해 박영효는 사회장이라고 하지만 이는 전체 사회가 참가할 것을 요구하는 것이 아니라 이 장례 거행에 찬성하는 경성 내 인사들만 모여서 거행하는 것이라고 주장하면서, 예컨대 국민 대회라고 하더라도 전체 국민이 모이는 것은 아니지 않느냐는 논리를 전개하였다.

그러나 이것이 김윤식 사회장에 대한 반대 운동을 잠재우지는 못하였다. <매일신보>는 2월 1일자에서 '운양 선생 사회장 문제'라는 제목의 사설을 통해 김윤식의 사회장을 둘러싼 논란에 대해 주최측은 행사를 취소하고 반대측은 그동안의 지나친 언동들에 대해 사과하는 것이 최선의 방법이라고 주장하였다.

얼핏 보면 양비론의 입장을 취한 것 같지만 <매일신보>의 보도 태도는 김윤식의 사회장 문제에 대해 매우 비판적이었다. 같은 2월 1일자의 3면을 보면 전체 지면의 절반 정도를 관련 기사로 채우면서 반대 운동의 분위기를 소상하게 전하고 있다. 관련 기사들의 제목만 보아도 '공분公憤으로 일제 궐기,' '당내를 진동흔 박수성聲,' '결국 취소가 양책良策' 등으로 제목을 달아 사회장에 대한 비판적인 입장을 강하게 드러내고 있다. 또한 유족들의 입장도 소개하고 있다. 유족들은 사회장을 원하지도 않았는데 공

---

2. 이 내용이 신문 지면에 세로짜기로 편집되다 보니 앞의 결의 사항이 우측에 실려 우기라는 표현을 사용하게 되었다.

연히 말들이 많아서 고인에게 누를 끼치게 되었다고 하면서 반대측에 대해서는 근거가 불확실한 발언들에 대해서 해명을 요구하기도 하였다.

사회장반대회는 2월 1일 오후에 제2차 반대 강연회를 개최하였다. 이 강연회는 박이규의 사회로 진행되었는데, 신일용辛日鎔, 박광희朴廣熙, 김태규金泰奎, 이지호李志鎬 등이 연사로 나섰다(<매일신보> 1922. 2. 3). 한편 <조선일보>도 2월 3일자 지면에 무산자동지회3 위원인 김한기가 쓴 '고 김윤식씨 사회장 반대 즈음에 이 문文을 일반 민중에 보내다'라는 제목의 글을 게재하였다. 이 글에서 김한기는 김윤식의 사회장을 둘러싼 논란으로 말미암아 "우리 민중은 한없는 정신상의 위압을 받았으며 한없는 생명의 손상을 받았다"고 강도 높게 비판하였다(정진석 편, 1998, 532~4쪽). 민족주의 계열의 학생 단체인 조선학생대회(김준엽·김창순, 1986b, 187쪽)도 1월 27일 모임을 열고 사회장에 대한 반대를 선언하였다(<매일신보> 1922. 2. 3) 사태가 이렇게 돌아가자 사회장위원회는 2월 1일 오후에 회의를 개최하여 사회장 폐지를 결정하는 것으로 일단락 지었다(<동아일보> 1922. 2. 3).

③ <동아일보>와 <매일신보>의 갈등

한편 김윤식 사회장과 관련하여 <동아일보> 비매 동맹이 전개되는 가운데 <동아일보>와 <매일신보>의 논전과 갈등이 빚어지기도 하였다. 사회장이 취소된 이후인 1922년 2월 12일자 <매일신보> 보도에 따르면 2월 10일 새벽에 의분단義憤團이라는 단체의 명의로 <동아일보>에 대한 비매 동맹을 단행하자는 내용의 유인물이 시내 각지에 유포되었다고 한다. '악덕신문惡德新聞을 매장埋葬하라'는 제목으로 작성된 이 유인물의 내용은 다음과 같다.

---

3. 이 단체는 1922년 1월 19일 서울에서 윤덕병尹德炳 등 19인의 발기로 결성된 사회주의 계열의 사상 단체이다. 결성된 지 두 달 정도 만에 신인동맹회와 합병하여 무산자동맹회가 되었다(김준엽·김창순, 1986b, 33~5쪽).

오인(吾人)은 자칭 이천만여론의 표현기관이란 미명하에서 혹세무민하는 악마 동아일보의 존재를 부인하노라.

피(彼)의 참칭(僭稱) 사회장 계획은 폐지되얏스나 피(彼)의 민중을 무시하며 사회를 우롱하며 세론을 혹란(惑亂)흔 상습(常習)은 차(此)를 용사(容赦)치 아니하노라.

동아일보는 치국(峙局)의 변동으로 우리 선인(鮮人)의 정신이 흥분된 기(機)를 승(乘)하야 가장 민족을 애호하며 민권을 신장흔다고 표방하얏스나 기실은 기(幾)개인의 명리와 사욕을 도모하랴하는 사기수단에 불과하며 왕왕 격월(激越)한 기사를 게재하나 기실은 미혹한 군중에 미(媚)하야 세도인심을 익익혼란(益益昏亂)케혼 자라.

피등(彼等)은 약시(若是)히 언론기사의 권병(權柄)을 사롱(私弄)하야 상(上)으로 선지(先贊)를 능욕(凌辱)하고 부로(父老)를 모욕하며 하(下)로 신진청년을 유혹하고 서민군중을 기만하얏나니.

동아일보의 상습적 요생(妖牲)수단은 금회의 사칭사회장운에 인하야 폭로되얏도다.

희(噫)라 동아일보가 우리 민족에 해독을 유(流)흔 죄악(罪惡)은 신인(神人)의 구노(俱怒)하는 바라

오인(吾人)은 자(茲)에 우리 민족의 존영(尊榮)과 사회의 공안을 위하야 결단코 정신계의 아편갓치 유해한 동아일보를 배척하노라 우리 자각흔 동포는 수(須)히 동아일보비매동맹을 단행하야 기 절멸을 기도하라

의분단(義憤團)

<동아일보>의 부정적 측면과 기능을 정신의 아편에 비유하면서 불매 운동을 벌일 것을 강도 높게 촉구하고 있다. 이 유인물은 서울뿐만 아니라 주요 도시에 배포되었던 것 같다(<동아일보> 1922. 3. 1, 3면).

그러나 정체 불명의 단체 명의로 된 이 유인물에 대해 <동아일보>는 강력하게 대응하고 나섰다. <동아일보> 1922년 3월 1일자 3면을 보면 상단의 6개단을 전부 할애하여 9개의 기사로 이 사건의 경과를 자세히 설명하고 있다. 지면의 머릿기사로 '비열한 인쇄물 배포의 진상'이라는 주제목 아래 '동아일보를 무함한 이른바 '의분단'의 인쇄물은 총독부 기관지

매일신보 사원이 인쇄 반포한 것'이라는 부제를 통해 사건의 핵심을 부각시키고 있다.

이 기사에 따르면 인쇄물이 배포되자 <동아일보>는 즉각 진상 파악에 나섰다. 우선 인쇄물을 자세히 조사하여 지질이나 글자체, 인쇄 상태 등을 볼 때 <매일신보>에서 인쇄한 것이 틀림없다고 판단하고는 경찰에 수사를 의뢰하였다. 경찰의 수사가 진행되자 <매일신보>는 2월 15일 지배인 후지무라藤村忠助가 동아일보사를 방문하여 그 인쇄물이 매일신보사에서 나온 것임을 인정하면서 "신문사에서 시킨 것은 아니고 부하의 젊은 사람들이 한 일"이지만 "감독이 충분치 못하여 이런 일이 생긴 것은 유감"이라고 해명하였다.

그러나 며칠 뒤에 <매일신보>는 다시 말을 바꾸었다. 신문사는 아무 상관이 없고 외부의 주문에 의해 돈을 받고 인쇄를 해 주었을 뿐이라고한 것이다. 이러한 발뺌에도 불구하고 <동아일보>는 끈질기게 추적하여 계속 새로운 증거들을 찾아내면서 추궁하였다.

이에 <매일신보>는 마침내 1922년 3월 3일자 지면을 통해 자신의 입장을 밝히기에 이르렀다. 3면의 상단에 3개단에 걸친 분량의 기사에서 <매일신보>는 '영업부원 중 경솔한 사람의 행동'이라고 주장하면서 해당자들에게 단호한 처분을 내렸으며 '매일신보로는 초무初無 관계'라고 주장하였다. 여기서 단호한 처분이란 영업부원 가와타니河谷와 아라카와荒川에게 각각 휴직 및 면직 조치한 것을 말한다.

(2) 불매 운동의 배경

이처럼 <동아일보> 불매 운동이 전개되었던 배경에는 당시 청년 단체들의 이념 투쟁이 자리하고 있었다. 표면적으로는 김윤식의 사회장 문제가 쟁점이 되었지만 그 밑바탕에는 1920년대 초기 민족 운동 진영에서 민족주의 계열과 사회주의 계열의 경쟁과 대립이 배경 요인이 되었다는 말이다.[4]

3·1 운동 이후 일제의 식민 정책이 바뀌면서 각종 사회 단체들도 봇물을 이루듯 양산되었다. 1920년 말에 985개이던 사회 단체의 수가 1921년에는 2989개, 1922년 9월에는 3002개로 폭발적인 증가세를 보였다. 이 단체들 중에서 다수를 차지한 것은 단연 청년 단체였다. 이처럼 단체들이 우후죽순격으로 생겨나서 난립하게 되자 자연 이를 하나의 규율에 의해 움직이는 단일 조직체로 묶으려는 움직임이 벌어지게 되었다. 이러한 배경 속에서 1920년 6월 28일에 장덕수, 오상근, 박일병, 장도빈 등 50명이 모여 '조선청년회연합기성회'를 발기하기에 이르렀다(김준엽·김창순, 1986b, 100~3쪽).

이 조선청년회연합회는 당시 커다란 사회적 기대 속에 출범하게 되었다. 이돈화는 <개벽>에 실린 글(1921. 1월, 33~9쪽)에서 연합회가 출범한 사실을 일컬어 '희소식 중 희소식,' '조선 유사 이래 초유의 사事'라는 표현까지 동원하면서 커다란 기대감을 표명하였다. 또한 연합회에 대하여 소아小我를 버리고 대아大我를 볼 것과, 각 단체에 새로운 활력을 불어 넣어 줄 것, 그리고 중앙 집중권을 튼튼히 할 것을 당부하였다.

1920년대 초반의 청년 운동은 민족주의와 사회주의 세력이 두 개의 큰 흐름을 형성하고 있었다. 애당초 한국 청년 운동의 주류는 민족주의였다. 그러나 러시아 혁명 이후 전 세계적으로 사회주의의 기반이 확대되면서 한국 사회에도 사회주의 사상이 유입되었다.

당시 <개벽>은 이러한 사상적 조류를 설명하면서 사회주의의 유입을 크게 동으로부터 유래된 것과 북으로부터 유래된 것의 두 갈래로 설명하였다. 동으로부터 유래된 것이란 일본의 영향하에 일본의 각종 사상 서적을 통해 유입된 것을 말하며 북으로부터 유래된 것이란 연해주 지역의 독립 운동 세력을 통해 유입된 것을 말한다. 1918년 6월 이동휘 등이 하바로브스크에서 한인사회당을 조직한 것을 시초로 하여 1920년에는 상

---

4. 당시 양 진영의 대립과 갈등에 대한 자세한 내용은 Robinson(1988/1990)을 참조하라.

해로 내려와 한인사회혁명당 명의로 국제공산당에 참여하고 1921년에는 고려공산당으로 명칭을 변경하기에 이르렀다(<개벽>, 1924년 1월, 3~4쪽). 이러한 움직임들이 국내에 영향을 미치면서 사회주의 사상이 싹트게 되었던 것이다.

이 양대 세력이 조선청년연합회를 결성하여 초기에는 협조를 바라는 사회적 여망에 따라 별 무리없이 좋은 관계를 유지하였다. 그러나 내부적으로는 이념적 차이와 주도권을 장악하려는 경쟁과 갈등이 항상 잠재되어 있었다. 양대 세력은 민족 운동의 방법에 대해서도 근본적인 차이를 드러냈다. 사회주의자들은 마르크스주의에 입각한 노선을 취하면서 민족주의자들이 추진하는 각종 문화 운동, 즉 민립 대학 건설 운동과 물산 장려 운동 등에 대해 매우 비판적인 입장을 견지하였다(Robinson, 1988/1990, 167~210쪽).

양대 세력이 직접 충돌하게 된 계기가 된 것은 서울청년회 내부의 문제였다. 이 단체는 조선청년회연합기성회보다 늦게 1921년 1월 27일에 출범한 단체이다. 당시 서울의 청년 단체가 하나도 없다는 사실 때문에 조선청년연합회기성회의 주도권을 확보하려면 우선 서울의 단체를 통해 가맹 자격을 확보하는 것이 필요하다는 취지에서 만들어졌다. 출범 초기에는 사상적 경향성이 뚜렷하지는 않았다. 하지만 시간이 흐르면서 이 단체 내에서도 사회주의 사상이 확산되기 시작하였다. 그 결과 서울청년회 내부에서 장덕수를 중심으로 하는 민족 개량주의파와 김사국金思國, 김한金翰을 중심으로 하는 좌경파의 대립이 나타나기 시작하였다(김준엽·김창순, 1986b, 44쪽).

이러한 바탕 위에서 몇 개의 사건이 터지면서 내부 균열이 표면화되기 시작하였다. 먼저 불거져 나온 것은 1921년의 이른바 '사기 공산당 사건'이었다. 이는 이동휘를 중심으로 한 상해의 공산주의 세력이 국내의 거점 확보를 위해 국내 세력과 연계를 모색하던 중에 터져 나온 사건이었다. 그 과정에서 장덕수가 포섭 대상으로 떠올랐으며 1921년 5월경 적지 않은 활동 자금이 장덕수에게 전해졌던 것이다.

그러나 그 자금이 공산주의 활동 이외의 일에 소비되었다고 하여 말썽이 되었던 사건이다. 당시 금액도 4만 원 혹은 8만 원이라는 설이 있으며, 이 돈이 장덕수를 비롯하여 최팔용, 오상근 등 9인의 인사에게 전해져 유용되었다는 것이다. 이 9인의 인사들은 모두 조선청년회연합회와 조선노동공제회의 간부급이었다. 당시 사회에는 이들이 이 돈으로 지방 각지에서 순회 강연을 개최하였으며 기관지 <아성我聲>을 발행하였고 그 외에도 각자의 세력 확장을 위한 자금으로 썼다는 세인의 비난이 자자하였다고 한다(김준엽·김창순, 1986a, 235쪽).

당사자들 중에서도 비난의 표적이 되었던 장덕수는 당시 이에 대해 "그런 자금을 수령한 일이 없으며 자금 사용에 관여한 적도 없다"고 부인하였다고 한다(이경남, 1981, 196쪽). 하지만 이광수와 유광렬 등의 회고에 의하면 당시 소문이 과장, 왜곡된 측면이 존재하는 것은 분명하지만 장덕수가 이 돈을 받은 것도 부인하기 어려운 사실이었던 것 같다(동아일보사 편, 1975, 184쪽).

이러한 논란의 와중에서 김윤식 사회장 문제가 불거졌던 것이다. 이 김윤식 사회장 문제는 표면적으로는 김윤식의 과거 친일 경력이 문제가 되어 사회장으로 할 만한 근거가 있느냐는 점이 논란이 되었지만 이면에는 사회주의 계열의 인사들이 장덕수 일파를 공격하기 위한 의도가 자리하고 있었다(김준엽·김창순, 1986b, 108~9쪽). 기회를 엿보던 사회주의 세력의 입장에서는 좋은 소재를 만난 셈이었다.

김윤식 사회장 반대 운동은 서울청년회와 조선노동공제회 등 사회주의 계열의 청년 단체들이 주도하였다. 조선노동공제회는 1920년 4월 11일 창립총회를 열고 출범을 선언한 노동 단체로서 단체의 성격이 사회주의적인 것은 아니었으나 구성원 중에는 사회주의 계열의 인사들도 포함되어 있었다(김준엽·김창순, 1986b, 60~3쪽).

반대회의 집행위원은 전체 10명이지만 그 중 전술한 3명만 <매일신보> 지면을 통해 알려지고 있다. 나머지 인사들을 확인할 방법은 없지만 이들 3인의 인사들과 반대 강연회에 연사로 나섰던 사람들을 통해 당시의 주도 세력 구성을 추정할 수 있다. 이 가운데 박이규[5]는 조선노동공제회의 초대 총간사이자 집행위원이었던 인물이며, 노병회는 서울청년회 계열의 인사였다. 반대 연사로 나섰던 인사들 중 신일용은 사회주의 계열의 인사였으며, 박광희는 노동공제회측 인사였다(김준엽·김창순, 1986b).

이처럼 청년 운동 내부의 주도권 분쟁 속에서 김윤식 사회장의 주도적 역할을 했으며 장덕수가 핵심적인 위치를 차지하고 있던 <동아일보>에 대한 불매 동맹이 결의되었던 것이다. 장덕수는 <동아일보>의 창간 당시부터 주간을 맡아서 핵심적인 역할을 하였으며 1922년 당시에는 부사장을 맡고 있었다. 특히 1930년대 초반 <동아일보> 편집국장을 지낸 설의식의 회고에 따르면 <동아일보>라는 제호를 제안한 사람도 장덕수였던 것으로 알고 있다는 것이다(<삼천리>, 1932년 3월호, 323쪽).

민족주의와 사회주의 양대 세력 간의 갈등과 대립은 뒤이어 1922년 3월 1일부터 5일간 열린 조선청년연합회의 제3회 대회에서 사기 공산당 사건 관계자에 대한 제명안이 제출되기에 이르렀다. 논란 끝에 이 제안이 채택되지 않자 서울청년회는 동조하는 18개 지방 단체를 이끌고 연합회를 탈퇴했다(김준엽·김창순, 1986b, 110쪽). 이후 서울청년회는 사기 공산당 사건과 김윤식 사회장 사건에 연루된 장덕수와 최팔용, 이봉수, 김명식, 오상근 등 5명을 제명 처분하였다(한국역사연구회 근현대청년운동사 연구반, 1995, 72~3쪽).

이상에서 살펴 본 바와 같이 일제기 민간지의 창간 직후라 할 수 있는 1922년 2월에 김윤식 사회장 문제를 둘러싸고 민족 운동 진영에서 민족주의와 사회주의의 내부 대립과 갈등이 표면화되면서 <동아일보>에 대한 불매 운동이 전개되었음을 알 수 있다.

---

5. 박이규는 본인이 사기 공산당 사건의 연루자로서 후에 서울청년회가 제명 대상자에 포함시켰던 인물이다(김준엽·김창순, 1986b, 67쪽). 그가 김윤식사회장반대회의 집행위원으로 참여한 것은 아마도 당시 조선노동공제회의 총간사로서 참여했던 것으로 보인다.

3) 봉천재류조선인회의 ＜조선일보＞ 불매 운동

(1) 불매 운동의 전개

1923년 연초 만주의 봉천 지역에 거주하는 조선인들의 모임인 봉천재류在留조선인회는 ＜조선일보＞에 대한 불매 운동을 결의하고 선전에 나섰다. 이 같은 사실은 ＜동아일보＞ 1923년 1월 20일자에 실린 기사를 통해 확인할 수 있다. 기사의 내용은 다음과 같다.

> 봉천재류조선인회에서는 조선일보 비매동맹을 하고 회원간에 각각 선전에 노력하는 중인데 그 이유는 금년 1월 3일 조선일보 지상 만주정보란에 봉천조선인대회라 제題하고 봉천시민들이 봉천조선인협회문제로 인하야 가와모도川本靜夫를 옹호한다는 것과 또는 조선인대회를 주최한 명제태明濟泰 사실이 전연 허무한 것을 드러 누차 그 취소를 청하얏는바 조선일보 봉천지국장은 그 잘못된 것을 취소하겟다 승낙하고도 아직 그것의 취소를 행하지 아니하는 싸닭이라더라 (봉천)

만주 봉천 지역의 조선인들 모임인 봉천조선인협회가 ＜조선일보＞의 관련 기사 내용에 불만을 품고 불매 운동을 벌였던 것으로 보인다. 이 협회는 기사와 관련하여 ＜조선일보＞ 봉천 지국에 여러 차례 항의하여 잘못을 시정하겠다는 약속을 받아 냈으나 그 약속이 제대로 실행되지 않자 이에 반발하여 ＜조선일보＞ 불매 운동을 벌였다는 것이다.

(2) 불매 운동의 배경

위의 기사에서 짐작할 수 있는 바와 같이 이 사건은 만주 봉천 지역의 조선인협회 내부의 문제가 발단이 되었다. 당시 만주 지역이 수년간에 걸쳐 가뭄과 수해로 생활상의 어려움이 가중되자 1922년 연초부터 각계의 구호 자금을 둘러싸고 횡령 의혹이 불거지면서 법정 싸움까지 빚어졌다.

＜조선일보＞는 1922년 12월 6일자 3면의 '만주정보'란을 통해 '조

선인협회 간부 피소, 구제금을 횡령하얏다는 문뎨로 그 간부일파를 거러 고소하얏서'라는 제목으로 상세하게 보도하였다. 보도의 주요 내용을 간추리면 다음과 같다.

당시 재해로 어려움을 겪던 만주 동포들을 위해 조성된 자금은 조선총독부의 구호 자금 1만 9000원, 일본 외무성으로부터 1만 8000원, 일본 정부로부터 나온 재만조선인구제자금 17만 원 중 봉천 지역에 할당된 6만 5000원, 경성의 대정친목회가 보낸 6000원 등 총 10만 8000원의 규모였다. 이 구호 자금을 아카즈카赤塚 영사의 감독 아래 조선인협회의 부회장 박창식과 서기장 안태로, 농우회장 백인선 등 세 사람이 사람들에게 배부하였는데, 이를 두고 말썽이 일었던 것이다. 구호 자금의 분배가 불공평하였다거나 혹은 이 세 사람이 몇천 원씩 횡령을 하였다는 소문이 돌면서 이 세 사람에 대한 배척 운동이 일기 시작하였다. 여기에 그치지 않고 협회는 유월에 홍성린을 새 회장으로 추천한 후 아카즈카 영사의 불신임안까지 의결하였다. 이에 아카즈카 영사는 홍성린 씨에 대해 퇴거 명령을 내리면서 맞섰다. 그 해 11월에는 회원 중 일부가 박창식을 비롯한 세 사람과 함께 협회장 가와모도川本까지 고소하기에 이르렀다는 것이다.

이후에도 조선인협회의 내분 사태는 진정되지 못하고 급기야 협회 해산까지 논의되기에 이르렀던 것 같다. <조선일보> 1922년 12월 13일자의 '만주정보'란을 보면 "일반은 점점 격렬하게 운동하는 동시에 관계되는 관령측과 협회 주뇌자들은 여러 가지로 고려하고 선후책을 연구하얏스나 별로히 조흔 방법이 업슴으로 필경에는 그 협회를 희산하기로 결정되야 목하 희산 준비를 착착 진힝중이라더라"고 그 속보를 보도하고 있다.

이러한 보도에 이어서 이듬해인 1923년 1월 3일자에는 문제의 기사가 역시 '만주정보'란에 '봉천거류조선인대회 삼빅오십여명의 회원을 경찰 당국으로브터 희산'이라는 제목으로 다음과 같이 실렸다.

수차 보도함과 갓치 봉텬 조선인협회 분요문데는 봉텬에 잇는 총령사관으로부터
그 회 간부의 사직을 식히엿스나 쏘 그 협회를 기선하겟다는 일파의 디표중에
의사가 충돌되야 원만한 히결을 하지 못하고 요사이 밀일 이러하니 져러하니 하
고 써들고 잇는 동시에 봉텬에 거류하는 일반동포는 그 사건이 넘우도 지리할
쑨 여러 가지 우리의 사업에 장이가 됨을 부루지지고 잇든바 봉텬에서 세상만사
를 불간섭하고 실업가로 유명하던 명제터(明濟泰)씨난 그협회 문데가 넘우도
써들쑨만 아니라 봉텬에 잇난 우리의 사회가 점점 문란하게 되어감을 유감으로
싱각하야 뎨삼자의 공평한 쳐디에서 좌우의 관게를 상관치안코 원만한 선후칙을
도모하기 위하야 지나간 삼십일 오후 한시경에 봉텬공회당에서 거류조선인디회
를 열게된 바 회원 삼빅오십여명이 모혀 그의 취지셔에 견부 도장을 찍고 크게
성황을 일우게 되는 동시에 별안간 봉텬 일본령사관 경찰셔장으로부터 히산을
명령하얏다는데 그 디회취지의 닉용을 자셔히 들으면 조선인협회의 불량한 간부
로 인하야 쳔본(川本)협회장은 사실 우리에게 디하야 교육사업으로 진력한 봉
텬보통학교라든지 일반농민의 쟈금융동 긔관인 협제공사라든지 그 외 여러 가지
우리의 편리한 긔관이 젼부 쇠퇴하게됨을 유감으로 싱각하야 과연 일본 사람으
로 우리 동포에게 디하야 그만한 노력한 것은 불가불 옹호하지 안이할 수 업다
고하며 아모쪼록 봉텬에 잇는 우리 동포의 일은 우리가 선후칙을 연구하야 좃치
못한일은 바리고 조흔일만 취하여서 신성한 단결로쎠 원만한 사업을 진힝하는
목뎍이라고 말하는 바 금번에 경찰당국으로부터 히산명령을 함은 무슨 리유인자
알 수업스나 우리의 집회자유는 만주에까지와셔도 그와갓치 검하는야고 일반은
불평이 비등하다더라

위의 내용에서 확인할 수 있는 바와 같이 이 기사는 양분된 조선인협
회의 내부 문제를 언급하면서 기존의 회장과 집행부 입장을 강하게 옹호
하는 입장에서 보도하고 있다. 당시 봉천의 조선인협회는 양분되어 있었
다. 기존의 가와모도 협회장을 중심으로 한 세력과 이들을 비판하면서 조
선인공민대회를 개최를 시도한 두 파로 갈려 있었다. 이들 중 공민대회파
들이 협회장과 명제태를 공격하는 성명을 발표하기도 하였다. 그 요지는
명제태가 주민들을 현혹시켜 협회의 해산을 막으려 한다는 것이었다('협회
와 공민대회의 내막,' <조선일보>, 1923. 1. 15, 3면). 이러한 맥락에서 <조선일보>
가 회장과 명제태를 옹호하는 기사를 게재하자 그 반대파에서 이에 대해

수정을 요구하다가 불매 동맹으로까지 이어졌던 것이다.

이상에서 살펴본 바와 같이 1923년 봉천의 조선인협회가 벌였던 <조선일보>에 대한 불매 운동은 재해 구호 자금의 사용을 둘러싸고 내분이 빚어지면서 그 와중에서 기존 집행부에 불만을 품은 집단이 <조선일보>가 기존 집행부에 긍정적인 기사를 내보내자 이를 계기로 삼아 불매 운동을 결의하였던 것으로 분석할 수 있겠다. 따라서 이는 집단간의 갈등에서 비롯되어 신문의 보도를 계기로 전개된 불매 운동이었다고 볼 수 있다.

4) 전조선청년당대회의 <동아일보> 불매 운동

(1) 불매 운동의 전개

일제기 세 번째의 신문 불매 운동은 1923년 3월에 개최되었던 전조선청년당대회에서 청년 단체들이 모여 <동아일보>에 대한 불매 운동을 결의하였던 사건이다. <매일신보> 1923년 4월 1일 3면을 보면 '동아일보 비매동맹회'라는 제목의 기사가 게재되어 있다. 그 전문은 다음과 같다.

> 청년당대회에서 결의안 작성
> 집힝위원 삼십명꼬지 션출히
> 전됴선청년당대회(全朝鮮靑年黨大會)가 집회금지(集會禁止)를 당흔후에 교섭위원을 션출호야 경찰당국에 질문을 하얏스나 결국 다시 긔회홀 슈가 업시 되얏슴으로 오후 녜시가 지나 다시 시텬교당에 모이여 이 교섭위원의 보고를 드른 후에 동아일보(東亞日報) 비미(非買) 문뎨가 쏘다시 이러나게 되야 일동은 동아일보 비미동맹회(同盟會)를 죠직하기로 하고 동일 오후 여덥시부터 이에 대흔 강연회(講演會)를 하기로 하고 헤여졋는대 그 결의안(決議案)은 아리와 갓호며 집힝위원(執行委員) 삼십명을 션출하얏는대 그 결의안과밋 씨명은 아리와 갓더라

결의안

이천만 민중의 표현기관이라 자칭대호(大呼)하고 발기되야 총연앙모(寵戀仰慕)ᄒ게된 동아일보는 사실로 민중의 이목이 되어 전체로 신임홀만치 자처케 되는 기간(其間)에 내막으로는 기(幾)개인의 수완으로 신사벌(閥)자본급의 농락(弄絡)기관이 되어 대세에 순응되는 현대 오인의 각오와 정신을 마비하는 정략으로 사회장이니 비행사환영이니 재외동포위문회등을 고창(高唱)하여 일반의 여론을 무시하며 기타에 심지어 사기공산당이라는 비판ᄭᅥ지 사실로 인정하게된 동아일보에 대하야 자칭 2천만 민중의 표현기관이라홈을 취소하고 편집주요간부가 퇴직하야 오인의 갈망숙희(渴望宿希)하든 본의적 공정한 언론기관이 되기ᄭᅥ지 비매동맹을 시행홀 사

대정12년 3월 30일
동아일보비매동맹회

위의 기사를 통해 전국의 청년 단체들이 모였던 전조선청년당대회에서 <동아일보>를 성토하면서 2000만 민중의 표현 기관이라는 표현을 취소하고 간부들을 퇴진시킬 것을 요구하고 이 요구 조건이 수용되어 공정한 언론으로 거듭날 때까지 <동아일보>에 대한 비매 동맹을 결의하였음을 알 수 있다. 이때에 비매동맹회의 집행위원으로 선정된 30명의 명단과 소속 단체를 정리해 보면 다음의 표 1과 같다.

단일 단체로서는 서울청년회 소속 인사가 가장 많으며 그 밖에는 각 지역 청년 단체 대표들이 고르게 비매 동맹에 참여하고 있다. 이들은 <동아일보> 비매 동맹을 결의하고 이를 선전하기 위한 대중 강연회를 개최하였다. <매일신보> 1923년 4월 1일자는 이 소식을 다음과 같이 보도하고 있다.

동일6 오후 여덜시부터 동아일보비매동밍회에셔는 부내 견지동에 잇는 시천교당에셔 강연히를 열엇는대 텽즁은 약 팔빅여명이엿스며 뎡각되민 이종천(李鐘

6. 비매 동맹을 결의하였던 1923년 3월 30일을 말한다.

표 1. 전조선청년당대회의 <동아일보> 비매 동맹 집행위원

성명 / 소속 단체	성명 / 소속 단체
韓愼教 / 서울청년회	金弼愛 / 김해여자청년회
安浚 / 서울청년회	奇石虎 / 불교청년회
金裕寅 / 서울청년회	張赤波(日煥) / 북성회
金演植 / 서울청년회	金鍾漢 / 창원청년회
印東哲 / 김해청년회	金圭烈 / 개인 참가(전북 장수)
金知泰 / 북청청년회	金裕昌 / 개인 참가(충북 충주)
兪龍穆 / 고려청년회	李堅益 / 개인 참가(함북 온성)
姜永淳 / 진해청년회	金鴻爵 / 개인 참가(경성)
徐千淳 / 淸州新任靑年會	韓海 / 개인 참가(함북 북청)
文贊斗 / 진해구락부	李準泰 / 개인 참가(경성)
朴秉鎬 / 울산청년회	金狀烈 / 개인 참가(전남 완도)
蔡奎淵 / 대한청년회	徐成達 / 개인 참가(전북 영암)
李鐘天 / 불교청년회	朴東浩 / 불명
金教英 / 북청청년회	金行 / 불명
趙容寬 / 群山庚申俱樂部	咸演浩 / 불명

* 자료: 명단은 <매일신보> 1923. 4. 1. 소속 단체는 ≪한국 공산주의 운동사 2≫ (115∼6쪽), 김준엽 · 김창순, 1986, 서울: 청계연구소에 나와 있는 전조선청년당대회참석자 명단과 ≪일제하 사회 운동 인명 색인집(上), (下)≫ 역사문제연구소 편, 1992, 서울: 여강출판사 등의 자료를 보고 표로 작성한 것임.

天)씨의 사회로 한신교(韓愼教), 김행(金行), 이견익(李堅益), 이낙영(李樂永), 정호석(鄭浩錫) 등 제씨가 동아일보에 대한 불공평과 불성의한 례를 들어 열열흔 웅변이 잇슨 후 열시가 지나 폐회하얏더라

비매 동맹이 결의된 바로 그날 강연회를 개최하였던 것이다. 사회자와 연사들은 이낙영과 정호석만을 제외하고는 모두 비매 동맹 집행위원들로 구성되어 있었다. 이 가운데 이낙영은 강연회 개최 장소였던 시천교7 청년회 소속이었다(김준엽 · 김창순, 1986b, 115쪽).

---

7. 이는 동학에서 유래된 종교이다. 1905년 손병희가 동학의 정통을 이어 천도교로 재편하면서 이용구 등 친일 세력 62명에 대한 출교 처분을 내리자 이용구는 이에 맞서 시천교侍天敎를 창설하였다(야후백과사전, '시천교'항 참조 2003. 5. 23, Available: http://kr.encycl.yahoo.com/final.html?id=100870&from=enc).

뿐만 아니라 비매동맹회는 서울과 각 지방, 그리고 재외 동포에게까지 <동아일보> 불매 운동에 대한 선전 활동을 펼치기로 결정하였다. <매일신보> 1923년 4월 1일자에 따르면 3월 31일 집행위원들이 모여 이 운동의 대중성을 확보하기 위한 작업의 일환으로 선전 활동을 전개하기로 결정하였다고 한다. 즉, 각 지방의 청년 단체 대표들이 각 지역으로 돌아가 선전 활동을 펼치고 재외동포위문회 등에서도 선전 활동을 벌이기로 하였다는 것이다.

이 조선청년당대회는 1923년 3월 24일부터 개최하였으나 얼마 뒤인 3월 29일 일본 경찰에 의해 강제 해산되었다. 당시 일본 경찰이 강제 해산시킨 명분은 일본에 있는 조선인 사회주의자가 잠입한 흔적이 있고 의사 진행이 보안법 제2조를 위반하였다는 것이다(<동명>, 1923. 4. 1). 여기서 보안법 2조란 "경찰관은 안녕 질서를 보지하기 위ᄒᆞ야 필요할 경우에 집회 우ㄨ는 회중會衆의 운동 혹은 군집을 제한 금지ᄒᆞᆷ을 득得ᄒᆞᆷ"이라고 되어 있다(계훈모 편, 1979, 1264쪽). 그러나 강제 해산 이후에도 조선청년당대회는 장소를 이동해 가면서 대회를 계속하였다. <동아일보> 비매 동맹이 결의된 3월 30일도 강제 해산 이후에 이루어진 것이었다.

(2) 불매 운동의 배경

1923년 전조선청년당대회가 <동아일보>에 대한 불매 운동을 선언하고 추진했던 것은 앞에서 분석했던 김윤식사회장반대회의 불매 운동과 같은 연장선상에서 이루어진 것이다. 다시 말해 이 불매 운동도 청년 운동 진영의 민족주의와 사회주의 세력의 갈등에서 비롯되었다는 말이다. 일제기의 경찰 자료를 보면 이 전조선청년당대회의 목적을 "서울청년회의 좌경파 김한, 김사국 등은 장덕수, 오상근을 축출하려는 시도가 실패하자 다시 조선청년회연합회를 와해시킬 목적"이었다고 서술하고 있다(조선총독부 경무국, 1930, 123쪽). 김윤식 사회장과 사기 공산당 사건을 빌미로 조선청년회연합회에서 장덕수 등을 제명하려 했으나 뜻을 이루지 못하자 연합회를 탈퇴하고는 이를 무력화시키기 위한 시도의 일환으로 전조선청년당대회를 개최했다는 말이다.

서울청년회가 중심이 되어 22개 단체의 발기(김준엽·김창순, 1986b, 113쪽)로 1923년 2월부터 준비한 이 대회는 전국 90개 단체가 참여하였으며 개인 참가도 30명에 달했다(<동아일보> 1923. 3. 27, 3면).[8] 대회는 3월 27일부터 3개의 분과로 나누어 진행하였다. 제1분과는 70명의 위원이 배치되어 부인 문제, 교육 문제, 종교 문제를 토의하였으며, 제2분과는 45명의 위원이 노동과 경제 문제를 다루었고, 제3분과는 민족 문제, 청년회 발전 문제, 기타 사회 문제를 분담하였다. 이 중 <동아일보> 불매 운동에 관한 안건은 제3분과에서 주로 토의되었다. 이 분과 회의에서는 다음과 같은 13개 사항들을 결의하였다(김준엽·김창순, 1986b, 119~20쪽).

1. <동아일보> 비매동맹을 선전할 것
2. <동아일보> 성토 강연을 개최할 것(<동아일보>는 스스로 민족의 의사표현기관임을 선언하고서도 근래의 동향은 전적으로 자산층의 옹호에 주력하고 있으니, 우리는 동지가 민족의 의사표시 기관임을 취소하고 현간부의 총사직에 이르기까지 비매동맹하고 성토 선전에 힘쓸 것)
3. 조선청년회연합회의 현간부 불신임을 선전할 것
4. 재외동포위문회에 관한 건
5. 소작인 문제(조선소작인상조회는 자산가를 중심으로 하여 지주 보호에 봉사하는 자이므로 이를 타도하고 순수한 소작인 구제 기관을 만들 것)
6. 조선물산장려회 타파의 건
7. 단발 문제
8. 무녀조합 철폐의 건
9. 유교진흥회 타파의 건

---

8. 참가 단체 수에 대해서는 자료에 따라 다소 차이가 있다. 총독부 경무국의 자료(1930, 123쪽)는 78개 단체라고 되어 있으며, <개벽>(1924. 1, 133쪽)은 100여 개 단체가 참가했다고 전하고 있다. 한편 김준엽과 김창순의 연구(1986b, 114쪽)는 배성룡의 회고를 토대로 하여 94개 단체 154명, 개인 참가 50여 명으로 서술하고 있다.

10. 향교 재산의 건
11. 아편 문제
12. 사기 공산당 사건에 관한 것(장덕수, 오상근, 이봉수는 사회 사업에 관여치 못하게 하고 또 절교할 것)
13. 동척 이민 철폐의 건

결의 사항 중에서도 ＜동아일보＞ 불매 운동에 관한 사항이 맨 앞에 제시되고 있다. 이 자료에 의하면 불매 운동을 펼치는 배경은 ＜동아일보＞가 사시를 통해 스스로 민중의 표현 기관을 자임하면서도 실제 활동을 보면 자산층의 옹호에 주력하고 있다면서 민중의 표현 기관이라는 슬로건을 포기하고 간부들이 총 사퇴할 것을 요구하고 있다.

그 외의 결의 내용 중에는 장덕수, 오상근과 관련된 내용도 포함되어 있었다. 12번째 안건으로 '사기 공산당 사건에 관한 건'에서는 '장덕수, 오상근, 이봉수는 사회 사업에 관여치 못하게 하고 또 절교할 것'을 결의하였던 것이다. 이 중 이봉수는 사기 공산당 사건에서 자금을 전달하는 역할을 맡았던 사람이다(김준엽 · 김창순, 1986b, 44쪽). 이들에 대해서는 앞으로 사업에 참여를 봉쇄하는 것은 물론 인간적인 절교까지 결의하고 있음을 알 수 있다.

세 번째 결의 사항 '조선청년회연합회의 현 간부 불신임을 선전할 것'도 장덕수, 오상근과 관련이 있다. 당시 이 두 사람이 연합회의 간부는 아니었다. 창립 당시부터 제2기까지는 오상근은 집행위원장, 장덕수는 집행위원으로 있었으나 1922년 3월 1일부터 개최된 제 3회 정기총회에서 집행부가 바뀌면서 이들은 빠졌다. 하지만 전술한 대로 이 총회에서 서울청년회가 사기 공산당 사건 관련자 제명안을 제출하였다가 채택되지 않자 간부진에 대한 불신임안을 냈던 것이다(김준엽 · 김창순, 1986b, 104∼10쪽).

원래 조선청년당대회의 계획은 이 분과회의의 논의 결과를 토대로 해서 3월 30일 총회에 상정할 예정이었다. 그러나 앞서 지적한 대로 3월 29일 일제 경찰에 의해 강제 해산되자 시천교당에 모여 ＜동아일보＞ 비매 동맹을 결의하고 바로 그 선전 활동에 착수하기로 하는 한편 집행위원

30명을 선정하였던 것이다. 이때에 표명된 불매 운동의 사유는 분과회의의 결의안에 나와 있는 것보다 조금 더 구체화되었다. 김윤식 사회장 문제와 사기 공산당 사건, 그 밖에 '비행사 환영, 재외 동포 위문회 등' <동아일보>가 벌였던 이벤트들이 포함되었던 것이다.

이 중 비행사 환영이란 1922년 12월 10일 일본에 있던 한국인 비행사 안창남의 귀국을 맞아 환영 비행 행사를 벌였던 것을 말한다. 이를 위해 동아일보사는 그 해 10월 29일부터 '안창남군고국방문비행후원회'를 조직하여 성금을 모금하였다. 재외동포위문회란 1922년 2월 동아일보사가 재외동포위안회를 발기하여 해외 동포들로 하여금 조국애를 고취하자는 취지로 그 해 3월부터 모금 운동을 벌였던 것을 말한다. 이 사업을 벌이면서 동아일보사는 전국 순회 강연을 벌였는데, 연사로는 전라도 지역은 사장 송진우가 담당하였으며 그 밖의 지역에 대해서는 장덕수가 담당하였다(동아일보사 편, 1975, 200~7쪽).

이처럼 신문사들이 벌이는 이벤트는 선의의 목적을 표방함에도 불구하고 그 밑바탕에는 신문의 상업적 기반을 확대하려는 의도가 깔려 있다고 볼 수 있다. 아마도 사회주의 계열의 청년 단체들 입장에서는 이러한 동아일보사의 태도와 사업에 비판적 태도를 갖게 되었으며, 특히 그 사업에서 자신들의 공격 목표인 장덕수가 핵심적인 역할을 하였다는 점에서 <동아일보>를 공격 목표로 삼았던 것으로 분석할 수 있다. 당시 <개벽>(1924년 1월호, 133쪽)도 이 조선청년당대회의 의의를 평가하면서 다음과 같이 언급하고 있다.

누구나 그 윤곽은 짐작하는 바와 가티, 이 청년당 대회의 개최는, 문화주의이냐 사회주의이냐하는 기로에서 갈팡올팡하는 지방 청년유지에게 사회개혁에 대한 의식을 분명히 하고, 잉仍히 이를 규합하야 조선 사회운동의 중심세력을 짓는 일면으로는, 점우점회색화하는 조선청년련합회, 또는 이 연합회를 옹호하야, 일종의 다른 세력을 짓고저 하는 동아일보, 동아일보라 함보다 동아일보에 잇는 현 간부의 멋 사람—이런 급에 육박코저 함이엿다. 여하간 이 청년당 대회의 개최는 신생활 잡지의 선전에 다음하야 전 조선에 적지 아니한 사회적 반향을 오게 함이 되엿다.

조선청년당대회의 목적이 <동아일보>와 조선청년회연합회, 특히 그 간부를 압박하는 데 있었다는 말이다. 여기서 '동아일보 현 간부'란 <동아일보>와 '조선청년회연합회' 양 집단에서 핵심적 역할을 하였던 장덕수를 말하는 것이다. 장덕수를 중심으로 한 세력을 약화시키는 데 초점을 맞추면서 <동아일보>에 대한 불매 동맹으로까지 이어졌던 것으로 분석할 수 있겠다.

이 사례는 앞의 김윤식 사회장 반대 운동시의 불매 운동과 함께 두 사례 모두 동아일보사 간부의 퇴진을 요구하였지만 당시 간부진의 변동은 없었다. 동아일보사의 간부진은 1921년 9월 14일 주식회사 체제를 발족시키면서 이어 9월 15일 송진우가 제3대 사장에 취임하였으며 부사장 겸 주필에 장덕수, 상무 편집국장에 이상협, 영업국장에 홍증식이 취임하였다. 이 체제는 1924년 4월까지 그대로 지속되었다.

단 하나 이 과정에서 있었던 변동은 청년 단체들의 주된 공격 목표였던 장덕수의 거취이다. 장덕수는 1923년 4월 15일 동아일보사의 부사장급 주미 특파원으로 발령이 나서 도미 길에 오르게 되었다. 동아일보사사는 이 부분을 다음과 같이 설명하고 있다(동아일보사 편, 1975, 182~3쪽).

소위 소련자금 유용이라는 무근한 누명을 쓰는 사건이 일어나, 사회에 물론이 분분하고 한편 신변의 위험마저 느끼게 되어 본사에서 그를 특파원 형식으로 미국으로 보내게 되었던 것이다.

위의 인용문에서 알 수 있듯이 장덕수의 특파원 파견은 <동아일보>와 장덕수 개인에 대한 공격과 깊은 연관이 있는 것이다. 당시 장덕수에 대해 신변의 위협을 느낄 만한 정황이 존재했던 것은 사실이다. 당시 <동아일보> 기자로 재직했던 유광렬이 남긴 회고를 보면 <동아일

보> 기자들이 구타를 당한 일도 있었으며 심지어 권총 위협을 받은 사례까지 있었다는 것이다(<개벽> 1932년 7월호, 29쪽). 따라서 핵심 인물이었던 장덕수에게는 이보다 더한 여러 가지 압박과 위협이 가해졌을 것이다. 그 압박이 장덕수 개인뿐만 아니라 <동아일보>에 대해서까지 미치자 동아일보사는 예봉을 피하기 위해 그를 특파원으로 보내기로 결정했던 것으로 분석할 수 있다.

5) <동아일보>의 '민족적 경륜' 사건과 불매 운동

(1) '민족적 경륜' 사건과 불매 운동의 전개 과정

1924년 1월 2일부터 5회에 걸쳐 <동아일보> 지면에 실렸던 '민족적 경륜'이라는 제목의 사설은 사회적으로 커다란 반향을 불러 일으켰다. 이 사설의 요지는 현재의 조선 민족은 일정한 방침이 없이 혼란만 거듭한다면서 이것을 집결케 하기 위해서는 일대 단결이 필요하며 이를 위해 정치와 산업, 교육의 3대 결사를 조직하자는 내용이었다. 한마디로 요약하면 이 사설은 타협적 자치론의 입장을 집약한 것이었다(배진한, 1988, 65쪽). 특히 문제가 된 것은 1월 3일자에 실린 두 번째 사설에서 "조선 내에서 허許하는 범위 내에서 일대 정치적 결사를 조직하여야 한다"라고 주장한 대목이었다. 이 주장이 일제의 식민 지배를 인정하는 것이라면서 각계의 반발을 불러 일으켰던 것이다.

　　이 사설이 나가자 여러 단체들이 반대와 비난의 입장을 표명하고 나섰다. 가장 먼저 반응을 보인 것은 동경의 유학생들이었다. 동경유학생학우회 등 11개 단체는 2월 10일 <동아일보>를 배척하고 성토하는 운동을 전개하기로 결의한 내용이 포함된 성토문을 작성하여 국내 각지에 발송하였다. 성토문의 주요 내용은 다음과 같다('동경유학생 등 <동아일보> 성토에 관한 건').9

동아일보사 및 이를 옹호하는 세력들은 지난 1월 3일 '정치적 결사와 운동'이라는 제목의 사설을 통해 오랫동안 악전고투해온 전우들을 저버리고 적진에 투항을 자백하고 말았다. 이로써 그들은 오늘날까지 지속되어 온 우리 민중의 열렬한 비타협적 운동을 비웃으면서 은연중에 굴종적인 타협 운동을 종용하고 있다. (중략) 이에 우리들은 동아일보사를 중심으로 조직되어 있는 일본 제국주의적 자본벌資本閥의 전위대를 배척하는 동시에 이 전위대가 동아일보사를 본거지로 활동하는 한 끊임없이 이 동아일보를 성토할 것이다.

상당히 강도 높게 <동아일보>의 보도와 행태를 비판하고 있다. 이 성토문에서 동경의 청년 단체들은 사설의 취소와 전체 사회에 대하여 사과할 것, 그리고 논설의 집필자인 이광수를 퇴사시킬 것을 요구하였다.

여기에 참여한 단체들은 재일본동경조선유학생학우회, 재일본동경조선인유학생여자학흥회, 재일본동경조선교육연구회, 북성회北星會, 동경조선노동동맹회, 형설회, 노우사勞友社, 평문사平文社, 조선무산청년회, 대판조선노동동맹회, 전진사 등의 11개 단체이다. 이 가운데 유학생 단체들은 처음에는 민족주의적인 성격이었으나 1920년대 들어서면서 사회주의적인 경향을 띠게 되었다. 또한 조선무산청년회나 북성회, 형설회 등은 모두 사회주의 성향의 단체들이었다(김준엽·김창순, 1986b 참조). 이들 단체들로서는 타협적인 입장을 담은 <동아일보> 사설의 내용을 받아들일 수가 없었을 것이다. 그리하여 '비매 동맹'이라는 용어를 사용하지는 않았지만 <동아일보>를 성토하고 배척한다는 내용이 발표되었던 것이다.

이어서 북경에 있는 북경한인임시선전회도 성토문을 작성하여 발송하였다(최민지, 1978, 127~8쪽). 한편 상해의 임시 정부가 발행하는 기관지 <독립신문>도 '동아일보에 고함'이라는 제목의 사설을 통하여 반대 입장을 명백히 하였다. 이 신문은 <동아일보>가 정치적 결사 운운한 부분에 대하여는 놀라움을 금할 수 없다고 하면서 그동안의 과오에 대해서는

---

9. 이 내용은 일본어로 된 자료를 번역한 것이라서 원 자료의 표현과는 다소 차이가 있을 수 있다.

그냥 지나쳤지만 이번만은 회사의 대표자가 나서서 과오를 인정하라고 촉구하였다.

<개벽>도 1924년 2월호에서 <동아일보>를 중심으로 한 움직임에 대해 '점점점 이상해 가는 조선의 문화 운동'이라는 제목으로 우려를 표명하면서 일반의 주의를 촉구하였다. 그 해 12월호에서는 '갑자일년총관總觀'이라는 제목으로 한 해 동안 일어났던 일을 회고하면서 <동아일보>의 '민족적 경륜' 사건에 대하여 다음과 같이 논평하고 있다.

> 일월삼일 동아일보 사설로 발포된 <민족적 경륜>의 일절인 <정치적 결사와 운동>이란 일편은, 신년 벽두에 한개의 문제가 되엿다. 즉 정치적 결사의 필요와 운동을 말한 그 중에는 '우리는 조선내에 허하는 범위내에서 일대 정치적 결사를 조직하자'는 주장이 잇섯는바, 조선내에서 허하는 범위내의 정치적 결사를 하쟈함은, 결국 참정운동이나 자치운동, 기껏 나아간데야 일본정부를 상대로 하는 평화적 독립운동을 하쟈함에 지나지 못함이라하야, 일본에 가잇는 조선인 청년들을 중심삼아, 한창 반박의 노래가 놉하섯다. 더욱, 동아일보가 이와 가튼 사설을 쓴 것은 한째의 지나가는 말로 쓴 것이 아니오, 그뒤에는 무슨 그러한 정치적 결사를 지으며 잇는바, 그런 결사의 정신을 간접선언한 것이 그 사설이 아니냐하야, 일반은 더욱이나 그편의 동정을 주시하여섯다.

이 글은 당시 사회에서 '민족적 경륜'을 둘러싸고 벌여졌던 일련의 과정을 잘 요약해 준다. 사설에서 특히 문제가 되었던 부분과 그 사설의 이면에서 벌어지는 일련의 움직임에 대해 각계가 주목하면서 반발하였던 측면이 지적되고 있다.

이어서 1924년 4월 20일에 발족한 조선노농총동맹도 <동아일보>에 대해 강력하게 반발하고 나섰다. 이 단체는 창립 총회에서 여러 가지 사회 문제에 관해서 논의하면서 <동아일보>에 대해서도 논의하였다. 논의 결과 조선노농총동맹은 <동아일보>의 그동안 행적은 도저히 용서할 수 없는 것으로서 "민원식이가 경영하는 시사신문에 조금도 다를 것이

없다"면서 세 가지의 매우 강경한 행동 방침을 정하였다. 이는 첫째 <동
아일보>의 주요 간부와 그 옹호파를 이 사회에서 매장시키고, 둘째 비매
동맹을 전개하며 셋째, 4월 28일에 국내 각지에서 성토 강연을 일제히 연
다는 것이다(<조선일보> 1924. 4. 22).

　　이처럼 1924년 연초부터 <동아일보>에 실린 '민족적 경륜'이라는
제목의 사설을 둘러싸고 민족 운동 진영에서는 커다란 반발이 야기되어
각 운동 단체들이 <동아일보>를 비난 및 성토하였으며, 그 과정에서
<동아일보>에 대한 불매 운동까지도 전개되었음을 알 수 있다.

(2) '민족적 경륜' 사건과 불매 운동의 배경

이 불매 운동의 직접적인 계기가 되었던 '민족적 경륜'이라는 제목의 사설
은 1924년 1월 2일부터 시작해서 5일 동안 연재되었다. 첫 번째는 '민족백
년대계의 요要'라는 제목이었으며, 그 뒤를 '정치적 결사와 운동,' '산업적
결사와 운동,' '교육적 결사와 운동,' 그리고 마지막으로 '교육 산업 정치
의 관계'라는 제목의 사설들이 순서대로 게재되었다. 특히, 문제가 되었던
것은 두 번째로 1월 3일에 실린 '정치적 결사와 운동'이었다. 이 사설에서
<동아일보>는 "조선 민족은 지금 정치적 생활이 없다"면서 그 이유를
다음과 같이 분석하였다.

　　그러면 왜 지금에 조선민족에게는 정치적 생활이 업나. 그 대답은 가장 단순하
　　다. 일본이 한국을 병합한 이래로 조선인에게는 모든 정치적 활동을 금지한 것이
　　제1인이오. 병합 이래로 조선인은 일본의 통치권을 승인하는 조건밋헤서 하는
　　모든 정치적 활동 즉 참정권 자치권의 운동 갓흔 것은 물론이오 일본정부를 대
　　수(對手)로 하는 독립운동조차도 원치 아니하는 강렬한 절개의식이 잇섯던 것
　　이 제2인이다.
　　　　이 두 가지 원인으로 지금까지에 하여온 정치적 운동은 전혀 일본을 적대
　　시하는 운동뿐이엇섯다. 그럼으로 이런 종류의 정치운동은 해외에서나 만일 국
　　내에서 한다하면 비밀결사일수 밧게 업섯다.

이러한 분석에 바탕하여 이 국면을 타개하기 위해서는 "조선 내에서 허하는 범위 내에서 일대 정치적 결사를 조직하여야 한다는 것이 우리의 주장"이라고 천명하게 된 것이다. 그렇다면 이 사설이 나오게 된, 그리고 이 사설에 대해서 각계의 단체들이 이처럼 반대하며 불매 운동을 펼치게 된 배경을 살펴보기로 하자.

1919년 3·1 운동이라는 민족적인 저항에 직면하게 된 일제는 식민 지배 정책을 수정하지 않을 수 없게 되었다. 그 이전의 무단 통치라는 탄압 일변도의 정책에서 문화 정치를 표방하면서 우리 민족의 저항 의지를 통제, 회유하려는 정책으로 변화를 시도하였다.

이와 같은 표면적 변화의 이면에서 일제는 민족 개량주의 혹은 실력 양성으로 집약되는 타협적 문화 운동 세력을 양성하여 민족 운동 진영을 분열시키는 공작을 은밀하게 진행해 왔다(자세한 내용은 강동진, 1980 참조). 이러한 바탕 위에서 1923년 말부터 동아일보사의 김성수와 송진우를 비롯하여 이승훈과 최린, 조만식, 김동원, 안재홍 등이 모여(<동아일보> 1924. 4. 23) 연정회 결성을 협의(<조선일보> 1924. 4. 22)하기도 하였다. 타협적 자치론의 분위기가 서서히 조성되면서 우익 민족 인사들을 중심으로 구체적인 움직임까지 이루어지고 있었던 것이다. 이러한 정세의 흐름 속에서 1924년 초에 <동아일보>의 지면에 '민족적 경륜'이라는 사설이 게재되면서 사회적으로 쟁점화되었던 것이다.

이 과정에 대해 <조선일보>는 1924년 4월 22일자에서 조선노농총동맹 총회를 보도하면서 다음과 같이 경쟁사인 <동아일보>가 곤란에 처한 상황을 자세하게 전하고 있다.

(전략) 그 다음에는 동아일보에 대하야 작년 사월에 청년당대회가 개최되엿슬때에 비매동맹을 한일도 잇거니와 상해와 동경에 특파되엿든 긔자들이 우리 민족에게 구타를 당하고 쫏기여 온 일로 보면 동아일보 내막이 엇더한 것을 가히 짐작할 것인데 동아일보에서는 그래도 후회함이 업시 작년 십이월 이십샤일에는

사장 송진우 김성수 량씨가 시내 모모들과 함띄 명월관에서 모히여 소위 연경회라는 것을 죠직하기로 하고 그 비용으로 이만원 가량을 수합하고자 비밀히 동아일보의 지분국을 리용하야 수금계획에 로력하는 동시에 환산 경무국장외 모모 고관 두 사람을 방문하고 상호협조할 일의 량해까지 어더 가지고 그뜻을 선뎐하기 위하야 금년 일월 삼일 사설에 총독정치가 허락하는 범위 안에서 정치뎍 단결을 하야 정치운동에 힘쓸일을 굉장히 선뎐하엿으며 그 다음에는 리광수씨를 중국에 잇는 안창호씨에게 보내여 량해[10] 가입할일을 간구한 일도 잇스며 설태희씨를 만주디방으로 보내여 조선독립단들에게 그러한 말을 빗치여보다가 구축이나 다름업는 일을 당하고 도라온 일이 잇는데 이에 의하면 그 신문 자톄가 민원식이가 경영하는 시사신문에 죠금도 다를 것이 업스니 동아일보를 박멸기 위하여 현재 그 신문의 중요 간부와 그의 옹호파를 이 사회에서 매장할 일과 비매동맹을 려행(勵行)할 일과 오는 사월이십팔일에 죠선안 각디에서 성토 강연을 일톄히할 일등을 만장일치로 가결하는 동시에 전긔 각파련맹도 성토하기를 가결하얏더라

이와 같은 각계의 비판에 대해 <동아일보>는 그 해 1월 29일자에 실린 '정치적 결사와 운동에 대하여'라는 제목의 사설을 통하여 1월 3일자의 사설이 오해를 불러 일으켰다면 이는 수사修辭의 졸렬함에 문제가 있었으며 논법이 불철저했던 때문이라고 변명하였다. 이러한 변명에도 불구하고 조선노농총동맹의 강경한 행동 방침이 정해지자 4월 23일자 사설에서는 '조선노농총동맹결의중 본사에 관한 것에 대하야'라는 제목으로 "만일 본사 급及 본보가 과연 조선노농총동맹의 조사위원이 보고한 바와 가튼 주의정신과 행위를 가젓다하면 성토도 비매동맹도 도로혀 경輕한 벌이라 할 것"이라고 하면서도 그러나 이는 실제와는 다르다면서 조선노농총동맹에 대해 유감의 뜻을 표명하였다. 뒤이어 4월 27일에는 '만천하 독자에게 고함'이라는 제목의 사설을 통해 임원의 대대적인 인사 조치를 취한 사실을 공표하기에 이르렀다. 이 사설의 주요 내용은 다음과 같다.

---

10. 이 뒤는 부분적으로 삭제가 되었던 것 같다.

(전략) 최근에 일으러 왕왕 세간에서는 본보에 대한 비난의 성이 들니며 혹은 공공의 단체의사로서 이를 표명한 예가 잇슴은 넓히 조선 전민중의 충실한 표현기관으로서의 본보의 최고 사명에 대하야 본사동인은 일야송구日夜悚懼의 감을 불감不堪하얏든 것이다. 물론 세간의 만흔 비난과 공격 가운데에는 여러 가지의 오해가 잇는 것도 사실이엇다. 그러나 구苟히 조선전민중의 충실한 표현기관으로서의 본보의 사명에 일호一毫의 허위가 업고 쏘 업기를 기할진대 우리는 세간의 비난과 공격에 맛당히 경청치 안할수 업스며 쏘 그 비난과 공격에 대하야 심절深切한 자성자책의 태도로 임하지 안할수 업섯다. (중략) 이리하야 본사 동인은 전전긍긍의 태도로 엇더케 하얏스면 일반민중의 여망에 부負치 안할가를 일야쇄심日夜碎心한 결과 이제 단연한 결심으로 본사 개혁의 부월을 감행케 된것이다. 이것이 별란에 발표하는 바와 가치 본사 재경중역 전부의 인책 사직을 제1착으로 단행하게 된 것이다. (후략)

사설에서 밝힌 바와 같이 동아일보사는 4월 25일 임시 중역 회의를 열고 재경 중역 전부는 아니지만 사장 송진우와 전무 신구범, 상무 겸 편집국장 이상협, 취체역 김성수 장두현 등 핵심 간부들이 사표를 제출하였다. 후속 인사는 5월 14일 임시 주총을 개최하여 후임 사장에 이승훈을 선출하였으며 그가 전무와 상무도 겸하도록 하였고 주필 겸 편집국장에는 홍명희가 임명되었다(동아일보사 편, 1975, 235쪽).

물론 이때의 인사 조치가 반드시 당시 각 사회 단체들의 비난과 불매 운동 때문만은 아니었다. 1924년 연초부터 '민족적 경륜' 사건과 뒤이은 박춘금 사건 등을 겪으면서 내부에서 기자들을 중심으로 한 개혁 운동이 벌어졌고 급기야는 4월 24일 사원들이 임원들에 대한 불신임을 결의하기에 이르렀던 것이다. 이 과정에서 경영진과의 불화가 심화되자 이상협을 축으로 하는 간부들과 기자들 상당수가 사표를 제출하고 <조선일보>로 옮기게 되었다. 이러한 복합적 과정에서 임원들의 교체가 이루어졌던 것이다(최민지, 1978, 4장 3~4절 참조). 하지만 이러한 인사 조치와 그 배경이 되는 사내 갈등에서 외부의 비판과 불매 운동이 상당한 요인이 되었다는 점은 부인할 수 없을 것이다.

이상에서 살펴본 바와 같이 이 '민족적 경륜' 사건도 일제 강점기 민족 운동의 분파간 갈등 속에서 발생한 사건이었음을 알 수 있다. 3·1 운동 이후 총독부가 식민지 내에 타협적 자치론이라는 매판 세력을 육성하려는 과정에서 <동아일보>의 사설로 표면화되었고 그것에 대해 좌파 진영을 중심으로 한 민족 운동 세력이 <동아일보>를 공격하는 과정에서 불매 운동까지 결의되었던 것이다. 이 <동아일보> 불매 운동으로 동아일보사가 내부 진통을 겪게 되고 인사 조치까지 취한 것을 보면 상당한 압박이 되었던 것은 틀림없는 사실인 것 같다.

6) 혁청단의 <동아일보> 불매 운동

(1) 불매 운동의 전개

일제기 청년 단체의 하나였던 혁청단은 1925년 6월 28일 열린 제4회 임시 총회에서 <동아일보>에 대한 불매 운동을 결의하였다. 이 날 총회에서 회장 선거와 세칙 등에 대해 논의한 후 기타 안건에서 혁청단은 <동아일보>가 그동안 자신들의 단체에 대한 보도 태도가 호의적이지 못했으며, 더구나 이날 총회를 보도하면서 단체 이름을 '혁신단'이라고 잘못 보도했다는 사실을 들어 회원 일동은 앞으로 <동아일보> 불매 운동을 벌이겠다고 결의하였다. 이 사실을 당시의 종로경찰서는 혁청단의 제4회 임시 총회를 보고하는 문건에서 다음과 같이 기록하고 있다('革淸團第四會臨時總會ニ關スル 件').

> 권태휘가 이번의 임시총회에 관한 기사를 동아일보사에 가지고 가서 그저께 기재되었는데 혁청단을 혁신단이라고 기재된 것에 대하여 그날 이영원이 이 오류를 지적하면서 조속히 정정기사를 실어달라고 요청하였다. 이 정정기사가 실리는가를 잘 살펴볼 것이다. 동아일보는 그 이전부터 우리들에게 호의없이 적시하고 있는 것이 분명한 고로 금후 우리 단원 일동은 동아일보 비매동맹을 벌일 것을 결의한다.

위의 경찰 문서에 나타난 바와 같이 <동아일보> 기사에서 나타난 오류를 계기로 하여 그동안 보도 태도가 자신들에 비호의적이었다고 주장 하면서 불매 운동을 벌일 것을 결의하였던 것이다.

(2) 불매 운동의 배경

이 혁청단은 원래 서울의 전문학교 및 중학교의 교원들과 종교인들이 모 여 1923년 12월 15일에 발기한 단체이다. 당초의 취지는 '풍기를 바로 잡 자'는 것이었으며 당면 과제로 '공창 폐지'를 내세웠다(<동아일보> 1923. 12. 17). 창립을 주도했던 인물은 권태휘權泰彙, 옥순철玉順喆, 권오순權五淳, 최 저평崔底平 등이었다(조선총독부 경무국, 1930, 136쪽). 그러나 1924년 11월 26일 임시 총회를 통해 임원을 개선하면서 사회주의 계열의 운동 단체로 성격 과 방향을 완전히 전환하였다. 이때 이 단체를 주도했던 세력은 조봉암, 김한경金漢卿, 권태휘 등의 화요회 계열이다(김준엽·김창순, 1986b, 46∼7쪽).

1925년 4월 12일 열린 제2회 정기 총회에서 강령을 바꾸면서 방향 전 환을 분명히 하였다. 이 총회에서 채택된 선언을 보면 이 단체의 이념적 지향을 분명히 알 수 있다('혁청단 제2회 정기 총회에 관한 건').

> 선언
> 1. 우리는 확신한다
> 소수 자본가를 본위로 하는 현 사회경제조직의 붕괴적 숙명과 대중을 본위로 하 는 신사회조직의 진화적 필연법칙을
> 2. 우리는 서약한다
> 우리는 확고한 신념과 정의의 주장을 관철하기까지 희생적 정신과 결사적 분투를
> 3. 우리는 혁청한다
> 구사회의 유전적 의식형태와 현사회의 무질서한 계급전선을

위의 선언을 보면 혁청단이 확고한 사회주의 이념을 바탕으로 구체 적인 행동에 나서겠다는 결의를 다지고 있음을 알 수 있다. 이 선언에 뒤

를 이은 강령과 결의문을 보면 "계급 문화와 창조적 의식을 보급시키기 위해 기관지를 발행할 것"을 결의하기도 하였다.

　＜동아일보＞는 이 혁청단에 대해 출범 초기부터 관심을 갖고 보도하였다. ＜동아일보＞ 지면에 이 단체와 관련된 기사가 처음으로 게재된 것은 발기인 모임 이틀 뒤인 1923년 12월 17일이다. 이 날 2면에서 '혁청단 출현'이라는 제목으로 '풍기를 개선할 목적'이라는 것과 우선 '공창 폐지 운동을 전개할 것'이라고 소개하고 있다.

　이 기사를 시작으로 ＜동아일보＞는 여러 차례 지면을 통해 이 단체의 활동을 긍정적인 논조로 소개하였다. 예를 들면, 1923년 12월 21일자에는 창립 총회가 열린다는 소식을 보도하면서 "일반 뜻잇는 인사는 만히 참여하여 주기를 바란다더라"고 끝맺으면서 참여를 독려하였다. 12월 23일자에는 '역원까지 선거'라는 제목으로 창립 총회 소식을 보도하였으며 1924년 2월 6일에는 '혁청단의 계획, 풍기혁청에 힘쓰겟다고'라는 제목으로 혁청단의 활동 계획을 자세하게 보도하였다.

　특히, 1924년 2월 7일자에서는 '혁청단 몸으로써 모범이 되라'는 제목의 논설을 통해 이 단체의 목적과 활동에 대해 많은 관심과 지지를 표명하였다. 서두에서 학생들의 문제에 대해 그동안 너무 무관심했음을 지적하면서 혁청단 출범을 다음과 같은 두 가지 의미에서 찬양할 만하다고 지적하였다.

　　첫재는 혁청단운동이 일반사회로 하야금 풍기문제에 대한 주의를 각성케하야 연구와 토의의 자격刺激을 준 것이오. 둘재는 학생 자신 중에서 학생 자신의 풍기를 숙청하라는 자각과 노력이 生한 것이다. 모든 개혁은 외적으로 주사注射할 것이 아니오 내적으로 분비하는 것이니 학생 자신이 학생계의 풍기숙청을 위하야 자각하고 노력함은 일반사회가 그리함보다도 더욱 실효가 잇슬 것이다. 그뿐 아니라 자래自來로 우리에게 부족한 자립자치적 정신의 발로로 크게 찬양할 가치가 잇는 것이다. (중략) 이 목적을 달하는데 중심세력이 되는 것은 혁청단 자신의 단원의 증대와 단결의 공고와 더욱 혁청단원 자신의 실천궁행實踐躬行의 활모범活模範에 잇슬 것이다. 활모범이야말로 가장 유력하고 웅변적인 주의선전이다.

혁청단의 출범 의의를 굉장히 높이 평가하면서 솔선수범해 줄 것을 당부하고 있다. 그러나 <동아일보>의 이러한 긍정적 보도 태도는 혁청단의 성격이 바뀐 것을 계기로 해서 다소 변화를 보인다. 사회주의 세력이 전면에 부상하게 되는 임시 총회가 열렸던 1924년 11월 26일자 지면을 보면 '혁청단 임시회'라는 제목으로 다음과 같이 보도하고 있다.

시내 북미창정北米倉町 일백사십번디에 잇는 혁청단에서는 금년 봄 총회때에 강령과 선언을 발표하고 공창폐지운동의 방향을 전환한 후에 이래 여러달 동안 오즉 내부정리에 몰두하던 중이더니 요사이에 이르러 졸디에 긴급한 새사건이 발생하엿슴으로 그단에서는 이문데를 토의하고자 금일 오후 네시부터 관수동 신흥청년동맹 회관에서 림시총회를 개회한다하며 쏘한 종래로 인사동에 잇던 사무소를 금번에 전긔 주소로 이전한 것이라

두드러지는 않지만 이전의 우호적인 논조가 사라지고 다소 냉소적인 보도 태도라고 할 수 있겠다. 이후의 관련 보도들을 보면 대개 혁청단의 모임이 있다는 사실을 알려 주거나 모임의 내용과 관련된 단신들 위주였다. 그러다가 1925년 6월 28일에 가면 <동아일보>가 이 단체의 임시 총회 소식을 알려 주면서 단체의 이름을 잘못 표기하는 실수를 범하고 말았다. 그 날짜 2면의 모임란에 소개된 관련 기사의 전문은 다음과 같다.

혁신단임시총회 이십팔일 오후 아홉시부터 시내 관수동 구십이번디 신흥청년동맹 사무소내에서 혁신단 림시총회를 연다더라

혁청단의 임시 총회를 열면서 이를 '혁신단'이라고 잘못 표기한 것이다. 당시 혁신단이라는 명칭은 국내에는 신파극을 공연하는 공연단이 있

었으며(<동아일보> 1922. 11. 26과 1923. 7. 16 등), 만주의 항일 단체 중에도 같은 이름의 단체가 있었다(<동아일보> 1925. 12. 5). 아마도 담당 기자가 이 단체와 혼동을 일으켰던 것 같다.

앞에서 인용한 바 있는 일제 경찰 문서에 나타난 바와 같이 총회가 열리기 하루 전인 6월 27일 혁청단은 권태휘를 동아일보사에 보내 자료를 제공하고 보도 협조를 구하였다. 그럼에도 불구하고 이처럼 잘못된 기사가 나갔던 것이다. 이 기사가 나가자마자 혁청단의 이영원李英遠은 신문사의 오류를 지적하면서 정정 기사를 신속히 내 줄 것을 요구하였다. 그러나 <동아일보>는 정정 기사를 내겠다고 약속해 놓고는 실제로는 싣지 않았다('革淸團第四會臨時總會ニ關スル 件'). 이에 그 날 저녁에 열린 혁청단 총회 자리에서 이 건뿐만 아니라 그동안에도 호의적이지 않았다고 성토하면서 급기야 <동아일보> 불매 운동을 벌일 것을 결의하기에 이르렀던 것이다.

이처럼 혁청단이 <동아일보> 불매 운동을 벌였던 것은 <동아일보>의 논조에 대한 불만에서 비롯되었던 것임을 알 수 있다. 당시 <동아일보>가 혁청단에 대해 매우 호의적인 보도 태도에서 논조가 바뀌었던 것은 혁청단의 성격이 바뀐 것과 관련 있는 것으로 분석할 수 있겠다. 초창기의 혁청단이 공창 폐지나 풍기 등의 윤리 문제에 주력한 것은 당시 타협적 자치론의 입장에 서 있던 <동아일보>의 입장과도 맞아 떨어졌던 것이다. 그러나 사회주의 운동 단체로 성격을 전환하고 특히 화요회 계열이 주도하게 되면서 <동아일보>의 관심이 그만큼 희석되자 혁청단은 이에 대해 불만을 가지게 되었던 것으로 볼 수 있다. 그러한 바탕 위에서 <동아일보>가 혁청단 관련 기사에서 단체명을 잘못 표기하는 오류를 범하자 불매 운동을 결의하게 되었던 것이다.

7) 진남포 객주조합의 <조선일보> 불매 운동

(1) 불매 운동의 전개

1925년 11월에는 진남포의 객주조합이 <조선일보>에 대한 불매 운동을 벌였다. <동아일보> 1925년 11월 21일자 5면을 보면 '양단兩端으로 비난밧는 남포객주조합'이라는 제목으로 진남포의 객주조합이 <조선일보> 불매 운동을 벌인 사실을 보도하고 있다. 이 기사는 제목에서도 짐작할 수 있는 바와 같이 객주조합의 불매 운동에 대해 비판적으로 보도하고 있다. 바로 밑의 부제에서 "야적곡 수직료를 올려서 말성되고, 사실보도한 신문을 배척하야 말성"이라고 언급한 데에서도 확인할 수 있다. 기사 내용에 따르면 진남포물산객주조합은 11월 13일 70명 조합원 중 30명이 참석한 가운데 임시 총회를 열고 "조선일보 비매동맹을 단행하기로 결의하는 동시에 동일보 진남포지국에서 후원하는 사업에까지 절대 불찬성하기로" 결의하였다는 것이다.

진남포 객주조합은 여기서 그치지 않고 지역 내 관련 단체에도 협조를 구하였다. 즉, 중개조합과 노동조합에 공문을 보내 "자긔네와 동일한 보조로 조선일보 배척을 실행케" 촉구하였다. 이처럼 <조선일보>에 대한 반대 분위기가 점차 고조되어 가자 진남포 지역의 기자단은 긴급 대책회의를 열고 세 조합에 공개장을 보내기로 결정하였다(<동아일보>, 1925. 11. 2, 5면).

이처럼 평안남도 진남포 지역에서는 객주조합 등의 단체들이 중심이 되어 관련 기사의 보도에 불만을 품고 <조선일보>에 대한 불매 운동이 전개되었음을 알 수 있다.

(2) 불매 운동의 배경

문제의 발단이 된 것은 <조선일보> 1925년 11월 6일자 2면에 실린 기사였다. 이 기사는 진남포 객주조합이 조합 운영비의 부족을 충당하기 위해 야적 보관료에 해당하는 수직료를 인상하기로 한 사실을 보도하면서 "수직 요금 증액은 조선 상인의 자멸책"이라는 제목과 함께 강도 높게 비판하였다. 이처럼 창고 보관료를 높인다면 고객을 다른 지방에 뺏기게 될 뿐 아니라 일본 상인들만 유리하게 만들 것이라고 관계자들의 말을 인용해 보도하였다. 보도 기사 외에도 남포 지역 유력자 홍광희, 객주조합 평의원 이종섭, 조합원 권정민, 조합 총무 조정호의 인터뷰 기사도 함께 실었다.

이 기사가 자신들에게 비우호적인 보도 태도를 보였다고 문제 삼아 진남포의 객주조합은 〈조선일보〉 비매 동맹을 결의하였던 것이다. 조합의 입장은 위의 〈동아일보〉 기사에 따르면 "그 긔사의 내용이 사실 무근은 아니나 자멸이란 너무도 가혹하다 하야 그 가치 비매동맹을 행한다"는 것이었다.

얼마 뒤인 1925년 12월 10일 〈매일신보〉는 이 사건에 대한 속보를 보도하고 있다. '조선일보 비매동맹의 내용'이라는 제목의 이 기사는 이 사건이 오기주라는 인물의 개인적 편견에 의해 빚어졌던 일이라고 보도하고 있다. 이 기사의 주요 내용은 다음과 같다.

진남포객주조組와 중개조組에서 조선일보비매동맹을 결의하얏다함에 대하야 자세한 내용을 탐문한 바에 의하면 그 이유는 오기주군의 편견으로 인하야 사회의 오해를 초招케함이라는데 잇고 경更히 오군은 그 과실을 무폐撫蔽하고저하는 태도가 잇슴이라 하는데 (一) 오군은 일반의 비난이 공개될가하야 경성에 가 잇는 시대일보지국장 이영익씨에게 자기에 관한 기사를 게재치안토록 한것 (二) 일반은 물론이오 기자들도 존재를 부인하는 기자단의 명의로써 공개장을 객주조에 송치하야 은연히 강압의 태도를 보인것 (三) 부내 유력자요 겸하야 객주조 중역인 마재곤씨를 비밀히 방문하며 자기가 과실이니 무사히 결말되기를 청한 것 등이라 한다. 고로 일반인사는 오군의 비겁한 행동을 타매唾罵중으로 공기과 空氣頗히 긴장하여 철저히 오군을 징계할 터이라고 전하더라

기사의 내용을 보면 오기주 개인이 큰 역할을 한 것임을 알 수 있다. 그러나 이 기사는 오기주라는 사람이 어떠한 목적에서 어떻게 <조선일보> 불매 운동을 계획하고 시도했는지에 대해서는 명확하게 밝히지 않고 있다.

이 오기주라는 인물은 그 즈음 진남포의 노동조합 간부로 있었던 사람이다. 이러한 사실은 <조선일보> 1925년 12월 25일자 기사를 통해 확인할 수 있다. 이 날짜 지면을 보면 "지난 20일 새벽부터 — 진남포 노동조합 간부 안석조安錫祚, 오기주, 김근영金根永, 전기성全基星, 이영복李永福, 양주연梁柱淵 씨 등을 검거하는 동시에 — 가택수색까지하야 서류를 압수한 것으로 보면 사건은 매우 중대한듯하며 경찰 당국에서는 내용을 절대 비밀에 부침으로 자세한 것은 알수업더라"고 보도하고 있다. 오기주를 비롯한 노동조합 간부들 여러 명이 모종의 사건으로 경찰에 체포되었음을 알리는 내용이다.

이 기사에서 명확히 언급되지는 않았지만 이때 오기주가 검거된 것은 아마도 공산당 활동과 관련이 있는 것으로 추정해 볼 수 있다. 이러한 추정이 가능한 것은 오기주라는 인물이 후에 1928년 8월 제3차 공산당 사건으로 체포되는데(<조선일보> 1932. 12. 5, 2면), 1925년 12월경에는 일본 경찰에 의해 제2차 조선공산당과 고려공산청년회에 대한 검거 선풍이 전국적으로 몰아닥쳤던 때이다(김준엽·김창순, 1986b, 361~74쪽). 따라서 이때에 오기주 등이 체포된 것도 이 검거 선풍과 관련이 있는 것이 아닐까 추정해 볼 수 있다.

이러한 전후 맥락을 살펴볼 때 진남포의 <조선일보> 불매 동맹 사건은 일단 이권 사업을 둘러싼 이해 관계의 갈등에서 빚어진 것으로 해석된다. 문제가 되었던 <조선일보> 1925년 11월 6일자 기사에 따르면 원래 이 수직료를 거두어서 그 중의 일부를 그 지역의 객주조합과 중개조합, 노동조합 등이 수입으로 삼았던 것 같다. 그런데 이 수직료를 인상하는 문제를 둘러싸고 관련 단체들 간에 갈등이 빚어지면서 오기주라는 인물이 주도하여 불매 운동이 펼쳐졌던 것으로 볼 수 있다.

8) <남선일보>에 대한 마산 시민들의 불매 운동

(1) 불매 운동의 전개

1926년과 1927년에는 경상남도 마산에서 지역의 일문 신문 <남선일보南 鮮日報>를 대상으로 하는 불매 운동이 전개되었다. 1926년 7월 24일 마산 지역의 유지들은 모임을 열고 <남선일보>에 대해 불매 운동을 포함하 여 다음과 같은 사항을 결의하였다(<동아일보> 1926. 7. 27, 4면).

1. 부윤에 대한 기사 전부를 취소할 사事와 공共히 사죄광고를 낼 일
2. 2호활자로써 제1면에 일주간 변명기사를 낼 일
3. 우 조건에 불응하는 동시에는 좌의 조건을 실행하기로 결의할 사
   가. 남선일보 비매동맹 및 월정광고를 폐지할 사
   나. 납량전람회 임원을 전부 사임할 사
   다. 5천호 축하광고금 전부를 취소할 사
   라. 대판매일, 대판조일, 경성일보, 부산일보, 동아 조선일보 조선신문에 설명 문을 낼 사
4. 도청에 변명문을 타전할 사

위의 내용을 보면 부윤에 대한 기사가 문제된 것임을 알 수 있다. 부 윤 관련 기사에 대하여 사죄 광고와 1주일간 해명 기사를 요구하고 있다. 신문으로서 받아들이기 힘든 조건이다. 이 조건을 수용하지 않으면 비매 동맹과 광고 취소를 단행하겠다는 것이 마산유지회의 결의 내용이다.

<남선일보>에 대한 불매 운동은 여기에서 그치지 않았다. 그 이듬 해인 1927년에도 비매 동맹이 전개되었다. 이때에는 우체국 이전 문제가 계기가 되었다. <조선일보> 1927년 9월 1일자 4면을 보면 마산 지역에 서 우체국 이전 문제를 둘러싸고 구마산 지역과 신마산 지역이 갈등을 빚 고 있다는 사실을 보도하면서 '남선일보 배척'이라는 제목으로 8월 29일 오후에 개최된 선일인유지자鮮日人有志者 모임에서 결의된 사항을 다음과 같이 보도하고 있다.

남선일보(마산의 일문지)는 공정한 사명을 무시하고 한편에 치우쳐 구마산을 언제나 적대시하야 함부로 사업을 방해함에 대하야 적극적으로 경계하기 위하여 월정 광고의 신탁을 거절하는 동시에 비매 동맹을 단행하되 9월 1일부터 차를 시행할 것

<남선일보>가 편파적인 보도 태도로 구마산 지역을 홀대하였다는 이유로 광고 거부와 비매 동맹을 단행키로 결의하였다는 것이다. 여기서 주체가 된 집단은 한국인뿐만 아니라 일본인들까지 포함된 유지 모임이라는 점이 특징이다. 유지 모임은 그 해 9월 2일에도 마산의 <동아일보> 지국에서 다시 회합을 갖고 남선일보사로부터 "영구적 회개의 사과가 잇기 까지는 단호히 용서치 안홀 것을 결의"하였다고 한다(<조선일보> 1927. 9. 6, 4면).

이처럼 1926년과 1927년 두 번에 걸쳐 마산 지역에서는 지역 내 문제를 둘러싸고 갈등이 빚어지면서 일본어판 신문인 <남선일보>에 대한 불매 운동이 전개되었음을 알 수 있다.

(2) <남선일보> 불매 운동의 배경

그러면 이때에 어떤 배경에서 <남선일보>에 대한 불매 운동이 펼쳐지게 되었는지를 분석해 보기로 하자. 1926년의 불매 운동은 당시 마산 부윤에 대한 평가와 연관이 있는 것 같다. 즉, 마산 부윤 데라시마 도시히치寺島利久에 대한 논조가 직접적인 계기가 되었다. 이러한 사실은 <동아일보> 1926년 7월 27일자의 기사로부터 확인할 수 있다. 이 날짜 4면을 보면 '부민대회 준비'라는 큰 주제목과 '모보某報 기사에 부민모욕이유, 마산 유지회의 결의'라는 부제목의 기사가 게재되어 있다. 기사의 주요 내용은 마산에 위치한 <남선일보>가 그 해 7월 22일부터 3일간 마산 부윤 데라시마에 대하여 근거가 불확실한 사실을 토대로 비난하는 기사를 게재하였다는 것이다. 특히, 신임 부윤이 <남선일보>가 "5천호 기념사업으로 마

산을 발전시킨다는 미명하에 영리를 도득圖得코저하는 소위 마산납량물산 전람회를 개최하랴함에 부윤이 성의로써 원조하야 주지 안는다는 등 조건을 거하야 중상하는 공격문을 기재하는 동시에 마산 부민의 부윤 반대열이 팽창하다 운운"하는 보도를 하였다는 것이다.

이러한 내용의 기사가 계기가 되어 '그동안 이 신문이 신문의 사명과 위신을 망각하고 사리만 도모한다는 여론이 비등'하자 마산 지역의 유지 50여 명이 1926년 7월 24일 회합을 갖고 <남선일보>를 규탄하는 부민 대회를 열기로 하는 한편 앞에서 지적한 바와 같은 결의 사항을 만장일치로 채택하였다.

이 사건의 배경을 분석하기 위해서는 <남선일보>라는 신문의 성격과 당시 마산의 사회적 분위기, 그리고 부윤에 대해서 분석이 필요할 것이다. <남선일보>는 1916년 <마산신보>가 개제改題한 것이다. 합방 전인 1908년 10월 1일 마산에서 일어 신문으로 창간을 인가 받은 <마산신보>가 경영난에 빠지자 1916년 총독부 기관지 <경성일보>가 이를 인수하여 <남선일보>라 개제하고는 10년의 기한부로 일본인 오카 유이치岡庸一에게 위탁 경영케 하였다. 1926년 이후로는 일본인 가와다니 시즈오河谷靜夫가 인수하여 그 제호 그대로 발행하였던 신문이다(마산시사편찬위원회, 1985, 861쪽).

이러한 과정을 보아도 알 수 있지만 이 신문은 철저히 총독부 당국의 입장을 대변하는 신문이었다. 1922년 일본 오사카의 한 신문사가 한국 내에서 발행되는 신문의 정치적 성향을 본사에 보고한 자료에 따르면, <남선일보>는 특정 정당과 밀착된 관계는 없지만 철저하게 부 당국의 입장을 대변하는 '부어용府御用'이라고 되어 있다(김규환, 1978, 207쪽에서 재인용).

1929년경의 총독부 경무국의 자료에 따르면, <남선일보>는 국내 발행 부수가 1021부에 불과한 소규모 신문이었다. 독자들도 대부분 일본인으로서 980명이 일본인 독자였던 것으로 나타나고 있다(한국학연구소 편, 1974, 56쪽). 지역에 기반을 둔 신문으로서 규모가 큰 것은 결코 아니었다고 할 수 있다.

개항 이후부터 마산에는 일본인들의 이주가 시작되어 조계지를 중심으로 이른바 신마산이 조성되기 시작하였다. 일본인들이 마산의 상권을 서서히 장악해 가면서 이 신마산이 마산의 중심으로 부상하게 되었으며 신마산과 구마산, 한국인과 일본인 사이의 갈등이 여러 가지 측면에서 빚어졌다고 한다.

이러한 상황에서 마산 부윤 데라시마는 부임 이후 앞으로 마산의 발전은 오동동을 중심으로 북쪽으로 발전할 것이라 예견하면서 구마산 지역의 발전을 위해 도로 신설 및 확장 공사를 활발하게 펼쳤다고 한다. 그리하여 그에게는 '구마산 부윤'이니 '도로 부윤'이니 하는 별명이 붙을 정도였다는 것이다(마산시사편찬위원회, 1985, 99~101쪽).

당시 마산 부윤 데라시마는 일본 오카야마岡山현 출신으로서 아오모리青森현에서 공무원 생활을 시작하여 1906년부터 통감부 소속으로 발령이 나서 경찰부와 지방부, 그리고 부산 등에서 근무하다 1922년 마산 부윤으로 발령이 난 사람이다(田內武, 1925, 981쪽). 전형적인 관료의 길을 걸은 사람이라고 할 수 있다.

이러한 배경을 가진 마산 부윤 데라시마가 어떤 배경과 의도에서 구마산 지역의 발전을 위해 힘썼는지는 확실치 않다. 앞서 인용한 ≪마산시사≫(1985, 101쪽)도 그가 구마산의 발전을 위해 노력한 사실을 언급하면서 "그의 진의가 어디에 있었든 간에"라는 표현을 사용하고 있다. 그가 이처럼 조선인들이 주로 거주하는 구마산 지역을 배려하는 정책을 펼치자 이것이 일본인들의 이익을 대변하는 <남선일보>의 입장에서는 부정적으로 비춰지게 되어 부윤에 대한 부정적 논조의 기사가 나오게 된 것으로 분석할 수 있다. 이러한 <남선일보>의 논조에 대해 구마산 지역에 거주하는 한국인 유지들과 일부 일본인들이 힘을 합쳐 <남선일보>에 대한 불매 운동을 결의하고 펼친 것으로 볼 수 있다.

한편 1927년에는 우체국 이전 문제와 이에 관한 보도가 직접적인 계기가 되었다. <조선일보> 1927년 9월 1일자를 보면 당시의 배경을 다음과 같이 보도하고 있다.

> 마산부는 경남의 추요樞要지대로서 목하 시설로 보면 소수 일본인이 거주하는 신마산은 편중히 하고 다수 조선인이 거주한 구마산 일대는 넘어 경홀輕忽히 함으로 이에 불평을 가진 구마산측 유지 다수가 그 대책을 토의한 결과 위선 과반過般 부협의회에서도 숙제가 되어 잇든 우편국 이전문제로 황갑주黃甲周 김철두金轍斗, 마츠하라松原早藏씨 등을 선거하야 정무총감과 체신국장에게 진정케 하엿든바 거去 26일 오후4시부터 당시 석정구락부회관내에 다수 인사가 회합하야 그의 전말 보고를 밧든 중 거번去番 본문제의 해결을 위하여 상경하엿든 데라시마 마산부윤의 태도가 넘우나 애매할 뿐아니라 신구마산의 주민에게 우편국 위치를 신구마산의 중앙되는 위치에 이전하도록 교섭 청원할 것을 약속하엿슴에 불구하고 상경한 후에는 태도를 일변하야 신마산 역전으로 교섭하엿슴을 알게 되자 일반은 크게 분노하야 (후략).

위의 기사에서 알 수 있는 바와 같이 1927년의 불매 동맹에서는 신문의 특정 기사가 직접적인 계기가 되지는 않았던 것으로 보인다. 단지 우체국 이전 문제를 둘러싸고 신마산과 구마산의 갈등이 빚어지면서 그동안 누적되었던 양 지역의 갈등이 폭발했던 것으로 보인다.

그렇다면 여기서 왜 이러한 우체국 이전 문제가 <남선일보> 불매 운동으로 비화되었는가? 이에 대한 해답은 <조선일보> 1927년 9월 6일자에서 찾아볼 수 있다. 이 날짜 4면에는 이 불매 운동의 배경을 알려 주는 기사가 게재되어 있다. 그 전문은 다음과 같다.

> 마산의 지방신문으로 본사를 신마산에 둔 남선일보사는 신마산의 시설이 궁사극치窮奢極侈로 최선히 정도에 운運하얏슴에 불구하고 시민의 4분지 3 이상이 거주할 뿐아니라 겸하야 상업의 중심지인 구마산에 부 당국으로서의 색책적塞責的 사소한 시설을 가加하랴함에도 언제나 방해의 논조를 발하야 위정 당국자의 두뇌를 현혹케하는 일방으로 구마산측의 부의급도의府議及道議등 행정의 자문에 당한 모모씨를 무조건으로 중상하야써 공정한 신문의 정신을 상실한다는

이유로 수일 전에 구마산유지자회의를 열고 해지該紙의 구독을 거부할 것과 월정광고의 게재 거절할 것을 결의하얏다함은 기보既報함과 갓거니와 해일該日 후는 거去1일 지상에 정정당당히 싸흐겟노라는 문제알에 구마산 전 시민을 모욕하는 기사를 장문으로 게재하엿슬뿐아니라 마산 상업계에 중대한 영향을 미치게 할 잔교棧橋문제에도 적극적으로 마산에 시설함을 방해하겟다는 의미의 문구를 공공연하게 표시하엿다하야 이에 분개한 구마산측 유지 30여명은 거2일 오후 8시부터 당지 만정 동아일보지국에 회합하야 김용환씨 사회하에 해사로부터 영구적 회개의 사과가 잇기까지는 단호히 용서치 안홀 것을 결의하고 동11시에 산회하얏더라

위의 내용을 보면 신구마산 사이의 갈등에서 <남선일보>가 일방적으로 일본인 중심인 신마산의 입장을 대변하며 구마산에 대해 불리한 보도를 일삼았던 것이 불매 운동의 직접적 원인이 되었음을 알 수 있다. 이를 마산 시민을 모욕하였다고 주장하면서 불매 운동을 결의했던 것이다.

이 사건에서 우리가 주목해야 할 것은 부윤의 입장이다. 앞의 1926년 사건에서는 부윤이 구마산 발전을 위해 노력하다가 <남선일보>의 비판적 논조를 야기시키게 되었는데, 그 다음 해의 사건에서는 부윤이 입장을 바꾸었던 것으로 보인다. 부윤은 신마산과 구마산의 갈등 사이에서 신축 우체국의 위치를 중간 지점으로 하려 했으나 서울에 다녀오고 하면서 입장을 바꾸었던 것으로 보인다.11

이상의 분석을 통하여 우리는 1926년과 1927년의 <남선일보>에 대한 두 차례의 불매 운동이 당시 지역 사회 내의 갈등이라는 맥락 속에서 빚어진 것이었음을 알 수 있다. 생활 근거지의 이권이나 이해 관계를 둘러싸고 갈등과 대립이 빚어지면서 이에 대한 신문의 보도 태도에 불만을 느끼게 되자 지역의 유지들을 중심으로 신문 불매 운동으로까지 비화되었던 것이다.

---

11. 이때 신축 우체국은 결국 신마산 지역으로 이전하게 되었다. 1930년 2월 24일 신마산에 해당하는 중앙동으로 청사를 신축하여 이전하였다(마산시사편찬위원회, 1985, 633쪽).

9) 부강청년회의 <조선일보> 불매 운동

(1) 부강청년회 불매 운동의 전개

1927년 9월에는 충북 부강의 청년 단체가 <조선일보>의 기사를 문제 삼아 이 신문에 대한 불매 운동을 벌였다. 1927년 10월 9일자 <동아일보>를 보면 '부강각단各團내막, 호서기자단서 조사?'라는 제목으로 다음과 같은 내용의 기사가 게재되어 있다.

경부선 부강에는 부강청년회와 부강보안조합(경찰서장의 지휘하에서 감독을 밧는 단체)과 노동동맹의 삼개 단체가 유한바 거 구월이십사일부 조선일보 탁목조啄木鳥[12]란에 '부강청년회제군에게'라는 기사로 인하야 부강청년회에서는 조선일보 비매동맹을 단행하는 동시에 노동동맹위원으로 청년회회원인 유동기柳東氣, 박재운朴在雲 양군兩君을 제명처분하고 따라서 보안조합과 보조를 일치히하야 노동동맹과 파동적풍파가 일어나게 되야 청년회와 보안조합에서는 집회시에 신문기자의 방청을 무조건으로 거절하는 등 여러 가지 불상사가 연출連出하야 부강일대에서는 물론物論이 자못 비등하여짐으로 호서기자단에서는 전기 각단체의 내막을 철저히 조사하기로 결의되야 불일不日내로 특파원을 파견하기로 하엿다더라(조치원).

1927년 10월 초순을 전후하여 부강 지역에서는 청년회와 보안조합, 노동동맹이 중심이 되어 9월 24일자 <조선일보>에 실린 관련 기사 때문에 <조선일보>에 대한 비매 동맹을 결의하였음을 알 수 있다.

(2) 부강청년회 불매 운동의 배경

문제가 된 <조선일보>의 해당 기사는 '탁목조'라는 제목의 난에 실려 있다. 이 난은 독자 투고를 게재하는 난으로서 난의 제목 아래쪽에는 '투고 환영'이라는 문구와 함께 "14자 50행 이내 요주소씨명명기"라고 투고

---

12. 딱따구리를 말한다.

요령을 설명하고 있다. 문제의 기사는 '가몽柯夢'이라는 필명으로 투고된 원고로서 부강의 단체들에 대해서 강도 높게 비판하고 있다. 이러한 비판적 내용의 기사가 불매 운동을 자극하는 직접적 요인이 되었던 것 같다.

기사의 내용은 "현재 보안조합장으로서 소관경찰서장의 지휘를 밧는 윤○○군이 부회장의 지배하에서 회무會務를 진행한다고 한다?"면서 이러한 상황에서는 "현대적 추세를 조찰 가능성이 잇는 청년들을 장차 어느 굴엉巷에 쓸고 드러갈는지 의아의 감感이 불무不無하다" 강도 높게 비판하고 있다. 기사는 이어서 이 조합의 규약도 다음과 같이 비판하고 있다.

> 오늘날 부강에서 독갑이 탈을 쓰고 생긴 보안조합이란 것이 잇는바 그 규약을 볼때에 경찰서장의 지휘하에서(各條) 그 부락에 거주자는 모다 조합원이 되라는 복종적 규약이 잇다. 그려한 조합의 수뇌자로서 부강청년부회장에 선임되어 그의 지배하에서 회무를 진행한다니 이 어찌 모순당착이 안이고 무엇이냐 아─ 부강청년제군이여 각성할지여다

특히, 지역 거주자 모두가 회원이 되도록 규정해 놓은 규약이 문제가 있다고 지적하면서 부강 청년들의 각성을 촉구하고 "단체다운 단체를 결성하기를 기대한다"고 끝맺고 있다.

위에서 살펴본 바와 같이 이 기사는 부강이라는 지역의 청년 단체의 운영에 대해서 상당히 구체적이면서도 강도 높게 비판하고 있다. 이러한 사실로 볼 때 가몽이라는 필명의 필자는 부강 지역의 거주자이거나 이 지역 단체와 직간접으로 연관이 있는 관계자일 것으로 추정할 수 있다. 이는 앞의 <동아일보> 기사에서 부강의 청년회가 유동기와 박재운 두 사람을 제명했다는 사실과도 밀접한 관련이 있을 것으로 보인다. 아마도 제명된 두 사람 중의 한 사람이 이 글을 직접 투고했거나 아니면 제보했을 가능성이 높은 것이다.

이처럼 부강 지역의 <조선일보> 비매 동맹은 신문 지면의 독자 투고 내용을 가지고 불매 운동을 벌인 사례였음을 알 수 있다. 조직 내외의

이해 관계 속에서 신문 지면을 이용하여 상대 세력을 비판하자 이를 계기로 신문에 대한 불매 운동으로까지 비화되었던 것으로 분석할 수 있다.

10) 함경도 지방 사회 단체들의 <북선일보> 불매 운동

(1) 불매 운동의 전개

1930년 연초에는 함경북도 청진의 각 사회 단체들이 모여 그 지역에서 발행되던 일인 신문 <북선일보>에 대해서 불매 운동을 결의하고 실행에 들어갔다. 최초로 결의가 이루어진 것은 그 해 1월 29일의 일이었다. <조선일보> 1930년 2월 2일자 7면을 보면 '민중대회 개최'라는 주제하에 '북선일보의 조선인 모욕과 청진 각 사회 단톄의 대책 적극적 응징을 결의'라는 부제로 다음과 같이 보도하고 있다.

> 북선일보의 조선인 모욕 긔사 사건에 대하야 청진의 각 사회단톄에서는 지난 이십구일 오후 칠시부터 청진 청맹회관에 회집하야 남윤구씨의 사회하에 개회하고 그 대책을 강구 진행하기 위하야 좌의 임원과 토의사항을 결의한 후 동 십일시경에 무사 폐회하엿다더라(청진)
>
> · 집행위원 집행위원장 김창룡金昌龍, 재정부위원 맹성재孟性在, 연구부위원 남윤구南潤九
> · 결의 사항
> ㅡ. 민중대회를 2월 6일 개회할 것
> ㅡ. 장소는 신암동 공락관共樂舘에서
> ㅡ. 비매동맹 조직과 성명 쎄라 살포할 것

<북선일보>의 기사가 조선인을 모욕하엿다고 하여 청진 지역 내 각 사회 단체 대표들이 모여 불매 운동을 벌이기로 방향을 정하고 이를 위한 민중 대회를 개최하기로 하였다는 것이다. 이 불매 운동은 청진에만 그친 것이 아니라 인근 지역에도 확산되었다. 인근 회령 지역에서도 3월에

지역 내 6개 사회 단체, 즉 신간회와 근우회의 지회, 차가인동맹, 인쇄직공조합, 양화직공조합, 청년동맹의 간부 50여 명이 모여 이 문제를 논의한 후 다음과 같은 매우 구체적이고 강도 높은 8개 항의 결의 사항을 채택하였다(<동아일보> 1930. 3. 24, 5면).

1. 총독부 당국에 북선일보 폐간을 요구할 것
2. 모욕기사를 쓴 기자 주필 편집국장 등을 함북도내에서 추방할 것
3. 우 기사 책임자 등을 조선내에서는 신문기사를 집필 못하게 할 것
4. 경무국 당국에 동기사 검열자를 XXX처할 것을 요구할 것
5. 조선인은 북선일보 비매동맹을 단행할 것
6. 민중대회를 개최할 것
7. 북선일보 규탄성토연설회를 개회할 것

비매 동맹과 규탄 연설회 개최뿐만 아니라 <북선일보>의 폐간 요구 집필자 및 검열자에 대한 처벌 요구 등 매우 강도 높은 대책임을 알 수 있다.

(2) 불매 운동의 배경

이 불매 운동도 역시 <북선일보>의 기사가 계기가 되었다. <조선일보> 1930년 2월 11일자 7면을 보면 '조선인 모욕으로 북선일보 비매 동맹'이라는 제목으로 다음과 같은 내용의 기사가 게재되어 있다.

함북 청진부 일문지 북선일보는 일월이십륙일부 정청냉어靜聽冷語라는 긔사란에 비인간적 문구를 람용하야 전민족적으로 조선인을 모욕한 사실로 인하야 민중대회와 성토강연회를 개최할 터인데 문제는 점점 확대되어 조선인은 수모를 물논하고 극도로 분격할 쑨아니라 전부 비매동맹을 단행하엿다더라(청진).

위의 기사로부터 이번 비매 동맹은 <북선일보> 1월 26일자 '정청냉어'라는 난의 기사가 조선 민족을 모욕하였다 하여 촉발된 것임을 알 수

110

있다. <북선일보> 자료가 남아 있지 않아 문제의 기사를 확인할 방법이 현재로서는 없다. 그러나 아마도 기사의 내용이 조선 민족을 비하하는 것이어서 우리의 민족 감정을 자극하여 각 사회 단체들의 반발을 불러일으켰던 것으로 볼 수 있겠다.

<북선일보>는 1908년 8월 1일에 창간된 신문으로서 함경북도 지역에서는 가장 먼저 생겼으며 청진에서 발행되는 유일한 신문이었다. 1933년 3월 당시 발행인은 오카모도 노부오岡本信雄로 되어 있다(한국학연구소 편, 1974, 433쪽).

문제의 기사는 조선 민족뿐만 아니라 중국인에 대해서도 모욕적인 내용을 포함하고 있었던 것 같다. 중국인들은 이 문제를 정부에 보고하여 외교부를 통해 국제 문제화하였으며 청진 거주 중국인들도 함께 <북선일보>에 대한 불매 운동에 돌입하였다고 한다(<조선일보> 1930. 2. 17, 4면).

이상에서 살펴 본 바와 같이 1930년 연초에 벌어진 함경북도 지역의 <북선일보>에 대한 불매 운동은 기사의 내용이 민족을 모욕하는 것이라 하여 사회 단체들이 중심이 되어 벌어진 불매 운동으로서 그것이 인근 지역인 회령까지도 확산되었으며 지역 내 거주 중국인들도 동참하였던 불매 운동이었음을 알 수 있다.

11) 보성전문학교 교우회의 <조선일보> 불매 운동

(1) 불매 운동의 전개

1935년 6월에는 동아일보의 사주인 김성수가 운영하던 보성전문학교의 교우회가 <조선일보>에 대한 비매 동맹을 선언하고 나섰다. 교우회는 그 해 6월 19일에 열린 임시 총회에서 <조선일보>에 대한 비매 동맹을 결의하였다. <매일신보> 1935년 6월 29일자 조간의 1면 하단에는 6단 크기의 광고가 실려 있다. 보성전문 졸업생 36명의 명의로 된 이 광고는 '보성전문학교 교우회 제씨諸氏에게 급고急告함'이라는 제목으로 되어 있다. 광고의 내용은 보성전문 졸업생들 가운데 일부가 교우회 명의로 <동아일보>와 <매일신보> 1935년 6월 21일자 석간에 실린 '조선일보의 비非를 들어 만천하 인사에게 고함'이라는 제목의 광고를 비판하는 내용으로 되어 있으나 내용 중에는 다음과 같이 6월 19일 열린 보성전문 교우회 임시 총회에서 결의되었던 세 가지 사항이 포함되었다.

> 一. 보성전문관계자는 조선일보 현간부가 퇴사하는 때까지 조선일보를 비매동맹할 것
> 一. 조선일보와 관련된 사업에도 일절의 관계는 단절할 것
> 一. 조선일보의 모교 당국에 대한 사옥 신축 낙성축하광고금 강요와 금반 모교에 대한 욕설에 관한 것은 본회로서 이를 공갈취재미수죄恐喝取財未遂罪로 조선일보 책임자 방응모씨와 광고금 강요자 서춘을 고발할 것

<동아일보>의 사주 김성수가 운영하는 보성전문학교의 교우회가 나서서 <동아일보>의 경쟁지 <조선일보>의 비매 동맹을 선언하였던 것이다. 결의 사항을 보면 비매 동맹뿐만 아니라 모든 관계를 단절하고 간부의 사퇴를 요구하는 등 매우 포괄적이고 강도 높은 내용을 담고 있다. 세 번째 결의 사항을 보면 광고금과 보성전문 관련 기사가 직접적인 계기가 된 것임을 알 수 있다.

(2) 불매 운동의 배경

이 사례는 1933년 방응모가 <조선일보>를 인수하면서 <조선일보>가 오랜 내분과 경영난을 딛고 체제를 정비하여 <동아일보>와 본격적인 상업적 경쟁을 벌이던 맥락에서 벌어진 사건이었다. 다시 말해 양사 간의 경쟁 의식이 밑바탕이 되어 벌어졌다는 말이다.

직접적 도화선이 된 것은 보성전문의 정원 초과 문제였다. 당시 보성전문의 학생 총 정원은 400명이었으나 1935년부터 600명으로 증원되었다. 그런데 보성전문이 정원을 초과하여 665명, 즉 65명을 더 받기로 함으로

써 발단이 되었다. 그 65명 중 37명은 기한 내에 입학 수속을 마치지 못해서 자동으로 자격 취소가 되었고 나머지 28명은 입학 수속을 마쳤다. 이 28명에 대해서는 이미 수속을 마쳤으므로 자격을 인정하여 정원이 초과되는 결과를 빚었던 것이다. 이것이 문제가 되어 총독부 당국은 초과 학생들에 대해서는 어쩌지 못하고 교장인 김성수에 대해서만 그 전 해에도 같은 문제가 있었기에 인책해 사직하게 하였다(심판자, 1935, 22~3쪽).

<조선일보>는 이 사실을 1935년 6월 7일자 지면에 보도하였다. 2면에 실린 기사에서 '보전 교장 돌연 사직'이라는 제목으로 김성수가 사직하고 후임에 김용무 씨가 취임했다는 사실과 함께 '입시에 합격된 37명 희생'이라는 제목으로 사건의 경과를 설명하면서 이를 학교 당국의 부당한 조치로 학생들이 억울하게 희생되었다는 논조로 보도하였다.

뿐만 아니라 다음 날인 6월 8일에는 '학교 당국의 반성을 촉함'이라는 제목의 사설을 통해 이 사실을 언급하면서 매우 강도 높게 비판하였다. 학교 당국의 이러한 행동은 "투기사들 모양으로 요행을 바라는 행동이 아니면 대사를 대사로 알지 못하는 ○○ 경솔자의 하는 행동이요 결단코 학교 당국으로서는 할 일이 아니다"라고 주장하면서 "교육계의 불미사를 근절하기 위하야는 이러한 사이비적 교육자를 직접은 물론 간접으로도 학원으로부터 격리시키는 하등의 방도가 잇서야 된다"고 목소리를 높였다.

이를 시작으로 <조선일보>는 이후 3일간을 연속으로 사설란을 통해 교육계의 문제를 거론하면서 보성전문학교의 문제를 직·간접적으로 공격하였다. 9일자 사설은 '교육기관의 공기성公器性'이라는 제목으로 그리고 2면 톱기사는 '정원 이상 학생 모집, 당국은 단호 금지'라는 제목으로 이 문제를 거론하였다. 10일자 사설은 '인격 제일주의, 교육계 혁청의 근본책'이라는 제목으로, 11일자 사설에는 '교장의 적격성을 논함, 실천궁행의 덕망가'라는 제목으로 교육계의 문제를 거론하면서 보전과 <동아일보>를 연일 공격하였다.

사실을 보도한 내용이라고는 하지만 그 논조가 다소 흥분된 면이 없지 않았다. 격앙된 논조의 기사가 자연 <동아일보>와 보성전문의 신경을 자극했음은 물론이다. <동아일보>는 바로 지면을 통해서 보복성의 기사를 게재하였다. <조선일보>의 사주 방응모가 함경북도 영흥군 선흥면의 국유림 임야 1만 2000정보町步를 대부 신청하여 8000여 주민들의 생활 근거를 위협하고 있다는 사실을 6월 20일자 2면에 톱기사를 비롯하여 여러 개의 기사로 커다랗게 보도하였다.

이 기사를 보복성 기사라고 판단할 수 있는 것은 <동아일보>가 이미 5월 30일자 조간에 게재한 바 있기 때문이다. 당시는 이를 보도하면서 대부 신청자의 이름을 '경성 모씨'라고 익명으로 보도하였는데, 20여 일이 지난 후 조선일보 사장 방응모라는 이름을 밝히면서 다시 보도하였던 것이다. 뿐만 아니라 <동아일보>는 그 다음 날인 6월 21일자 조간에서는 '국유임야 처분을 신중히 하라'는 제목의 사설에서 이 문제를 다루었다. 사설의 요지는 '당국자가 주민의 이익을 위하여 신중 고려해야 한다'는 것이었다.

보성전문 교우회도 나서 6월 16일과 19일 두 번에 걸쳐 임시 총회를 소집하고는 <조선일보>의 보도 태도와 사옥 신축 축하 광고금 문제를 비판하면서 비매 동맹과 간부의 사퇴를 요구하는 성명서를 채택하기에 이르렀던 것이다.13 여기서 축하 광고금 문제란 당시 조선일보사의 신사옥 완공을 기념하여 광고로 협찬해 달라고 조선일보사의 서춘 주필이 김성수에게 요구하였으나 김성수가 이를 거절했던 사건을 말한다. 보전 교우회는 이 과정에서 조선일보사 측이 강요했다고 문제를 제기하였던 것이다.

---

13. 물론 이때 보성전문 교우회가 일치 단결하여 <동아일보>의 편을 들었던 것은 아니다. 두 차례의 총회를 통해 <동아일보>와 사주 김성수를 옹호하며 <조선일보>를 공격하는 결의를 하자, 일부 졸업생들은 이를 비난하는 성명서를 <매일신보> 1935년 6월 29일자 조간에 '보성전문학교 교우회 제씨諸氏에게 급고急告함'이라는 제목의 광고로 실었다. 또한 잡지 <삼천리> 1935년 8월호에도 29명 명의로 '보성전문학교 교우 제씨에게 고함'이라는 제목으로 교우회가 특정인의 편을 일방적으로 옹호하는 것은 잘못이라는 내용의 비난 성명서를 발표하였다. 이처럼 교우회도 내분 양상을 보여 주었다.

이에 <조선일보>는 발끈하였다. 6월 21일자 2면에서는 전체 지면의 3분의 2 정도를 할애하여 <동아일보>를 공격하였다. 톱기사의 제목부터 아주 자극적이었다. '비열·타기唾棄할 차거此舉措, 허구적 중상에 광분'이라는 주제에 '공적 책임을 폐이弊履가치 버리고 동아일보의 단말마적 광태'라는 부제를 달았다. 이외에도 총 9건의 기사로 <동아일보>와 보성전문 교우회를 공격하였다. 뿐만 아니라 지면 한가운데에는 근고謹告라는 사고 형식으로 다음과 같은 내용의 공지를 박스 처리하였다.

동아일보는 그 경영자 김성수씨가 보성전문학교 교장으로써 범한 과실을 엄폐하기 위하야 본보의 정당한 보도를 공격하기에 가진 허구의 사실을 날조하야 본보를 중상하고 잇다. 본보는 이 도전적 중상에 대하야 일일이 변백하기는 지면의 정화를 위하야 단연 묵쇠코저하는바 동아일보의 금후 광태는 현명하고 공정한 사회적 판단에 맛겨 드려 가장 엄숙한 재단을 기두리기로 하는 바이다

또한 1면의 사설에서 '동아일보의 광태난무狂態亂舞'라는 선정적 제목으로 공격하였다. 이 사설에서 보전 교우회가 <조선일보> 비매 동맹을 결의한 사실에 대해 이는 "조선일보가 1인의 독자도 업섯스면 조켓다는 동아일보의 제1희망의 표현이 아니고 무엇"이겠냐고 비판하였다.

앞에서 인용한 공지에서는 일일이 대응하여 지면을 어지럽히지 않고 사회적 판단에 맡기겠다고 하였지만 실제 보도 내용은 그렇지 않았다. 사설의 내용 중 '위풍당당 압인색기壓人塞氣의 감을 주는 신사옥'을 바라보고 '공포심을 느꼈다'라든가 동아일보사의 자본금은 '근근 35만 원인 데 대하여 아사我社는 50만 원이다'라는 등의 표현이 등장한다. 이러한 내용을 두고 한 잡지는(심판자, 1935, 33쪽) "마치 아이들 싸움에서 '너의 집이 좋으냐? 우리 집이 좋지,' '너 따위는 5전밖에 없지만 나는 10전 있어' 하는 식의 유치한 싸움"이라는 혹평을 들을 정도였다.

이 싸움은 그 후 두 신문의 타협으로 유야무야 끝나고 말았다(심판자, 1935, 44쪽). 보성전문 교우회의 <조선일보> 비매 동맹은 1930년대 들어

서 두 신문이 치열한 상업적 경쟁을 벌이는 가운데 보성전문의 정원 초과 입학생 문제가 계기가 되어 교우회가 관련 보도에 불만을 품고 비매 동맹을 결의, 선언하였던 것임을 알 수 있다.

12) 여성 단체 근우회의 <별건곤>에 대한 불매 운동

다음으로는 여성 단체가 잡지 <별건곤>에 대해 불매 운동을 벌였던 사례를 살펴보자. 1930년 3월 15일자 <조선일보> 2면을 보면 '별건곤 비매동맹, 근우회본부에서'라는 제목의 1단짜리 기사가 게재되어 있다.[14] 그 주요 내용은 다음과 같다.

> 시내 공평동 근우회본부에서는 십삼일 중앙상무위원회를 열고 ── 개벽사 경영인 별건곤의 비매동맹을 하고 그의 규탄연설회를 열기로 하엿스며 날자는 추후로 발표하겟다는바 비매동맹의 리유는 종래 별건곤에는 루차 녀성운동자에 대한 중상뎍 긔사를 긔재하여 오다가 지난 이월호에는 녀성운동자에게 중상모욕한 긔사가 잇서 그대로 간과키 어렵다는 것이며 별건곤에 대한 질문위원은 김수준金繡準씨와 네사람이라더라.

<별건곤>이 여성 운동자들에게 부정적인 내용의 기사를 게재하였다는 이유로 근우회가 이 잡지에 대한 불매 동맹을 결의하고 연설회를 개최하며 질문위원을 선정하여 공개 질의하겠다는 내용이다. 이 내용에서 구체적으로 <별건곤> 1930년 2월호의 어느 기사를 문제 삼는 것인지는 명시되지 않았다. 하지만 <별건곤> 2월호의 기사 중 문제가 될 만한 기사를 살펴보면 아마도 '대대풍자 신춘지상좌담회'라는 제목의 좌담회 기사(39~42쪽)가 문제가 되었을 가능성이 크다.

이 기사는 교육계 C선생, 종교계 S목사, 언론계 기자, 의사계 박사,

---

14. 거의 동일한 내용의 기사가 <중외일보> 1930년 3월 16일자 2면에도 실려 있다.

실업계 M은행두취, 법조계 L변호사, 다각연애가 H양, 평론가 차돌이 등 가상의 인물들을 내세워 자유 연애, 산아 제한, 신식 결혼식, 조혼, 공창 폐지 등의 주제를 대담 형식으로 다루면서 매우 풍자적으로 묘사하고 있는 기사이다. 예컨대, 은행계의 M씨는 연애 문제에 대해 "내 경험 가터서는 이 세상에 연애란 소용이 업슬 것 갓습듸다. 그저 돈만 가지면 남의 순결한 처녀의 정조 유린도 맘대로 할 것 갓고 여학생이나 기생도 마음대로 한 달에 몃 번식 작첩作妾을 할 수 잇고 일첩 양첩도 맘대로 둘 수 잇스며 얼골이 썩은 낙화생갓치 생겼던지 입에서 썩은 악취가 나도 다 환영을 하는 것 갓습니다. 지금의 연애는 돈이면 그만이지요. 신성한 연애가 다 무엇임닛가"라는 식이다.

이 기사 외에도 <별건곤>은 여성 문제에 대해 보수적인 입장을 보이면서 매우 풍자적이고 신랄한 태도의 기사를 여러 차례 게재하였다. 예컨대, <별건곤> 1930년 1월호를 보면 '대대풍자 사회성공 비술'이라는 제목하에서 '신녀성 되는 비결'이라는 소제목으로 "신여성! 조−치. 수천 년 동안을 옥중 생활을 하다가 광명한 천지에 나왓스니 모든 것이 깃븜이요 모도가 자유다. 누구를 두려워하며 무엇을 거릿기랴. 정조? 피− 그런 케케 묵은 소리가 어데 잇노? 독신으로 지내면서는 허구 십혼 생활을 못하라는 법이 대관절 어데 잇노?"라고 신랄하게 풍자하고 있다(148쪽). 같은 잡지 1929년 2월호도 정수일鄭秀日이라는 사람이 쓴 '여자는 일종 오락물'이라는 제목으로 다음과 같은 내용의 비판적인 기사가 게재되고 있다(134~5쪽).

근일 여자를 보면 거의 다 경박부화輕薄浮華하다. 구여성보다도 신여성에게 이러한 폐가 더 만흔 것을 보겟다. 그 장신구의 미려, 소지품의 호사, 착용물의 능라綾羅, 이것이 대체 웬일이며, 그 일상생활의 번잡혼란이 웬일인지 안일 오락 호유豪遊가 드듸여 방종이 되어버린다. 그래서 산보, 음악회, 활동사진관이 그네들의 생활의 전통이 된다. 그뿐인가 가정은 어터케 되든지, 가족은 어떤케 되든지 자신의 영욕허영을 채우기 위하야는 아모 것도 거리낄 것이 업다. 이가튼 물적 욕망을 채우는데는 자기네의 생명이라는 정조 그것도 초개가티 집어 던지

117

라는 기풍이 보힌다. (물론 다 그럿타는 것은 안이지만) 정조문제를 운위하면 흔히 해방운동과 여성운동을 한다는 일부 여성은 그것은 17, 8세기 당시에 남성이 여성을 독점하든 당시에 하든 케케묵은 다 날거빠진 사람의 썩은 말이라고 대갈일성하겟지만, 전일과 가튼 정조관념은 어더보랴고 하여야 어더볼 수 업는 것이 현하 녀자계이다.

이처럼 여성들에 대해서 그리고 신여성 혹은 여성 운동에 대해서 비판적이고 냉소적인 시각을 보여 온 <별건곤>에 대해서 여성 단체인 근우회가 불매 동맹을 결의하고 나섰던 것이다.

13) 기타의 신문 불매 운동 사례

일제 강점기에는 앞에서 분석한 사례 이외에도 여러 건의 신문 불매 운동이 있었다. 이 사례들에 대해서는 자료가 충분치 않아 그 배경을 분석하기는 어렵다. 사례들만을 열거해 보기로 하겠다.

1925년 11월에는 김천 지역의 사회 단체들이 <조선일보>에 대한 불매 운동을 벌인 사실이 있다. <동아일보> 1925년 11월 22일자 4면을 보면 이를 다음과 같이 보도하고 있다.

동업 조선일보 김천 지국 경영자가 대서인과 종교신자라 하야 군내 6개 단체가 연명하야 동보 본사에 지국 경영자를 변경하라는 제의안을 제출하엿다함은 누보한바어니와 동보 본사에서는 지금까지 하등의 처치가 업슴으로 해該 6개단체에서는 더욱 분개하야 거去 19일 오후 8시부터 실행위원회를 개최하고 조선일보 비매 동맹 실행의 건을 토의하엿다는데 그 상세한 결의 사항은 좌와 여하다고(김천).

1. 조선일보 비매동맹 실행의 건
   1. 실행방법 본월 20일부터 향 1주일간 실행위원 2인식式 동 지국 구역 내의 각 지방에 파견하야 해 지방의 시일市日[15]을 이용하야 선전할일 단 20일은 김천 시일인 고로 실행위원이 총출장하야 시내에 선전지를 살포할일

2. 지방순회 순서 21일 구미, 22일 선산, 23일 이천梨川, 24일 지례
　2. 조선일보 성토의 건
　　1. 방법 강연
　　2. 시일 본월 26일
　　3. 회수 1회
　　4. 장소 금릉청년회

　　위의 내용을 통해 알 수 있는 바와 같이 지국장의 사회적 배경과 관련한 불만이 불매 운동으로까지 비화되었던 것 같다. 특히, 이 사례에서는 다른 사례보다도 불매 운동의 방법이 구체적으로 제시되고 있다는 점이 특색이다. 관내 각 지역의 장날을 이용해서 대중 선전을 함으로써 그 기반을 확대시키고 참여를 넓히려 시도했던 것이다.

　　1925년 12월에는 부산의 영주구락부가 특정 신문에 대해 비매 동맹을 벌인 사례가 있다. <시대일보> 1925년 12월 15일자 3면을 보면 이 사실이 보도되고 있다. 이 기사는 불매 운동의 대상이 된 신문의 이름을 밝히지 않고 '○○신문'이라고 익명으로 처리하고 있다. 부산청년연맹이라는 단체에 참여하는 문제로 내부에 갈등이 생기면서 문제의 초점이 된 인물이 이 신문의 지국장을 맡고 있던 노○○이며, 이 신문이 부산의 청년 단체들을 기만했다는 이유로 불매 운동을 벌였다.

　　한편 1928년 7월 21일에는 원산에서 발행되던 일인 신문 <원산매일신문>에 대해서 원산 시내 각 사회 단체들이 모여 <원산매일신문> 성토연설회를 개최하고 비매 동맹을 결의한 바 있다. <중외일보> 1928년 7월 25일자 2면에 실린 기사를 보면 이들 사회 단체들은 비매 동맹을 결의할 즈음에 임석 경관으로부터 금지를 당하여 구체적 방법을 결의하지 못하고 비매 동맹을 하자는 선언만 하였다고 한다. 이때 비매 동맹을 선언했던 이유는 이 신문이 사설에서 조선 민족을 모욕했다는 것 때문이라고 보

---

15. 장날을 말함.

도되고 있다.

이 밖에도 아직 발굴되지 못한 사례들도 있을 수 있다.

14) 일제 강점기 신문 불매 운동의 특성과 역사적 의의

지금까지 일제 강점기 신문 불매 운동의 전개 과정과 그 배경을 분석해 보았다. 그렇다면 실제로 이 불매 운동들이 어떻게 전개되었으며 신문에 얼마나 영향을 주었는지가 중요한 문제로 떠오른다. 하지만 현재로서는 이 부분에 대해서 논의를 진전시킬 자료가 전혀 없다. 앞서 살펴 본 바와 같이 청년 단체나 지역의 단체들이 중심이 돼서 불매 운동을 결의한 사실은 기록을 통해 확인이 되지만 실제 구독 거부 운동이 어떻게 진행이 되었고 어떠한 영향을 주었는지를 밝힐 수 있는 자료는 아직까지 없다는 말이다. 이 점에 대해서는 앞으로 새로운 자료의 발굴을 통해 해결해야 할 과제로 남겨 두고자 한다.

일제 강점기의 신문 불매 운동을 보면 1920년대 초반과 1920년대 중반 이후가 그 성격 면에서 약간 다른 특징을 보여 준다. 먼저 1920년대 초반 신문 불매 운동의 특징과 그 역사적 의의를 정리해 보기로 하자.

1922년 김윤식 사회장 문제를 둘러싸고 전개되었던 <동아일보> 불매 운동은 지금까지 알려진 바에 따르면 한국 언론 사상 최초의 신문 불매 운동이었다. 개화기에는 수용자에 의한 신문 불매 운동이 없었던 것으로 알려지고 있으므로 1922년에 벌어진 이 신문 불매 운동이 최초의 불매 운동이었다고 평가할 수 있을 것이다.

다음으로는 1920년대 초반에는 주로 <동아일보>가 불매 운동의 목표가 되었다는 점을 지적할 수 있다. 1924년 초까지 있었던 4건의 불매 운동 사례 중 3건이 <동아일보>를 대상으로 한 것이었다. 이는 당시 두 신문의 성격과 밀접한 관련이 있을 것으로 분석할 수 있다. 잘 알려진 대로 <동아일보>는 민족 진영에 허용한다는 명분으로 창간되었으며,

<조선일보>는 친일 세력에 의해 창간된 신문이다. 창간과 함께 <동아일보>는 스스로도 '조선 민중의 표현 기관'을 지향한다는 것을 사시로 내걸었다(김민환, 1996; 최민지, 1978).

이는 <동아일보>가 다른 신문에 비해 당시 사회의 각계각층으로부터 여러 가지 기대를 한 몸에 받았으리라는 사실을 말해 준다. 이러한 기대에도 불구하고 실제 활동이 적어도 주관적 차원에서라도 기대에 미치지 못하자 수용자들의 반발이 불매 운동이라는 형태로까지 나타났던 것으로 분석할 수 있겠다. 앞에서 서술한 바와 같이 청년 단체들이 불매 운동을 결의하면서 동아일보사 간부의 퇴진이나 '민중의 표현 기관'이라는 슬로건을 포기할 것을 요구한 사실도 이러한 분석을 뒷받침해 준다.

세 번째 특징으로는 사회주의 청년 단체들이 신문 불매 운동을 주도하였다는 점을 지적할 수 있다. 당시의 신문 독자층은 아무래도 문자 해독 능력과 경제적인 능력을 함께 갖춘 지식인층에 한정될 수밖에 없었을 것이다. 이러한 바탕 위에서 당시 청년 운동 진영에서 민족주의 세력과 사회주의 세력 간에 갈등이 빚어지면서 사회주의 세력에 의해 <동아일보>에 대한 불매 운동이 펼쳐졌던 것이다.

이 사회주의 청년들 중 상당수는 일본 유학생 출신이었다. 초창기 사회주의 운동은 이 유학생 출신들이 주도하였다. 불매 운동에서 핵심적인 역할을 했던 김사국이나 주된 공격 목표가 되었던 장덕수도 일본 유학생 출신이었다. 사회주의 청년들은 종래의 단순한 민족주의 운동만으로는 민족 해방을 실현하기 어렵다는 생각을 가지게 되었다(김준엽·김창순, 1986b, 29쪽). 이러한 청년 인사들이 귀국하여 사회주의 운동을 전개하면서 민족주의 세력 및 이들을 뒷받침하던 <동아일보>를 공격하게 되었고 그 과정에서 <동아일보>에 대한 불매 운동이 펼쳐진 것으로 해석할 수 있다.

다음으로는 신문의 논조나 운영에 대한 비판과 불만이 불매 운동의 형태로 나타나게 된 배경을 주목해 볼 필요가 있다. 아마도 이는 외국의 사례를 보고서 착안하였거나 혹은 다른 분야에서 상품 불매 운동이 벌어지는 것을 보고 시도하였을 것으로 분석할 수 있다. 앞에서도 언급한 바와 같이 초창기 사회주의권 인사들 중 상당수는 일본 유학생 출신이다. 이들이 일본에서의 경험을 통해 배웠을 수도 있다. 하지만 현재로서는 일본에서 신문에 대한 불매 운동에 언제부터 시작되었는지 확인이 안 된다. 일본의 신문사에 관한 통사적 연구(예컨대 春原昭彦, 1969; 村上直之, 1995; 山本文雄, 1970)나 근대 일본의 신문 독자층에 관한 고전적 연구인 야마모토 다케도시山本武利(1987)의 연구 등에서도 독자들의 신문 불매 운동에 대한 언급은 찾아볼 수 없다.

한편 국내의 시장에서 다른 상품에 대한 불매 운동은 1910년대부터 나타났던 것 같다. 1910년대 발행되었던 총독부 기관지 <매일신보>를 보면 1915년에는 재미 중국인이 일본 상품에 대하여 벌였던 불매 운동(1915. 3. 2과 3. 11)과 중국 주요 도시의 상인들이 벌였던 일본 상품 불매 운동이 소개되고 있다. 이어 1918년 4월 26일자를 보면 평양 부근 겸이포兼二浦에서 특정 요리점을 상대로 불매 운동이 벌어졌다는 사례가 기사화되고 있다. 1920년 11월 16일자에는 평양의 포목상들이 일본 상인들에 대한 비매 동맹을 결의하고 실행에 들어갔다는 사실이 보도되고 있다.

이처럼 1910년대 후반부터 시장의 다른 부문에서는 소비자들의 불매 운동이 벌어지고 있었다는 사실을 알 수 있다. 아마도 이 현상들을 직·간접으로 보면서 신문의 불매 운동을 착안했을 수도 있다.

이러한 분석 과정에서 우리가 또 하나 지적할 수 있는 중요한 사실은 1920년대부터 신문을 상품으로 보는 인식이 생겨나기 시작했다는 사실이다. 신문을 상품으로 보았기에 소비자로서 구매를 거부함으로써 그 경영진에게 타격을 주자는 인식이 생겨날 수 있었을 것이다. 이러한 사실은 당시 잡지의 언론 비평을 분석한 박용규의 연구(1995)에 의해서도 뒷받침된다. 이 연구에 의하면 1920년대 중반까지 잡지들의 언론 비평은 신문의 사회적 역할을 강조하면서 상품화 경향에 대해서는 매우 비판적이었다고 분석하고 있다. 이처럼 언론의 상품화에 대한 비판적 인식이 있었기에 소비자로서 불매 운동이라는 형태가 가능했으리라는 말이다.

한편 1920년대 중반으로 접어들면서 신문 불매 운동은 더욱 활발하게 전개되었다. 1920년대 중반 이후 신문 불매 운동의 특징으로는 일단 사례가 전 시기에 비해서도 훨씬 많아졌다는 점을 지적할 수 있겠다. 1920부터 1924년 사이에는 4건의 신문 불매 운동 사례가 있었을 뿐인데, 1920년대 중반 이후로는 이 책에 소개된 것만 해도 최소한 9건 이상의 사례들이 발생했다고 말할 수 있다.

다음으로는 대상 신문이 다양화되었다는 점을 지적할 수 있다. 1920년대 초반의 신문 불매 운동은 주로 <동아일보>를 대상으로 한 것이었지만, 1920년대 중반으로 오면서 <조선일보>에 대한 불매 운동도 나타났으며 지방지와 일인 신문에 대한 불매 운동도 벌어졌다. 그만큼 불매 운동의 대상 신문이 다양화되었다는 것을 알 수 있다. 지역적으로도 널리 확산되었다. 1920년대 초반에는 서울의 운동 단체들에 의해서 이루어졌지만, 1920년대 중반에는 서울뿐만 아니라 마산과 진남포, 부강, 김천, 부산 등 지방으로까지도 확산되었던 것이다.

신문 불매 운동이 이루어졌던 배경들을 보면 이념 투쟁보다는 집단적 이해 관계의 의해서 이루어진 것들이 많았다. 앞에서 분석한 사례 중 1920년대 중반 이후의 사례는 거의 모두 자신들 집단에 대한 보도 내용과 태도가 직접적인 이유가 되었다. 자신들에 대해서 부정적인 보도 태도를 보인다는 이유로 집단적인 행동으로 이어졌던 사례들이 많아진 것이다.

이러한 분석을 통해 우리는 1920년대 중반 이후로는 수용자 집단의 저변도 확대되고 이에 따라 수용자들의 적극적 인식도 심화되었다고 결론지을 수 있을 것이다. 이를 바탕으로 신문에 대한 불매 운동이 활발하게 전개되었던 것이다. 이러한 사실들은 <개벽>이 1924년 1월호(37~8쪽)에서 "주의자들은 자신들과 반대되는 의견이 신문이나 잡지에 게재된다면 반드시 비매 동맹을 하거나 또는 성토"를 하기 때문에 "언론이 해야 할 말도 제대로 하지 못할 지경"이라고 했던 말이 결코 과장이나 허언이 아님을 말해 준다. 그 정도로 신문에 대한 불매 운동이 빈번하고도 직접적인 수용자 운동 형태가 되었다고 분석할 수 있다.

신문이 사회적으로 정착되어가는 초창기라 할 수 있는 일제 강점기에 이처럼 독자들의 신문 불매 운동이 어느 면에서 보면 현대보다도 더욱 활발하게 진행되었던 것은 우리에게 많은 시사를 던져 주고 있다. 이는 당시 독자들의 적극적인 인식이 현대에 못지않을 정도로 높았다는 것을 말해 준다. 이러한 사실로부터 우리는 적극적 수용자론 혹은 수용자 운동의 뿌리가 초창기 언론부터 존재했다는 것을 알 수 있다.

2. 잡지의 언론 비평 활동

1) 시대적 배경

한국의 잡지는 개화기에 국민 계몽을 통한 자주 독립 확보라는 시대적 사명의 흐름 속에서 움트기 시작하였다. 그러나 1910년 한일합방이라는 민족적 비극과 함께 한국의 잡지 문화는 일제의 극심한 탄압 속에서 암흑기를 맞이하게 되었다. 합방과 동시에 일본은 무단 정치를 실시하면서 1차적으로 언론 기관에 대한 정비에 착수하였다. 이때부터 3·1 운동기까지의 잡지계는 합방 전부터 시행되어 온 신문지법과 출판법의 적용을 받아 저작물의 사전 검열과 허가 주의가 적용되었다. 이 두 법의 차이는 신문지법에 의해서 허가되어야만 정치나 시사 문제의 게재가 가능했으며, 출판법은 문예·교양 부문의 허가로 구분되고 있었다.

이 기간 중 발행되었던 잡지들은 신문지법에 의해 허가된 것은 없었고 출판법의 적용을 받는 잡지들만이 발행되었다. 따라서 당시의 잡지는 사상이나 정치적 견해를 자유로이 발표하는 것이 허용되지 않았다. 대부분의 잡지는 시사성이나 사상성과는 무관한 내용으로서 종교 잡지가 특히 많았다. 이 기간 중에 발행된 총 49종의 잡지 중 22종이 종교 잡지였다. 그 밖에는 아동 잡지, 종합지, 문예지, 여성지, 학회 및 학술지 등이 발행되었다.

1919년의 3·1 운동은 일제 식민 통치의 변화를 가져와 이른바 문화 정치 시대를 낳았다. 이 변화로 <조선일보>와 <동아일보>, <시사신문> 등 민간 신문 창간이 허용되었으며 잡지계도 활기를 띠게 되어 많은 잡지가 창간되었다. 그 중에는 신문지법에 의한 잡지도 다수 있었다.

이 시기 잡지의 특징은 무단 통치기의 잡지가 보여 주었던 미온적인 계몽성에서 벗어나 민족 운동과 결부되는 성격을 지니게 되었다는 점이다. 또한 잡지의 수도 대폭 늘어나 3·1 운동 이후부터 중일 전쟁의 발발 전까지 창간된 잡지의 수가 440여 종에 이른다. 이처럼 잡지의 숫자가 많아지게 된 것은 식민 정책의 변화 이외에도 우리 민족의 문화적·정치적 자각의 고조와 매스컴에 대한 신뢰도 및 독자 수의 증가 없이는 불가능했을 것이다. 또한 이 시기 잡지의 특성은 종교 잡지의 비중이 감소하고 아동 잡지와 여성 잡지가 증가하였으며, 잡지의 체재 및 내용의 본격화가 이루어지기 시작했다는 점을 들 수 있다.

1930년대에 들어서면서 대부분 잡지들의 경영 형태가 개인 경영에서 회사 경영 형태로 바뀌게 되었다. 이 변화는 주로 신문사가 발행하는 잡지들에 의해 주도되었다. 신문사들 간의 상호 경쟁이 치열해지면서 여러 종류의 잡지를 속속 창간하게 되어 잡지의 경영 및 시장 확대가 이루어졌다는 말이다. 이 시기 신문사들이 창간한 대표적 잡지들로는 <동아일보>가 <신동아>(1931년 11월)와 <신가정>(1933년 1월) 등을 창간하였으며, <조선중앙일보>는 <중앙>(1933년 1월)과 <소년중앙>(1935년 1월) 등을, 그리고 <조선일보>는 <조광>(1935년 11월)과 <여성>(1936년 4월), <소년>(1937년 4월) 등을 창간하였다. 이때에 신문사들이 잡지를 속속 창간한 이유는 1930년대 들어 신문의 상업적 경쟁이 심화되면서 경영을 다각화하려는 시도의 일환으로 이루어졌던 것이다.

한편 일제기에는 사회주의 경향의 잡지도 60여 종 발행되었다. 3·1

운동을 계기로 현실에 대한 자각이 싹트고 신사상에 접하면서부터 사상적 분화 작용이 일기 시작했다. 이러한 시대적 배경 속에서 러시아 혁명의 성공은 사회주의 사상을 전파하는 데 자극 요인이 되었다. 국내에서도 사회주의 세력이 싹트기 시작하였으며 이들에 의해 잡지 활동이 전개되었던 것이다.

1937년의 중일 전쟁과 1941년 대동아 전쟁을 일으키면서 일제는 조선 문화 말살 정책과 황국 신민화 운동으로 한민족에 대한 탄압 강도를 더욱 높여 갔다. 이 일제 말기의 잡지 문화는 한마디로 암흑기라 할 수 있겠다. 이 시기의 잡지는 문학지가 대부분으로서 그나마도 후에 가서는 일문의 친일지만 허가되었다. 그리하여 남아 있는 것은 친일지나 종교지, 기관지뿐으로서 진취적, 계몽적 성격은 사라지고 친일적 색채만이 이 시기 잡지 문화의 특성을 규정하고 있다.

2) 잡지의 언론 비평 활동

(1) 1920년대 <개벽>의 언론 비평

1920년에 <동아일보>와 <조선일보>를 비롯한 신문들의 창간이 허용되어 민간지의 시대가 열리면서 뒤이어 잡지들의 언론 비평 활동이 시작되었다. 1920년대에는 <개벽>이 중심이 되었다. <개벽>은 천도교 세력이 중심이 되어 1920년 6월 25일 신문지법에 의해 창간한 잡지였다.

창간 초기에는 시평류의 글에서 언론에 관한 내용이 부분적으로 언급되다가 언론에 관한 본격적인 글이 등장하기 시작한 것은 1923년 7월호부터였다. 그 전달인 6월호에서 <개벽>은 '개벽3주년기념특대호 간행'이라는 제목하에 다음과 같은 내용의 사고를 게재하였다.

아아 무엇이라 말하면 조흐리이까 <개벽>의 창간호를 出出하야 압수 쏘 압수에 그 엇지할 바를 모르던 당시의 경황이 상각하면 바로 어제와 갓사온데 그 간

<개벽> 창간호

이 벌서 만 1년 2년 쏘 3년이 되어서 오는 7월 1일로써 본지 창간3주년을 영迎하게 됩니다.

우리는 지금 한업는 감개의 중에 내월1일로써 기념특대호의 간행을 계획하오며 이 계획의 일단(左記)을 발표하야 애독제현으로 더불어 협력실행하기를 기약합니다.

좌기

一. 현하의 문화운동 급及 사회운동에 대한 비판

二. 조선 경내에서 간행되는 각종 신문잡지에 대한 비판

먼저 우기 이류二類에 대한 진실, 대담한 비판문의 투고(1행 23자 300행 이내)와 쏘는 현하 사회문제를 중심으로한

三. 단편소설(1행 23자 400행 이내)과 감상문(1행 23자 200행 이내)의 투고를 지원至願하오며 미성微誠이오나 제현의 원고를 게재하온 분에 대하야는 박사薄謝를 정呈하겟습니다(각종의 투고는 6월 15일 이내에 본사에 도착케 하시오)

문화운동 엄정시비문 구모求募

위의 공지문에서 보는 바와 같이 3주년 기념호를 제작하기 위해 문화 및 사회 운동에 대한 비판과 함께 언론에 대한 비판 원고를 공모하였던 것이다. 이 공모의 결과는 창간 3주년 기념 특대호로 발행된 바로 다음 달 7월호에 '각종 신문 잡지에 대한 비판'이라는 제목으로 21쪽에 걸쳐 게재되었다. 당시 응모 원고는 상당히 많았던 것 같다. 이 기사의 담당자는 편집자 주를 통해 "단 2주간의 단기이엿슴에 불구하고 이에 대한 응모는 실로 비상한 성황을 정呈하엿다. 혈수頁數 기타의 관계로 좌기의 것에 한하야 게재하게 됨을 투고 제씨와 함께 유감으로 인認한다"고 밝혔다. 이와 함께 <개벽>이 언론 비평을 게재하는 배경을 다음과 같이 밝히고 있다.

우리가 이와가티 신문잡지에 대한 비판문을 게재함은 신문잡지의 경영에 당當한 당국자 또는 독자에게 향하야 일종의 참고적 자극을 여與하려는 이외에 타의가 무한 것인즉 본지를 독讀하는 독자 역시 냉정한 심회로써 본문을 열독 비판하기를 바라는 바이라

언론 비평을 언론 종사자와 독자들에게 자극을 주기 위한 것일 뿐 다른 의도는 전혀 없다는 말이다. 이는 불필요한 오해나 논란을 불러일으키는 것을 막기 위해 덧붙였던 것으로 보인다. 이 기획에서는 여러 매체에 대한 비평문이 7개의 꼭지로 게재되었다. 각 매체별 비평문의 제목과 필자는 다음과 같다.

동아일보에 대한 불평 -- 벽아자擘啞子
소위 팔방미인주의인 조선일보에 대하야 ― 신철
조선일보의 정체 ― 아아생我我生
매일신보는 엇더한 것인가 ― 간당학인侃堂學人
잡지 <신천지>의 비판 ― 철산인鐵山人
개벽에 대한 小感 ― 통명산인通明山人
개벽 너는 어떠한고 ― 동경에서 B생

위의 글들은 하나같이 당시 발행되던 신문들에 대해 신랄하게 비평하고 있다. 그러면 당시 신문들에 대한 비평의 주요 대목들을 잠시 살펴보기로 하자. 먼저 동아일보에 대한 비평을 보면 벽아자는 <동아일보>가 지방색이 너무 강하다는 것을 다음과 같이 강도 높게 비판하고 있다.

조선사람에게 차此 지방열병이 잇는 것을 인식한 조선청년은 차를 적시하고 박멸될 의무가 잇다. 그런데 백주에 감히 차 지방병을 전염케 하는 것이 동아일보 간부가 되야 잇다. 조선 말년에 전라도에서만 신문의 사장, 전무 취체역, 지배인 기자가 배출한다는 비결이 잇는지는 모르겟스나 무엇을 근본 신념으로 삼아 공과를 무시하고 전천專擅한 행사를 감히 하는지 알 수 업다. 우리는 그 사중의 허다한 실태失態를 보류하고도 현 간부를 조직할 당시에 소전少錢중역의 격렬한 반대와 기자 전체의 강경한 항의가 잇든 것을 불관不關하고 금력으로 차를 통과한 것이 엄폐掩蔽치 못할 사실이 아닌가. 물론 현 간부도 전부가 무능력하다는 것이 아니다. 응분의 노력을 시試하야 사회에 공헌하기에 무수한 애를 씨는 줄 밋는다. 그러나 그 공이 그 죄를 상쇄하기에는 넘우도 소량이다. 더욱 괴상한 것은 대주주에 아유구용阿諛苟容하야 현 지위의 보전에 열중한 자도 업지 아니하니 실로 통탄할 바가 아닌가.

現下新聞雜誌에對한批制

X Y 生

前에 보지 못하던 三個의 政府——新聞政府들에 워싸고 생기는 醜惡한 演劇——新聞紙에 對해서도 一種의 迷信을 갖는 樣——民族看板의「東亞日報」——社會主義를 限內로 모시던「朝鮮日報」——무엔지 알수 업는「時代日報」——鹿皮에 日字인「新民」——오히려 未洽한 開

三個의 政府

新聞이란것은가

〈개벽〉의 언론 비평 기사(1925년 11월호)

130

<동아일보>의 간부가 전라도 출신 일색인 것을 비판하고 있다. 그 밖에도 <동아일보>가 비행사 안창남 후원, 그리고 재외동포위안회를 둘러싸고 빚어진 부정적인 뒷얘기를 거론하면서 비판하고 있다. <조선일보>에 대해서도 다음과 같이 강도 높게 비판하고 있다.

조선일보는 말하자면 표면으로는 조선인의 경제생활을 주안으로 하야 실업적 색채를 띄고 이면으로는 은연한 일선동화주의를 포용하얏다. 이시伊時 주위사정 형편으로 말하면 동아자가 마티 천마분공天馬奔空의 세로 진진포포津津浦浦까지 아니 가는 곳이 업고 기관지인 매일신보는 임의 공고한 지반을 가지엇슴으로 도저히 동화색채를 띈 실업주의로는 이것을 대항하야 경영을 하기 어렵게 되엇다. 이에 고심참담한 결과 과격한 언론을 창하야 소위 배일신문으로 자타 임허任許하는 동아자보다 훨신 지내치게 됨으로 조선일보가 동아자에게는 실로 방전상 제일선의 임무를 행하는 외관이 잇섯다. 그러함으로 당국자는 편집상 책임자를 누누히 불러 후일을 설시說示하고 심지어 필자가 수모誰某인 것을 알랴고 하얏는데 그는 무정견, 무책임한 터이라 일일히 수모임을 언급하얏다 한다.
　원래 조선일보는 대정친목회에서 발기한 것이다. 총독의 송별 환영과 일본 귀족의 만선시찰에 초대연회나 하는 것이 그 회의 사업이오 아울너 그 회의 존재를 표시하는 것이다. 재등총독이 문화정치를 선언하자마자 갑작히 무슨 생각이 낫든지 — 그야말로 천재일시千載一時로 넉히고 — 조선일보 창립을 도모하얏다. 이시 발기인은 조진태趙鎭泰, 예종석芮宗錫, 최강崔岡, 유문환劉文煥 등외 32인이라든가?한다. 자본금 50만원인 일대 주식회사를 맨들고 社長에 조진태, 부사장에 예종석을 선정하얏고 편집국장에는 최강을 임명하얏다. 그런 중 사회성이 적은데 겸하야 권리 다톰을 일삼는 동화파이라 얼마 아니 되야 최강은 예의 일파인 편집부장 최원식崔瑗植군을 질투기피하야 칭병불기稱病不起하고 사무社務를 불고不顧하다가 백방으로 운동하고 암투한 결과 최원식군은 사면이 되고 그 대대로代代로 최강의 자 최남崔楠이 편집부장의 지위를 습습襲하얏다. 드대여 조선일보는 일로부터 최강의 독무대가 되야 버렷다.

창간 당시 다른 신문과의 관계 속에서 <조선일보>의 정체성 문제, 그리고 창간 주체의 문제를 신랄하게 비판하고 있다. 비평은 <개벽>에 대해서도 매서운 논조를 잃지 않았다. 동경에서 B생의 명의로 된 글에서 다음과 같이 <개벽>을 비평하였다.

> 「개벽」에 잇서 제일 우수은 것은 개벽 잡지의 주의정신이 무엇인지 알 수 업는 그것이다. 민족주의이냐 사회주의이냐 또는 실력주의이냐 파괴주의이냐. 최근에 휴간된 동명은 민족주의를 표방하고 현재의 동아일보는 실력주의를 표방하야 그 것의 시비는 별문제라 할지라도 여하간 색채는 명백한대 「개벽」은 그 주의를 당초에 알 수 업스니 대체 엇더케 하려는 수작인가. 그럭저럭하야 독자를 만착瞞着하자는 말인가 그러치 안으면 이제부터 주의를 세우겟다는 심산인가.
> 　표방은 정치이니 경제이니 하는 등의 각방면에 대한 기사를 쓴다고 선전하고 실제의 내용을 보면 정치에 대한 론평은 하나가 업다. 총독정치를 잘못 비평하다가는 그만 선정희망주의에 함陷하야 시사신문의 후신이 될 넘려가 잇서 그러함인가. 그러치 안으면 압수될 것을 우려하야 그러함인가. 이도 저도 아니면 정치기사를 쓸 능력을 가진 필자가 사내에 업서 그리함인가. 이것이던 져것이던 「개벽」으로서는 다- 잘하는 일은 아니다.

<개벽>의 이념적 정체성과 지향이 모호함을 신랄하게 비판하고 있다. 이처럼 1920년대의 언론 비평은 <개벽>이 중심이 되어 각 매체에 대해 강도 높게 전개되었음을 알 수 있다.

(2) 1930년대의 언론 비평

1930년대로 접어 들면서는 1920년대와는 비교가 안 될 정도로 언론 비평이 활발해졌다. 여러 잡지들이 언론 비평에 참여하기 시작하였다. 1920년대부터 언론 비평을 시작한 <개벽>도 1934년 11월 복간하면서 다시 언론 비평을 재개하였으며 1930년대에 창간된 잡지들도 언론 비평에 참여하였다. 새로이 언론 비평에 참여한 주요 잡지들로는 <동광>, <삼천리>, <별건곤>, <제일선>, <비판>, <혜성> 등이 있다.

이 시기의 몇몇 잡지들은 신문 비평 고정란을 운영하기도 하였다. 1930년대 초반의 <혜성>과 후반의 <비판>이 그것이다. 1931년 3월

개벽사가 창간한 <혜성>은 1931년 11월부터 '동아, 조선, 매일 3신문 월평'이라는 난을 신설하여 '벽상생壁上生'이라는 필명의 필자가 집필하였다. 이 난은 오래가지는 못했다. 바로 다음 달인 1931년 12월호까지는 게재되었으나 그 다음호인 1932년 1월호부터는 자취를 감추고 말았다.

이 비평은 1920년대 <개벽>의 비평에 비해 매우 구체적인 문제를 대상으로 비평하고 있다. 벽상생은 이 난을 시작하면서 "신문평론이라하여도 엄숙한 '쩌-날리즘'으로하기는 곤란한 사정도 업지 아니하야 대체로 여기에는 신문의 만평을 시試하랴한다"고 입장을 밝혔다. 이 말대로 <혜성>의 언론 비평은 신문의 운영 주체나 성격, 조직 구성 등 구조적 문제에 치중하던 1920년대 초반의 비평과는 달리 신문 지면의 구체적이고 세부적인 문제에 대해서 잘잘못을 따지는 형태의 비평이 전개되었다. 첫 번째 신문 월평인 1931년 11월에 실린 비평에서 각 신문에 대한 비평의 주요 대목을 보면 <동아일보>에 대해서는 다음과 같이 평하고 있다.

> 각면에 대하야 개별적으로 본다면 미흡한 점도 만히 잇다. 더욱 지방면 가튼데에는 간간히 모범적 촌락 방문기가 나고 그에 쌀니어 근검 저축의 찬미가 나온다. 이것을 의식적으로 하엿다면 너무나 악의의 해석가티 보힘으로 무의식적으로 보는 것이 당연하겟는데 그럴지라도 기자와 편집자의 두뇌를 의심하지 안을수업다. 보라! 기아선상에 헤매는 조선의 대중에게 근검을 고조함이 얼마나 '똥키호테'식이냐. 사회면은 특색업는 편집이다. 적어도 다른 신문보다 특출하게 나흔 것도 업고 못한 것도 업다. 보아가는 중에 중앙학교장에 김성수씨가 취임한 기사가 낫다. 세상에서 다 아는 바와 가티 중앙학교와 동아일보는 특수한 관계가 잇다. 그러나 표면으로 보아서 동아일보는 일신문으로서 민중의 공기公器이다. 김성수씨를 내인다면 타 학교 교장 이동도 다- 내이어야할 터인데 종래의 예로보아 그러치 못하엿다. 그러치 못하엿다면 이는 불공평한 것이다.

일반 민중들의 삶과 동떨어진 보도 태도와 사주와 관련된 보도를 비판하고 있다. 한편 <조선일보>에 대해서는 다음과 같이 구체적인 편집상의 문제를 중심으로 논평하고 있다.

조선일보는 간혹 생기잇는 편집을 보히나 전체로 보아 기사의 정리가 무잡蕪雜하고 더욱 지방기사의 정리는 간혹 말 안되는 곳이 잇고 오자의 만키로도 상당하다. 사회면 편집에 잇서서는 '뉴-스밸류'의 측정이 부정확하다. (중략) 엇던 날 지면에는 '택시,' '룸펜,' '짜이나마이트' 가튼 외래어 제목이 4, 5개식잇다.

한편 1930년대 후반에는 〈비판〉이 언론 비평 고정란을 시도하였다. 1931년 5월 1일 좌파 단체인 북성회의 송봉우가 편집 겸 발행인으로 창간한 이 잡지는 제호 그대로 매우 비판적 논조를 보여 주었다. 그러나 1930년대 후반에 오면 일제의 언론 통제가 극심해진 때문인지 잡지 서두에 '황국신민서사'를 싣게 되고 좌파 경향의 필자들도 퇴진하면서 논조도 무디어갔다. 이 잡지 1938년 4월호를 보면 '신문 월평'이라는 제목으로 절산생節山生이라는 필명의 평자가 쓴 기사가 게재되어 있다. 이 비평은 신문이 독자들과 유리되어 상업성의 경쟁에만 몰두하는 것에 대해 다음과 같이 비판하고 있다.

독자는 거저 신문을 사서 읽는 것으로만 아라서는 아니된다. 독자의 고충을 조곰이라도 염두에 둔다면 오늘의 신문 꼴은 만드러내지 안홀 것이다.
여하간 신문이야 어쩌케 생각하던 독자대중은 신문을 자기의 눈, 귀, 입으로 믿고 잇다. 즉 자기 편으로 생각하고 잇다. 그럼으로 빗산 신문대금을 내고 사서 보는 것이다. 그 신문에서까지 버림을 받게될 제 독자대중은 어쩌케 하라는 말인가!
신문업자끼리 경쟁도 무어라고 하지 안는다. 음악 콩쿨, 연극 콩쿨은 하야도 조타. 그러나 어데까지 독자와의 공력共力 대중과의 악수 우에서 경쟁하라는 것이다. 요사이 신문의 상품화경향은 너무도 노골적이다. 이대로 간다면 신문사에도 영업세를 부과하라는 소리가 멀지 안하 들릴 것이다.

이처럼 '신문 월평'이라는 제목으로 고정 칼럼화를 시도하였지만 이 시도가 지속되지는 못한 것 같다. 바로 다음 호를 보면 이 난의 성격이 바뀐다. 즉 1938년 5월호를 보면 신문에 대한 비평이 '문화월보'라는 제목의 난에 포함되어 있다. '문화월보'라는 제목으로 문화의 여러 분야, 즉 문단, 미술, 연극, 영화, 음악, 부인 등에 대한 비평을 시도하면서 그 한 항목으로 신문 비평을 게재하고 있다. 필자는 전월과 마찬가지로 절산생이 맡았다. 그 다음호부터는 '문화월보'에서 신문에 대한 평이 빠졌다.

특히, 1930년대에는 언론 비평 전문지라 할 잡지들도 창간되었다.[16] <철필>과 <호외>, <쩌날리즘>이 그것이다. <철필>은 1930년 7월 9일 창간된 언론 전문지로서 언론인을 대상 독자로 하였다. 이러한 성격은 창간호에 실린 '사천여직업동지에게 격(檄)함'이라는 제목의 글에서 "본지는 조선의 신문인 다시 말하면 조선의 쩌날리스트 제군을 위하야 세상에 나온 것이다"라고 한데서도 명백히 드러난다. 이 철필은 4호까지만 발행되고는 더 이상 발행되지 못했다.

1933년 12월에 창간된 <호외>는 '신문의 신문(新聞之新聞)'을 표방하고 나선 언론 비평 전문지이다. <쩌날리즘>은 1935년 창간된 잡지로서 창간호의 편집 후기를 보면 잡지의 발행 목적을 '일반에게 신문 잡지의 과학적 지식을 보급'하자는 데에 두고 있다. 이 두 잡지는 일반 대중을 상대로 한 언론 비평 전문지의 성격을 지닌다고 할 수 있으나 창간호만 내고는 발행되지 못하고 말았다.

일제기 잡지들의 신문에 대한 비평의 주요 내용 크게 신문의 사회적 역할에 대한 것과 자본과 경영에 대한 것, 그리고 내용에 대한 비판의 세 가지로 나눌 수 있다(박용규, 1995). 1920년대의 언론 비평에서는 신문의 지도적 및 비판적 역할에 대한 주장이 강하게 제기되었으나 1930년대 들어서면서는 이 논점은 거의 사라지게 되었다. 신문의 기업화나 상품화에 대해서도 초기에는 매우 비판적이었지만, 1930년대에는 하나의 필연적인 추

---

16. 1928년 <신문연구>라는 잡지가 창간되었다는 사실이 알려지고 있지만, 이 잡지는 실물이 남아 있지 않으며 <동아일보> 1928년 7월 6일자에 실린 광고를 통해서 그 존재와 주된 내용만이 전하고 있다. 이 잡지는 대중을 상대로 한 언론 비평지라기보다는 1928년 5월에 결성된 '조선신문연구회'라는 연구 단체가 창간한 학술 잡지의 성격을 지닌다(<철필> 해제 참조).

<호외> 창간호

<철필> 창간호

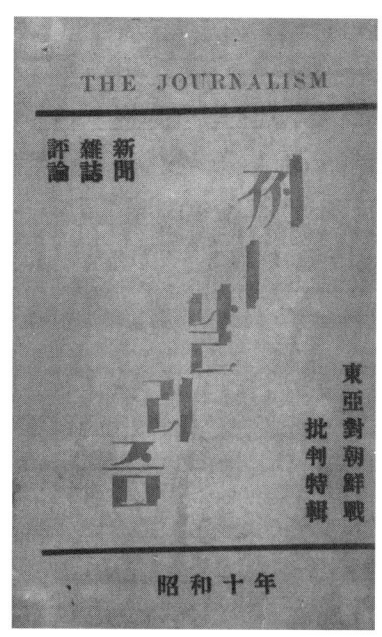

<쩌날리즘> 창간호

세로 받아들이게 되었다는 것으로 분석할 수 있겠다. 반면 신문의 '보도 중심주의'나 흥미 위주의 논조에 대해서는 일관되게 비판적이었다.

이 시기 언론 비평에서 나타나는 특징 가운데 하나는 상당수의 글이 필자의 본명을 밝히지 않고 필명을 사용하였다는 점이다. 몇 가지만 예를 들어보면 경운동인(慶雲洞人, <개벽> 1926년 2월호), 무명거사(無名居士, <동광> 1931년 12월호), 만담자(漫談者, <제일선> 1932년 9월호), 벽상생(壁上生, <혜성>, 1931년 3월호) 등이다. 이처럼 필명이 많았던 것은 당시 여러 가지 사회적 분위기상 공개적으로 비판하기에 다소 껄끄러운 점이 많았기 때문이 아닌가 짐작된다. 언론인들이나 비평자들이나 대부분 제한된 지식인 그룹 내의 인물들이었기에 필명을 사용함으로써 신분을 드러내지 않고 비평하려했던 것으로 추정할 수 있다.

당시 잡지들이 이처럼 신문 비평에 대해 적극적이었던 것은 신문이 본 궤도를 벗어나는 것을 감시하고 독려하는 것은 독자들의 권한이라는 인식 때문이었다. 벽아자(1923, 41쪽)는 <동아일보>에 대해 논평하는 글에서 신문 발행의 본령은 영리 추구가 아니라 그 사회의 공론을 대표하며 각종 사건을 공평한 태도로 보도하는 것이 그 사명이라고 전제한 뒤 "차 본령을 망각한 신문은 지극히 위험하야 우리가 상도치 못할 죄악을 사회에 가급加及케 한다. 그러고 보면 우리 일반 독자는 차를 감시하고 독려할 분권이 잇다. 기회잇는대로 비평을 가하야 신문으로 하야곰 충실한 태도를 지持케함이 오히려 당연한 일이다"라고 주장하고 있다. 이와 같이 수용자로서 독자의 권한 의식이 생겨나기 시작했다는 점은 매우 주목할 만하다. 이러한 수용자의 권리 의식을 바탕으로 언론에 대한 비평 활동이 이루어졌던 것임을 알 수 있다.

3) 잡지에 의한 언론 비평 활동의 의의

일제 강점기에 언론 비평이 이처럼 활발하게 이루어졌던 것은 어떤 배경에서일까? 1931년 <동광>에 발표된 한 글은 두 사람의 문답 형식을 빌어 언론 비평의 의의를 다음과 같이 묘사하고 있다(無名居士, 1931, 78~9쪽).

— 신문을 하늘처럼 믿고 쳐다보는 심리는 어떠케해야 하나.
— 그게야 물론 타파해야지. 그 타파운동은 일부에서 벌서 훌륭히 진행되고 잇네. 신문이 상품화한다는 비난이며 불주와의 기관이란 비평 등은 이 신문의 지위를 정확히 인식하야 재래식의 숭배적 신문 독자를 비판적 신문 독자로 훈련하는 과정일세. 이천만민중을 대표한다든지 민족적 표현기관 등의 문자는 신문선전을 위한 자가위대장自家謂大將이지 어디 문자 그대로 믿을 것인가. 조선민중도 차차 비판안眼을 가지고 신문을 보게 되면 폐단이 적어질 것일세. 신문이라고 잘못하란 법이 어데잇나. 아 동아일보가 이럴 법이 잇느냐 아 조선일보가 이럴 법이 잇느냐고 떠드는 것은 신성불능오神聖不能誤로 알든 옛날말이지 지금으로서야 신문도 실수할 적도 잇고 잘하는 일도 잇고 또 그 입장도 잇다는 것을 알아 두면 그만이지. 그래서 민중은 잘한 것은 잘햇다 못한 것은 못햇다 하야 비판하고 그 청평가점을 합산해 가지고 일개의 단안을 내릴것 뿐일세.

언론의 잘잘못을 가려내는 독자들의 비판적 역할이 매우 중요하다고 인식하고 있음을 알 수 있다. 이러한 인식들이 밑바탕에 있었기에 당시 잡지들은 이처럼 신문 비평에 대해 적극적이었던 것이다. 또한 이러한 비평 활동의 현황에 대해서도 '일부에서 벌서 훌륭히 진행되고 있네'라고 상당히 긍정적으로 평가하고 있다.

이와 같이 일제기 잡지들에 의해 이루어진 신문 비평은 수용자들의 권리 의식에 입각하여 언론을 견제한다는 인식이 있었으며, 이를 통해 독자들의 비판 능력을 함양한다는 목적을 지닌 수용자 운동이었다고 할 수 있다.

3. 일제기 언론 수용자 운동에 대한 역사적 평가

일제기의 언론 수용자 운동은 여러 가지 면에서 개화기보다 진전된 양상을 보여 주고 있다. 일제기 언론 수용자 운동의 특성을 언론 인식과 운동의 주체, 그리고 방법의 차원으로 나누어서 살펴본다.

1) 언론에 대한 인식의 차원

일제 강점기 수용자 운동에서 나타난 언론 인식의 측면에서 가장 특징적인 것은 언론을 주로 비판하고 견제해야 할 대립적인 관계로 파악하고 있었다는 점이다. 신문 불매 운동뿐만 아니라 잡지들의 언론 비평 활동도 모두 이와 같은 인식에 뿌리를 두고 이루어진 것이다. 반면 언론에 대한 연대 의식에 기초하여 언론을 지지하고 후원하는 운동은 찾아볼 수 없었다.

이처럼 언론을 연대의 대상이 아니라 오로지 견제와 비판의 대상으로 보기 시작했다는 점은 일제기의 언론 수용자 운동이 개화기와 가장 두드러지게 구분되는 특성이라 할 수 있다. 앞에서 살펴 본 바와 같이 개화기의 수용자 운동은 독자들이 신문에 대한 연대감을 갖고 신문이 경영의 위기에 처했을 때, 발벗고 나서서 신문을 도와 주는 형태도 존재했다. 그러던 것이 일제기에 와서는 이와 같은 독자와 신문 간의 연대감은 사라지고 대신 신문을 단지 견제와 비판의 대상으로만 인식하게 되었다는 것이 주요 특징이라 할 수 있다.

이와 같은 변화는 신문의 사회적 위상 및 역할이 달라졌다는 것을 의미한다. 널리 알려진 바와 같이 일제기 신문들은 일제의 식민 지배라는 제도적 틀 내에서 신문지법에 의거한 허가를 받아 합법적으로 발행되었다. 창간 이후 이 민간지들은 제3의 신문은 단명하고 부침을 거듭하였지만, <동아일보>와 <조선일보>는 안정된 기반을 확보하면서 기업적인 면에서도 성장세를 유지하였던 것이다.

이처럼 식민지의 합법적 공간에서 발행된 신문이기 때문에 당시 사회의 계층과 집단을 초월하여 포괄적인 지지를 받기에는 어려움이 따를 수밖에 없었다. 특히, 이 신문들이 1930년대 이후로는 언론 본연의 역할은 도외시한 채 상업적 경쟁에만 몰두하는 양상을 보이면서 수용자들의 불만이나 비판은 필연적으로 높아질 수밖에 없었던 것이다. 이러한 맥락에서 언론을 비판과 견제의 대상으로 파악하는 인식이 형성되었다고 분석할 수 있다.

한편, 이와 같이 언론에 대한 비판과 견제의 필요성에 대한 인식이 형성되는 것은 그 밑바탕에 언론의 올바른 역할과 그 중요성에 대해 사회적 인식이 자리잡고 있음을 의미한다. 다시 말해 수용자들의 입장에서 언론이 어떠한 역할을 해야 하는가에 대한 사회적 기대가 자리하고 있었기에, 그리고 그 역할이 얼마나 중요한 것인가에 대해서 분명한 인식이 있었기에 여기에서 벗어나는 언론에 대한 비판이 싹틀 수 있었던 것이다.

2) 주체의 차원

앞의 분석 사례에서 나타난 바와 같이 일제 강점기 언론 수용자 운동의 주체는 청년, 사회 단체나 독립 운동 단체, 그리고 잡지를 중심으로 활동하는 문필가 집단을 중심으로 구성되었다. 이러한 양상은 언론 수용자 운동이 새로운 조직을 구성해서 활동하는 것은 아니지만 기존의 조직을 바탕으로 해서 전개되는 특성을 보여 준다. 그리하여 상당히 조직적인 바탕 위에서 전개되었음을 알 수 있다. 특히, 신문 불매 운동의 경우는 기존의 청년 단체나 운동 단체들이 중심이 되어 신문에 대해 구독 거부 의사를 조직적으로 벌여 나갔다는 점이 주목할 만하다.

앞서 말한 것처럼 독자의 권리 의식이 형성되기 시작했다는 점도 특기할 만하다. 언론 비평 활동에서 언론을 견제하는 것이 독자의 권한이라고 한 것은 독자들이 수동적인 존재만이 아니라 주체적이고 적극적인 존재라는 의식이 나타나기 시작했다는 점에서 의의를 평가할 수 있다.

3) 방법의 차원

일제 강점기의 언론 수용자 운동은 운동 방법의 측면에서 다양화된 양상을 보여 준다. 우선 수용자들의 집단적 의사 표시 중 가장 강력한 수단 가운데 하나인 불매 운동이 매우 활발하게 전개되었다는 점을 주목할 필요가 있다. 이는 그 이전 시기에도 없던 형식이며, 앞으로 살펴보겠지만 해방 이후보다도 일제 강점기가 훨씬 더 활발한 양상이었다. 이는 그만큼 이 시기의 수용자 운동이 매우 활발했다는 사실을 말해 준다.

또한 언론에 대한 비평과 모니터라는 방법도 사용되었다. 정기적으로 발행되는 잡지를 통해 언론 비평 활동이 전개되었으며 언론 비평 전문지까지 등장하였다. 이는 언론에 대한 모니터 활동이 매우 활발하며 전문화되는 양상임을 말해 준다. 또한 '민족적 경륜' 사건에서 나타난 바와 같이 사회 단체들이 비난 성명을 발표하고 이를 널리 발송하여 대중성을 확보하려는 시도도 이루어졌다. 또한 그 실현 여부는 확인이 안 되지만 신문에 대한 불매 동맹을 시도하였다는 점이 주목할 만하다. 이는 신문에 대한 수용자 운동의 대표적 방법이라 할 만한 것으로서 사회 단체들이 중심이 되어 일반 독자들까지 운동에 참여시켜 언론에 자극을 주려는 움직임이라고 해석할 수 있다. 이러한 점들은 일제기의 언론 수용자 운동이 그 방법 면에서 상당한 수준으로 다양화되었음을 말해 준다.

참고 문헌

< 동아일보 >, < 조선일보 >, < 매일신보 >, < 시대일보 >
< 개벽 >, < 별건곤 >, < 삼천리 >, < 동명 >

慶雲洞人 (1926). 조선신문잡지의 신년호. < 개벽 > 2월호, 56~60쪽.
漫談者 (1932). 조선의 신문들을 도마에 올려노코. < 제일선 > 9월호, 62~6쪽.
壁上生 (1931). 동아 대 조선의 대항전. < 혜성 > 3월호, 72~7쪽.

無名居士 (1931). 조선신문계종횡담. <동광> 12월호, 76~80쪽.

壁啞子 (1923). 동아일보에 대한 불평. <개벽> 7월호. 40~4쪽.

심판자 (1935). 東亞對朝鮮戰의 眞相及其批判. <쩌날리즘> 창간호, 20~44쪽.

'동경유학생 등 동아일보 성토에 관한 건,' ≪일제 경성지방법원 편철문서 검찰 사무에 관한 기록 (1)≫. 京鍾警
    高秘 第1851號의 2, 1924. 4. 22. Available:http://kh2.koreanhistory.or.kr/

'革淸團第四會臨時總會ニ關スル 件,' ≪일제 검찰 편철문서 검찰 사무에 관한 기록 (2)≫. 京鍾警高
    秘 第7053號, 1925. 6. 29. Available: http://www.koreanhistory.or.kr/

'혁청단 제2회 정기총회에 관한 건,' ≪일제 경성지방법원 편철문서 검찰 사무에 관한 기록 (1)≫. 京高秘 第
    1762號, 1925. 4. 15. Available: http://kh2.koreanhistory.or.kr/

田內武 (1925). ≪朝鮮始政15年史≫. 인천: 조선매일신문사.

조선총독부 경무국 (1930). ≪고등경찰관계연표≫. 경성: 조선총독부 경무국.

한국학연구소 편 (1974). ≪일제 치하 언론 출판의 실태≫. 서울: 영신아카데미 한국학연구소.

Robinson, M. (1988). *Cultural Nationalism in Colonial Korea, 1920~1925*. 김민환 옮김 (1990). ≪일제하 문
    화적 민족주의≫. 서울: 나남.

강동진 (1980). ≪일제의 한국 침략 정책사≫. 서울: 한길사.

계훈모 (1979). ≪한국 언론 연표 1≫. 서울: 관훈클럽신영연구기금.

김규환 (1978). ≪일제의 대한 언론 선전 정책≫. 서울: 이우출판사.

김민환 (1996). ≪한국 언론사≫. 서울: 사회비평사.

김준엽・김창순 (1986a). ≪한국 공산주의 운동사 1≫. 서울: 청계연구소.

────── (1986b). ≪한국 공산주의 운동사 2≫. 서울: 청계연구소.

동아일보사 편 (1975). ≪동아일보사사 권1≫. 서울: 동아일보사.

마산시사편찬위원회 (1985). ≪마산시사≫. 마산: 마산시.

박용규 (1995). 일제하의 언론 현실에 대한 인식과 비판. <언론과 사회> 제8호, 39~83쪽.

배진한 (1988). 1920년대 조선・동아 두 신문의 사회경제적 성격에 관한 연구. 서울대학교 대학원 석사 학위 논문.

山本武利 (1987). ≪近代日本の新聞讀者層≫. 東京: 法政大學出版部.

山本文雄 (1970). ≪日本マスコミュニケーション史≫. 東京: 東海大學出版會.

야후백과사전 '시천교'항(2003. 5. 23.) Available: http://kr.encycl.yahoo.com/final.html?id =100870&from=enc

역사문제연구소 편 (1992). ≪일제하 사회 운동 인명 색인집 (上), (下)≫. 서울: 여강출판사.

이경남 (1981). ≪설산 장덕수≫. 서울: 동아일보사.

정진석 편 (1998). ≪일제 시대 민족지 압수 기사 모음 II≫. 서울: LG상남언론재단.

村上直之 (1995). ≪近代ジャーナリズムの誕生≫. 東京: 岩波書店.

최민지 (1978). ≪일제하 민족 언론사론≫. 서울: 일월서각.

春原昭彦 (1969). ≪日本新聞通史≫. 東京: 現代ジャーナリズム出版會.

한국역사연구회 근현대청년운동사 연구반 (1995). ≪한국 근현대 청년 운동사≫. 서울: 풀빛.

한국 사회언론연구회 (1996). ≪현대 사회와 매스 커뮤니케이션≫(개정판). 서울: 한울.

4장

해방 이후의 언론 수용자 운동

해방 이후 한국 언론은 식민 지배에서 벗어나 독자적인 발전 단계로 접어들게 되었다. 해방 이후 언론 발전 과정의 특징은 정치 권력과의 관계에서 일차적으로 규정된다(김해식, 1994, 25쪽). 집권 과정이나 집권 세력의 성격상 문제는 정당성의 공백을 낳았으며, 이는 곧 언론에 대한 강도 높은 통제로 이어졌다. 정당성이 취약한 정권으로서는 언론을 자유롭게 놓아둔 상황에서는 권력의 유지와 강화가 어렵기 때문이다. 한국 언론은 해방 이후 정치 권력의 강도 높은 언론 통제에 순치되어가는 과정을 거쳐 왔다고 해도 과언이 아닐 것이다.

이와 동시에 해방 이후 한국 언론은 점차 기업화, 상업화의 과정을 거치면서 시장을 확대하고 기업으로서의 기반을 다져왔다. 이러한 경제적 성장은 한국 사회 전반의 산업화 속에서 가능했으며, 그 과정에서 권력이 베푸는 여러 가지 특혜적 조치를 받기도 하였다. 이와 같은 언론의 역사적 전개 과정 속에서 수용자 운동이 전개된 양상을 몇 가지 주요 사례를 중심으로 살펴본다.

1. 1964년 언론윤리위원회법 반대 운동

1) 시대적 배경

(1) 박정희 정권의 언론 정책

4 · 19 혁명으로 한국 사회의 민주주의는 새로운 국면을 맞이하게 되었다. 그러나 이러한 민주화의 분위기는 오래 가지 못했다. 바로 이듬해인 1961년 5월 16일 박정희 중심의 군부 세력이 단행한 5 · 16 군사 쿠데타는 4 · 19 혁명으로 조성되었던 민주화의 분위기에 찬물을 끼얹고 군사 독재 시대를 가져오고 말았다.

박정희 정권은 언론에 대해 양면적이고도 체계적인 통제 정책을 실시하였다. 양면적 정책이란 바로 탄압과 회유를 말한다. 강압적 수단을 동원하여 언론을 탄압하면서 다른 한편으로는 언론 기업에 경제적 혜택을 제공하는 이른바 채찍과 당근을 함께 사용하는 것을 의미한다. 박정희 정권은 이 채찍과 당근을 동원하여 언론을 굴복시킴으로써 권언 유착을 이루어 언론을 정권 유지와 강화를 위한 효과적인 홍보 수단으로 이용할 수 있었던 것이다.

일반적으로 집권 정당성에 문제가 있는 정치 권력은 언론에 대해 강압적인 정책을 펼치게 마련이다. 이러한 정권이 언론의 자유를 허용하면 언론을 통해 자신들의 권력 기반의 문제점들이 노출되고 사회적으로 쟁점화되면서 권력의 유지가 어려워지기 때문이다. 4 · 19 혁명으로 자유당 독재 정권을 무너뜨리고 새로운 자유의 시대를 구가하고 있던 사회 상황에 찬물을 끼얹으면서 쿠데타라는 불법적인 방법으로 집권한 박정희 정권도 정당성에 문제를 안고 출발했기 때문에 필연적으로 언론에 대해 강압적인 정책을 펼치게 되었다. 다른 한편으로는 경제적 혜택을 통해 언론사를 포섭하여 권력의 유지와 강화를 위한 효과적 수단으로 이용했던 것이다.

5 · 16 쿠데타에 성공한 군부 세력은 바로 계엄령을 선포하고 언론

검열에 착수하였으며 뒤이어 언론에 대한 정비에 착수하였다. 5월 23일 최고회의 포고 제11호로 '사이비 언론인 및 언론 기관 정화'라는 명분으로 제2공화국기에 언론 자유를 누리던 많은 언론사들을 통폐합하는 조치를 취하였다. 이 포고령에는 다음과 같은 4개의 항목이 포함되어 있었다.

① 신문을 발행하려는 자는 신문 제작에 소요되는 제반 인쇄 시설을 완비한 자에 한함
② 통신을 발행하려는 자는 통신 발행에 필요한 송수신 시설을 구비하여야 함
③ 등록 사항을 위반한 정기 및 부정기 간행물은 이를 취소함
④ 신규 등록은 당분간 접수치 않음

시설을 갖춘 자만이 언론사를 운영할 수 있으며 이 시설을 갖추지 못했거나 등록 사항을 위반한 경우 이를 취소한다는 내용이다. 이때의 조치로 말미암아 일간 신문 39개, 통신 11개 그리고 주간지 32개만이 남고 나머지 1170개에 달하는 언론 기관이 폐쇄되었다(송건호, 1990, 131쪽). 문을 닫은 언론사 중에는 중앙지가 49개, 지방지가 27개 등 일간 신문이 76개사였으며 통신은 305개, 주간지는 453개가 간판을 내려야 했다(김민환, 1996, 471쪽). '사이비 언론인 및 언론 기관을 정화'한다는 명분을 내걸기는 하였지만 사실상 언론을 약화시키고 통제 구조를 단순화하기 위한 조치였다고 해석할 수 있다.

군사 정부는 이어서 1962년 6월 28일 군사 정부 언론 정책의 근간을 공포하였다. 이는 '언론을 기업으로 육성하고 그 내용을 향상'시킨다는 것을 요지로 하면서 언론 자유와 책임, 언론인의 품위와 자질, 언론 기업의 건전성, 신문 체제의 혁신, 언론 정화라는 기본 방침 5개 항을 제시하였다. 이 5개 항의 주요 내용을 요약하면, 첫 번째 항목에서는 언론의 자유보다 책임을 강조하면서 언론의 윤리와 책임을 권장하고 있으며, 두 번째 '언론인의 품위와 자질'에서는 언론인의 품위와 자질을 시급히 향상시키기 위하여 각종 연수 활동이나 재교육, 그리고 언론인 단체 등에 대한 지원을 약속하였다. 세 번째는 언론을 하나의 기업으로 파악하고 건전한 기업으

로 육성해 나갈 대책을 강구하겠다고 밝히고 있다. 신문 체제와 관련해서는 보도 위주의 지면에서 교양 위주의 지면 제작으로 유도하고 단간제로의 전환을 적극 권장한다고 말했다. 마지막 언론 정화 항에서는 언론인의 과거는 불문에 붙이되 앞으로의 부정과 비행은 의법 조치한다는 것을 천명하였다(김해식, 1994, 100~1쪽). 이러한 5개 항을 바탕으로 이를 구체화한 세부 지침 20개 항이 함께 공포되었다. 이때에 발표된 내용들은 바로 박정희 정권의 언론 정책의 기본 구조를 형성하는 것이다.

뒤이어 그 해 7월 30일에는 언론 정책 시행 기준을 발표하였다. 이 시행 기준은 민정 이양 직전에 공포된 '신문·통신 등의 등록에 관한 법률'의 근간을 이루는 것으로서 이때에는 이미 박정희 정권 언론 정책의 핵심적 골격이 마련된 것이라 할 수 있다. 그 주요 내용은 다음과 같다(≪조선일보 70년사 제1권≫, 2-279쪽).

① 언론인 단체 구성: 직능별 단체와 그 총연합회 조직 인정
② 단간제 및 증면: 모든 일간 신문은 8월 13일까지 자율적 결정으로 조간 또는 석간의 단간제를 실시하고 일요일에는 신문 제작 중지, 서울특별시에 본사를 둔 신문은 일 12면 이상, 인구 30만 이상 도시는 일 8면, 기타 지역은 일 4면 이상의 지면 확보
③ 일요지 발행: 독립된 일요지를 발행하되 일간 신문사가 발행하는 것은 불가
④ 통신사 정비: 무선 텔레타이프로 발수신하는 외국 통신 3사 이상과 계약하지 않은 통신사는 자체 정비하거나 통합
⑤ 일간 신문의 시설 기준: 서울특별시, 인구 30만 이상 도시, 기타 지역별로 시설 기준을 정하고 미달사는 60일 이내에 자체 정비 또는 통합
⑥ 기자 보수 기준: 서울의 일간지, 통신사의 3년 이상 경력 기자의 봉급은 월 1만 원 이상, 인구 30만 이상 도시는 서울의 80%, 기타 지역은 70%를 기준 액수로
⑦ 지사 지국의 취재: 지사장이나 지국장 또는 본사의 특파원에 국한
⑧ 용지 대책: 부족량을 엄격한 실수요자 쿼터제로 수입하고 관세를 인하
⑨ 자금 융자: 시설 확장 자금과 경영 자금을 융자하고 금융 기관에 대한 채무 변제 기간을 완화
⑩ 신문연구소의 지원: 서울대학교에 설치될 신문연구소를 적극 지원 육성

위의 내용을 보면 앞의 언론 정책 근간에서 언급되었던 '언론을 기업으로 육성하고 그 내용을 향상시킨다'는 방침이 보다 구체적으로 규정되고 있음을 알 수 있다. 자금 융자나 용지 대책, 기자의 보수 규정 등을 통해 기업적 측면에서 지원하면서 동시에 여러 가지 측면에서 언론에 대한 규제를 시도하고 있다.

이 시행 기준의 규제 내용 중 이후 한국 언론에 커다란 영향을 미친 항목은 바로 단간제와 시설 기준이다. 단간제란 그 이전까지 한 신문이 조간 및 석간을 함께 발행하던 방식에서 둘 중에 하나를 선택해서 하루에 한 번만 발행하도록 한 것을 말한다.

당시 군사 정부가 단간제를 추진했던 배경은 최고회의 공보 담당 위원이었던 강상욱의 말에서 확인할 수 있다. 그는 "지나치게 정치 기사가 많아 국민의 정치 의식이 과도하게 민감하게 되었으며, 지면에 정서가 부족하고, 종업원이 혹사당하며, 따라서 신문이 재미없게 되어 독자가 늘어나지 않는다"고 말하였다는 것이다(≪조선일보 70년사 제1권≫, 2–279쪽). 당시 군사 정부가 단간제를 추진함으로써 목적했던 것이 무엇인가가 잘 드러난다. 즉, 신문의 비판적 정론성 보도를 줄이자는 데 목적이 있었던 것이다. 이 단간제가 실시됨으로 인하여 언론들은 보도의 양과 신속성, 그리고 정론성이 감소할 수밖에 없었다.

시설 기준은 고성능 윤전기 등 일정한 시설을 갖춘 자만이 신문을 발행할 수 있도록 한 것이다. 당시의 구체적 기준을 보면 서울에서는 윤전기 3대 또는 매시간당 타블로이드 배대판 4면 기준 7만 부 이상 인쇄 능력의 윤전기 1대 이상 소유 신문사, 인구 30만 이상의 도시에서는 윤전기 2대 이상 또는 매 시간당 타블로이드 배대판 4면 기준 4만 부 이상 인쇄 능력의 윤전기 1대 이상 소유사, 기타는 윤전기 1대 이상을 가진 신문사로 기준을 정하고 있다. 이 기준을 충족시키지 못하는 신문사들은 60일 이내에 정리한다고 발표하였다(김해식, 1994, 102쪽). 시설 기준에 못 미치는 신문사들을 강제로 문을 닫게 만든다는 것이다.

이로써 신문 발행은 일정 수준 이상의 자본력을 갖춘 자본가들만이 가능하게 되었다. 이러한 통폐합 조치들은 살아남은 신문사들에게는 커다란 혜택으로 작용하게 마련이다. 시장 속에서의 경쟁에 대한 부담이 줄어들며 과점 체제를 형성하여 안정된 경영 기조를 확보할 수 있게 되는 것이다. 또한 이 조치는 이후 새로운 시장 참여를 봉쇄하는 진입 장벽으로서의 역할도 하였다. 이 시설 기준은 1992년 위헌 판결을 받을 때까지 한국 언론의 발전을 제약하는 규제 요인으로 작용하였다.

(2) 언론 관련 법제의 정비

박정희 정권은 이러한 언론 정책을 법제화했다. 그 첫 번째가 바로 1963년 12월 12일에 공포된 '신문·통신 등의 등록에 관한 법률'이다. 이 법은 시설 기준에 관한 조항을 포함하고 있을 뿐만 아니라 등록 취소의 권한도 공보부 장관에게 부여하고 있다. 즉, 시설 기준이나 발행 실적을 유지하지 못했을 때 공보부 장관이 등록 취소할 수 있도록 재량권을 부여한 것이다. 이는 정당한 사법적 절차를 거치지 않고도 행정적 조치만으로 언론사를 등록 취소할 수 있도록 하여 언론 자유를 침해할 소지가 있는 독소 조항이라 할 수 있다(김서중, 1996, 53~4쪽).

박정희 정권은 쿠데타에 성공한 바로 뒤부터 텔레비전 방송을 위한 준비에 착수하였다. 이처럼 텔레비전 방송을 서둘러 준비한 것은 텔레비전이 갖는 정치적 전시 효과와 홍보 수단으로서의 효과에 주목하였기 때문이라고 해석할 수 있다. 그리하여 불과 몇 달 만인 1961년 12월 31일에는 KBS-TV가 국영의 형태로 개국하였던 것이다.

박정희 정권은 방송에 대한 제도적 통제의 기반을 만드는 작업에도 착수하였다. 1961년 12월 30일에는 전파 관리법을 제정 및 공포하였다. 1962년 말에는 1961년 말에 서둘러 개국했던 KBS-TV가 여러 가지 여건의 미비로 재정난에 시달리자 국영 방송이지만 광고도 할 수 있게 하는 법적 근거로서 국영텔레비전방송사업특별회계법과 그 임시조치법을 만들었다. 이어 1964년 1월 1일부터는 방송법을 제정하여 시행에 들어갔다. 1962년 6월 14일 발족했던 규제 기구인 방송윤리위원회는 이 방송법이 공포됨으로써 법정 기구로서 확립되었다. 이러한 조치들로 방송에 대해서도 권력이 개입하고 통제할 수 있는 법적인 장치가 마련된 것이다.

그 밖에도 1962년 9월 24일에는 반공법이 제정되었다. 이 법은 후에 당시의 대표적 야당지인 <동아일보>를 굴복시키는 데 결정적 수단이 되었다. 1968년 <신동아>에 실린 차관 관련 특집 기사(12월호)와 그 해 10월호에 실렸던 '북한과 중소 분쟁'이라는 기사를 반공법 위반으로 몰아 손세일 부장, 홍승면 주간을 구속하였다. 이들은 3일 만에 석방되었으나, 사설을 통해 이 사건의 부당성을 반박했던 천관우 주필과 함께 타의에 의해 사직하였다. 이를 계기로 <동아일보>도 마침내 박정희 정권 앞에 굴복하고 말았다. 물론 <동아일보>에 대해서는 당시 이 밖에도 기자들에 대한 테러 등 여러 가지 형태의 압력이 가해졌으며, 이러한 탄압의 과정에서 <동아일보>가 결국 굴복하였던 것이지만 이 반공법 사건이 굴복의 결정적 계기가 되었다.

이와 같이 진행된 박정희 정권의 언론 정책은 기본적으로 언론을 통제하여 권력의 편으로 끌어들이고, 다른 한편으로는 언론사에 경제적 혜택을 부여하여 기업화를 지원하는 것이었다. 이러한 맥락에서 언론 통제를 보다 근본적으로 할 수 있게 하기 위해서 태동된 법이 바로 언론윤리위원회법이다.

1963년 12월 박정희 정권이 출범한 바로 다음 해였던 1964년은 여러 가지로 정국이 시끄럽던 해였다. 2월에는 삼성 재벌의 삼분三粉, 즉 밀가루, 설탕, 시멘트 수입 과정에서 폭리와 관련된 경제 의혹이 터져 나오더니, 3월 들어서는 한일간 굴욕 외교를 반대하는 대학생 시위가 전국적으로 확대되었다. 이에 박정희 정권은 6월 3일 비상 계엄을 선포하고 대학 등 각급 학교에 휴교령을 내려 강압적인 사태 해결을 시도하였다. 이른바 6·3 사태였다.

이러한 과정을 거치면서 박정희는 원래부터 언론에 대해 부정적인 생각을 가지고 있었지만 그 불신이 더욱 심화되었다. 계엄령을 선포한 뒤 국회에서 행한 교서에서 박정희는 다음과 같이 언론에 대한 불신을 직설적으로 표현했다(정진석, 1995a, 36쪽).

> 언론이 없는 시간부터 세상은 암흑천지가 되는 것도 사실이요. 언론의 창달 여부는 문화의 척도가 된다는 것도 사실이지만 세상에는 신문이 나라를 망쳤다는 소리도 있고 이 사회의 혼란은 신문도 상당한 책임을 져야 한다는 소리도 있다. ― 우리나라 신문은 지난 18년간 선의건 악의건 너무나 많이 자극적, 선동적인 언사를 써 왔다. 이렇게 해서 경영 수지는 맞추어 왔을는지는 몰라도 국가 사회에 유익한 일만 해 왔다고 단언할 사람이 누가 있겠는가.

언론에 대해 매우 부정적인 인식을 가지고 있음을 알 수 있다. 뿐만 아니라 박정희는 6·3 사태의 원인도 언론에 일부 책임이 있다고 보았다. 즉, 6·3 사태의 원인을 "일부 정치인의 무궤도한 언론, 일부 언론의 무책임한 선동, 일부 학생들의 불법적인 행동, 그리고 정부의 지나친 관용"에 있다고 보았던 것이다(정진석, 1995a, 36쪽). 박정희의 이러한 인식이 바로 언론윤리위원회법이 태동하게 된 직접적인 배경이 되었다.

계엄령 발표 이후 언론인들의 구속이 이어지고 정부가 규제 입법을 추진한다는 사실이 알려지면서 언론계는 7월 22일 신문발행인협회, 통신협회, 신문편집인협회, 신문윤리위원회, IPI한국위원회 등 관련 단체 대표자들이 모여 언론의 자율적인 규제 방안을 논의한 끝에 '언론규제대책위원회'를 구성해서 구체적인 안을 작성하기로 했다. 이 위원회는 7월 24일 회의를 열어 기존의 신문윤리위원회를 강화하자는 원칙에 합의하고 구체적인 안을 작성하였다(정진석, 1995a, 37~38쪽). 이러한 언론계의 자율적인 움직임에도 불구하고 박정희 정권은 언론에 대한 보다 근본적인 규제를 위해 언론윤리위원회법의 제정을 시도하게 되었던 것이다.

2) 언론윤리위원회법 반대 운동의 전개 과정

(1) 언론윤리위원회법의 주요 내용과 심의 과정

서론에서도 지적하였지만 1960년대 초반의 윤리위원회법 반대 운동은 그동안 우리 학계에서 한국 언론 수용자 운동의 효시로 논의되어 왔다. 이 사건은 박정희 군사 정권에 의해 언론이 순치되어가는 과정의 길목에서 벌여졌던 중요한 사건이라 할 수 있다.

이 운동의 쟁점이 된 것은 바로 언론윤리위원회법이다. 이 법은 박정희 정권이 1964년 7월 30일 발의하여 8월 2일 야간 국회에서 통과시켰으며 8월 5일의 임시 국무회의에서 의결해 공포한 법이다. 이 법의 제안자들은 언론 기관의 자율적 규제를 보장 및 강화해 주기 위한 법이라고 주장하고 있지만 실질적 내용은 언론을 통제 및 위축시키고자 하는 법이었다.

이 법의 주요 내용은 언론의 자율 규제를 위해 언론윤리위원회를 설치하며, 신문, 통신, 잡지, 방송의 대표자는 의무적으로 윤리위원회 위원이 되도록 하였다. 위원회는 윤리 요강을 제정, 공포하며, 상설 기구로 심의회를 두어 문제된 언론 내용을 판정하게 되어 있었다. 모든 언론 기관은 윤리 요강에 어긋나는 것으로 판정이 날 경우 그 결정 내용 공포의 의무를 지도록 했다. 원안에 따르면 이 의무를 이행치 않으면 해당 언론사의 대표는 3년 이하의 징역이나 금고형에 처하도록 규정하였다. 뿐만 아니라 윤리 요강을 심각하게 저촉하는 경우에는 6개월 이내의 반포 금지 혹은 방송 금지를 명할 수 있으며 이 명령을 어길 경우 3년 이하의 징역이나 금고형에 처할 수 있다고 규정하였다. 이는 자율적으로 추구해야 할 언론의 윤리를 법률에 의해 타율적으로 강제하려는 문제를 안고 있는 법안이었다.

이 법은 1964년 8월 1일 국회 문교공보위원회에서 심의에 들어가 여야 의원들이 토의 끝에 합의가 어려워지자 폐기시키자는 동의안에 대해 표결에 들어가 전체 15명 가운데 찬성 8명으로 가결되어 폐기 처분하기로 결정되었다. 그러나 바로 그 날 원 제출자들로부터 본회의에 직접 상정해

달라는 요구가 가결되어 다시 회생된 것이다(국회사 DB 참조). 이러한 우여곡
절은 겪은 것은 야당의 반대를 무력화시키기 위한 공화당의 정략적 계산
에 따른 것이었다(정진석, 1995a, 39쪽).

본회의에서는 논란 끝에 야당 삼민회의 요구에 의해 일부 조항 수정
을 거치게 되었다. 이때의 수정 내용은 위원회의 구성 방법과 의결 정족수
등을 수정하고 벌칙을 완화하였다. 실제 정간을 명할 수 있도록 한 조항을
해당 언론사의 대표를 회원 자격의 정지 혹은 제명 판정을 할 수 있도록
수정하였으며, 의무 불이행에 대하여 실형을 선고할 수 있도록 한 조항도
너무 가혹하다고 하여 1년 이하의 징역이나 금고 또는 50만 원 이하의 벌
금으로 수정하였다. 8월 2일 밤 국회 본회의는 논란 끝에 일부 야당 의원
들이 퇴장한 가운데 표결에 들어가 재석 149인 가운데 가 96표 부는 없이
기권 53표로 가결되었다(국회사 DB 참조).

(2) 언론윤리위원회법 반대 운동의 전개

① 언론계의 반대 운동

정부가 이 법의 제정을 시도한다는 것이 알려지면서 국회에 상정되기 이전
부터 언론계를 중심으로 반대 투쟁이 시작되었다. 언론계는 결사, 집회, 취재
및 보도 활동의 거부, 청원, 건의 성명서 채택, 대항 선전 등의 방법을 총동원
하여 적극적인 반대 운동에 나섰다(김기태, 1989, 60쪽). 8월 3일 한국신문편집인
협회는 성명서를 발표하여 이 법이 위헌적이고 비민주적인 악법이라고 규정
하고는 "동법 시행에 대한 일체의 협력을 거부할 것"을 천명하면서 "각 언론
단체 및 민주주의를 수호하는 전 국민과 더불어 이 악법 폐기 운동을 강력히
전개하겠다"고 선언하였다(<신문평론> 1964. 9, 20쪽). 발행인협회, 통신협회,
편집인협회, IPI한국위원회, 신문윤리위원회 등 언론 5단체 대표는 언론규제
대책위원회를 발전적으로 해체하고 언론윤리위원회법 철폐투쟁위원회를
결성하면서 다음과 같은 성명을 발표하였다(<신문평론> 1964. 9, 21쪽).

한국의 신문, 통신, 방송, 주간, 잡지 등 언론에 종사하는 일체 언론 단체 대표들은 8월 5일 언론 관계 5개 단체 대표자 회의의 발전적 해체와 함께 언론윤리위원회법 철폐투쟁위원회를 결성하고 지난 8월 3일 한국신문편집인협회가 채택한 성명서를 전적으로 지지함과 아울러 신문윤리위원회의 강화를 위한 순수한 자율적 규제만이 언론의 책임을 높이는 정당한 방안임을 확인하면서 이른바 '언론윤리위원회법'이 국민의 기본 권리의 본질적 내용을 침해하는 동시에 이는 전제 치하에만 있을 수 있으며 국가의 민주 발전을 크게 저해할 뿐만 아니라 한국의 국제적 위신을 심히 추락시키는 수치스러운 악법으로 단정하고 투쟁위원회는 이 악법이 철폐될 때까지 민주주의 수호에 대한 모든 장애를 배제하고 목적 관철을 위하여 끝까지 투쟁할 것을 선언한다.

언론 단체들은 1964년 8월 10일 신문회관에서 악법철폐전국언론인대회를 개회하고 윤리위법에 대한 반대와 투쟁 의지를 밝힌 선언문과 결의문을 채택하였다. 선언문에서 언론인들은 "이제 또 다시 집권자들은 이른바 '언론윤리위원회법'이라는 악법을 제정하여, 국민의 '알 권리'와 '알릴 권리'를 억압하려 악법을 제정하여, 국민의 '알 권리'와 '알릴 권리'를 억압하려 하고 있다. 우리 언론계가 이 민주주의의 위기에 직면하여 불퇴전의 반대 투쟁을 전개함은 이 투쟁이 언론에 종사하는 자의 이익만을 위해서가 아니라, 자손만대에 물려 줄 전 국민의 기본 권리 수호를 위함이오, 따라서 이 투쟁이 언론에 종사하는 자만의 분기가 아니라 이것을 응시하고 뜨거운 지지를 보내는 온 겨레의 소리 없는 함성을 등에 진 투쟁임을 명백히 해 두는 바이다"라고 투쟁 의지를 천명하였다(<사상계> 1964년 9월호, 28쪽, 전문은 154~5쪽 참조).

이어서 언론인들은 10개 항에 달하는 결의문을 발표하였다. 그 내용은 다음과 같다(<사상계> 1964년 9월호, 28~9쪽).

1. 우리는 이른바 언론윤리위원회의 발족과 구성에 관하여 어떠한 형태로도 이에 협력하지 않으며 심의회에 대한 대표의 파견을 거부한다.
2. 우리는 이른바 언론윤리위원회법 부칙에 규정된 첫 회합의 소집이 신문발행

악법 철폐 전국언론인대회

선언문

자유는 천부의 인권이오 특히 언론표현의 자유는 「제1의 자유」라고 일컫는다. 유구한 인류사의 조류가 바로 인간의 자유 전취(戰取)를 그 기본방향으로 삼고 있은즉 그 아무도 이 방향을 역행할 수 없을 것이며, 우리가 공산주의와 대결하여 혈투를 거듭함도 또한 언론의 자유를 선두로 한 인간의 자유를 수호하는데 그 목적이 있은즉, 그 아무도 이 진리를 부정할 수 없다.

우리가 이민족의 압제하에 있을 때도, 언론은 민족을 대변하고 자유를 지향하여 사력을 다하였고, 그 압제로부터 해방된 뒤로는 국정에 대한 비판의 민성(民聲)을 두려워 하는 집권자들이 때로 언론의 탄압을 획책하였으나, 그때마다 언론은 이를 분쇄함에 과감하였다.

이제 또 다시 집권자들은 이른바 「언론윤리위원회법」이라는 악법을 제정하여, 국민의 「알 권리」와 「알릴 권리」를 억압하려 하고 있다. 우리 언론계가 이 민주주의의 위기에 직면하여 불퇴전의 반대투쟁을 전개함은 이 투쟁이 언론에 종사하는 자의 이익만을 위해서가 아니라, 자손만대에 물려줄 전국민의 기본권리수호를 위함이오, 따라서 이 투쟁이 언론에 종사하는 자만의 분기가 아니라 이것을 응시하고 뜨거운 지지를 보내는 온 겨레의 소리 없는 함성을 등에 진 투쟁임을 명백히 해 두는 바이다.

이른바 「언론윤리위원회법」은 언론의 윤리를 강조한다 하면서 윤리의 규범을 넘어서 법의 규범으로서 언론을 규제하려하니 이 무슨 해괴한 일이랴. 「언론의 자율적 규제를 강화」함을 목적으로 한다는 그 법이, 진실로 자율을 강화하려는 언론계의 맹렬한 반대를 받고 있으니, 이 무슨 자기당착인가. 언론의 자유가 「공중도덕이나 사회윤리를 침해」할 수 없다 하나, 그것이 집권자들의 실정 은폐의 방패로 악용될 수 없다는 데에는 어떤 눌변도 용납될 여지가 없으며, 국회의 정상적인 심의절차를 궐(闕)하여서까지 이 악법을 강행하는 데에는 입법의 당사자들조차 내심에 부끄러운 바 있을 것이다.

공공의 복리를 위해서는 언론에도 제약이 없을 수 없다는 것을 모르는 바 아니다. 그러기에 언론이 일반법에 저촉되었을 때 그 책임을 면해 본 바도 없거니와 언론의 책임을 스스로 강조하여 이미 「신문윤리위원회」를 설치하였고, 그 자율 강화를 기약하고 있다. 여기에 명분없는 악법으로 언론을 권력의 시녀로 삼고 자유를 질식케 하려는 이 책동이 계속되는 한 그 민주주의에 대한 죄과는 길이 역사에 기록될 것임을 경고해 두는 바이다.

한국의 전언론인은 이제 의연히 궐기하였다. 우리의 행동에 대의가 있으매, 우리는 사필귀정을 확신하는 바이다.

1964년 8월 10일
전국언론인대회
출처: <사상계> 1964년 9월호, 28쪽.

결의문

한국의 신문, 통신, 방송, 잡지 등에 종사하는 전체 언론인을 대표한 우리 언론인대회는 이른바 「언론윤리위원회법」이 위헌적이고 비민주적인 악법임을 지적하고 법 시행에 대하여 일체의 협력을 거부키로 한 지난 8월 3일자 한국신문편집인협회의 성명을 전폭적으로 지지 확인하며 아울러 이 법 철폐를 위해 투쟁을 전개하기로 한 8월 5일자 윤리위원회법철폐투쟁위원회의 성명을 전체 언론인의 이름으로 재확인하면서 이 악법의 철폐를 요구하여 그 목적관철시까지 어떠한 장애를 무릅쓰고라도 굳은 결속으로서 이 나라의 민주주의적 언론자유의 수호를 위해 전국적 규모로 끝까지 싸울 것을 다짐하는 바이며 우선 제1단계 투쟁방법으로 다음과 같이 결의한다.

1. 우리는 이른바 언론윤리위원회의 발족과 구성에 관하여 어떠한 형태로도 이에 협력하지 않으며 심의회에 대한 대표의 파견을 거부한다.
2. 우리는 이른바 언론윤리위원회법 부칙에 규정된 첫 회합의 소집이 신문발행인협회에서 거부되어야 할 것을 다짐한다.
3. 우리는 우리의 결의를 위배하여 타율적인 관제윤리위원회의 성립에 협력한 자를 사이비언론인으로 규정한다.
4. 우리는 대한변호사협회와 대한상공회의소에 대하여 심의대표 파견을 거부하도록 그들의 민주주의적 양식에 호소한다.
5. 우리는 교육계와 종교계인사들에게 언론윤리위원회의 심의회에 그 아무도 참가하지 않을 것을 요청한다.
6. 우리는 이 악법이 철폐될 때까지 정부의 일방적 선전성을 띤 보도를 일체 이를 거부한다.
7. 우리는 각 분야별로 이미 자율적으로 제정 보유하고 있는 윤리강령이나 윤리실천요강등을 더욱 충실히 준수하며, 특히 신문, 통신은 현신문윤리위원회의 기능과 권위에 대하여 아무런 동요가 없을 것을 확인하고 7월 30일 언론관계 5개 단체대표자회의가 채택한 신문윤리위원회 강화방책을 계속 추진한다.
8. 우리는 이 투쟁과정에서 일어날지도 모르는 그 어떠한 형식의 장해에 대해서도 공동의 책임으로 대처한다.
9. 우리는 투쟁위원회의 지휘 통제 아래 악법철폐를 위하여 가장 효과적이라 인정되는 방법을 사태의 진전에 따라 적의(適宜)한 시기와 대상을 택해서 어김없이 실행한다.
10. 우리는 입법부가 이 악법철폐를 위하여 적극 협조하기를 다시 한번 촉구한다.

1964년 8월 10일
전국언론인대회

출처: <사상계> 1964년 9월호, 28쪽.

인협회에서 거부되어야 할 것을 다짐한다.

3. 우리는 우리의 결의를 위배하여 타율적인 관제윤리위원회의 성립에 협력한 자를 사이비 언론인으로 규정한다.

4. 우리는 대한변호사협회와 대한상공회의소에 대하여 심의 대표 파견을 거부하도록 그들의 민주주의적 양식에 호소한다.

5. 우리는 교육계와 종교계 인사들에게 언론윤리위원회의 심의회에 그 아무도 참가하지 않을 것을 요청한다.

6. 우리는 이 악법이 철폐될 때까지 정부의 일방적 선전성을 띤 보도를 일체 이를 거부한다.

7. 우리는 각 분야별로 이미 자율적으로 제정 보유하고 있는 윤리 강령이나 윤리 실천 요강 등을 더욱 충실히 준수하며, 특히 신문, 통신은 현 신문윤리위원회의 기능과 권위에 대하여 아무런 동요가 없을 것을 확인하고 7월 30일 언론 관계 5개 단체 대표자 회의가 채택한 신문윤리위원회 강화 방책을 계속 추진한다.

8. 우리는 이 투쟁 과정에서 일어날지도 모르는 그 어떠한 형식의 장해에 대해서도 공동의 책임으로 대처한다.

9. 우리는 투쟁위원회의 지휘 통제 아래 악법 철폐를 위하여 가장 효과적이라 인정되는 방법을 사태의 진전에 따라 적의適宜한 시기와 대상을 택해서 어김없이 실행한다.

10. 우리는 입법부가 이 악법 철폐를 위하여 적극 협조하기를 다시 한 번 촉구한다.

처음부터 끝까지 윤리위법에 대한 반대로 일관하면서 그 구체적인 방법까지를 제시하고 있다. 이러한 언론계의 반대 운동에도 불구하고 정부는 이 법을 강행하려고 시도하였다. 정부는 반대 투쟁에도 불구하고 8월 25일부터 30일 사이에 전국 440여 개 정기 간행물의 발행인과 방송국 책임자를 모아 언론윤리위원회를 구성하기로 결정하면서 발행인협회가 이 소집을 거부한다면 새로운 발행인협회를 구성한다는 강경 방침까지 세웠다.

정부가 이처럼 강경 방침으로 나오자 언론계 내부에서 투쟁 대열에 이탈이 생기기 시작하였다. <한국일보>와 <서울신문>이 투쟁위원회에서 탈퇴를 선언한 것이다. 이에 발행인협회도 전면 투쟁에서 일보 후퇴하여 8월 19일 열린 이사회에서 26개 회원사들에게 언론윤리위원회 소집

언론윤리위원회법에 대한 기자협회의 성명서

① 한국기자협회는 관제 윤리위원회 구성에 발행인협회가 끝까지 이를 거부할 것을 거듭 호소하는 바이다.

우리는 지난 19일의 발행인협회 이사회에서 일부 발행인들이 언론윤리위원회법 시행에 협조하려는 움직임을 보였다는 보도에 놀라움을 금치 못하며 이를 믿으려하지 않는다.
우리는 언론윤리위원회법의 규제 대상이 발행인 자신이라는 엄연한 사실을 발행인들이 거듭 인식하여 주기 바란다.

② 우리는 명벽히 위헌적이며 비민주적인 언론윤리위의 구성을 위해 정부가 전국 발행인들에 대해서 유형 무형의 압력을 가하고 있다는 정보를 듣고 있다.
우리는 이같은 갖가지 압력을 받고 있는 발행인들이 확고한 신념과 용기를 가지고 최후의 순간까지 이를 뿌리쳐줄 것을 간절히 빌어마지 않는다.

③ 우리는 언론의 자유와 민주주의를 지키려는 거룩한 전체 언론인의 투쟁 대열에서 단 한사람의 탈락자도 나지 않을 것을 굳게 믿어마지 않는다.
현 시점에서 우리의 시선은 발행인들의 이성있고 양식있는 행동에 집중되어 있음을 밝혀 둔다.

1964년 8월 26일
한국기자협회

출처: ＜기자협회보＞ 제93호, 1969. 8. 15.

에 관한 찬반 여부를 서면으로 조사하기로 결정하였다. 서면 조사는 뜻밖의 결과로 나타났다. 26개 회원사 가운데 반대 의사를 밝힌 언론사는 <경향신문>과 <동아일보>, <조선일보>, <대구매일>의 4개사 뿐이며 <대한일보>는 기권하였고 나머지 21개사가 찬성하였다. 이러한 발행인들의 결정에 대해 편집인협회와 8월 17일 새로이 발족을 선언한 기자협회는 반대 의사를 밝히면서 9월 1일에는 전국 언론인들의 서명을 받아 언론윤리위법의 폐기를 촉구하는 청원서를 국회에 제출하였다.

한편 정부는 언론윤리위원회 소집에 반대한 4개 야당지에 대하여 여러 가지로 압력과 보복을 시도하였다. 정일권 내각은 8월 31일 임시 국무회의를 열고 "언론윤리위원회법을 준수하지 않고 시행에 협력을 거부하는 기관이나 개인에게는 정부가 부여하는 일체의 특혜와 협조를 배제한다"는 내용을 결의하였다. 이에 따라 정부 기관에서 9월 1일부터 4개 신문을 구독하지 말 것을 지시했고, 신문 용지 배정과 융자 등을 금지하겠다고 공언했다. 또한 광고 수탁을 금지하도록 각계에 유형, 무형의 압력을 가하였다.

이에 4신문사 편집국장들은 9월 1일 공동 성명을 발표하고 정부의 보복 조치를 비난하면서 "자유스럽고 평화로운 언론의 창달을 위해 한국신문편집인협회의 결정을 준수하고 한국기자협회의 정열적인 투쟁에 더 큰 기대를 걸면서 일사분란하게 악법 철폐를 위해 끝까지 감투할 것"을 선언했다. 9월 3일에는 윤리위 소집에 대한 서면 조사에서 기권했던 <대한일보>가 가세하여 5개사가 공동으로 투쟁을 다짐하는 성명을 발표하였다(정진석, 1995a, 41~2쪽). 이처럼 언론계가 주도하여 언론윤리위원회법 반대 투쟁이 조직적으로 전개되었음을 알 수 있다.

② 시민 단체의 참여

언론계에 의해 시작된 언론윤리위원회법 반대 운동에 각종 사회 단체들도 참여하기 시작하였다. 윤리위법이 그 해 8월 3일 국회에 상정되자 대한변호사협회는 반대 성명을 발표하였으며, 서울제일변호사회는 9월 2일 언론윤리위원회법 특별위원회를 구성하고 이 법의 문제점을 검토하여 '언론윤리위원회법의 헌법적 고찰'이라는 글(<신문평론> 1964. 10, 84~9쪽)을 발표하였다. 이 글을 통해 서울제일변호사회는 구체적으로 이 법의 위헌 및 비민주성을 지적하였다.

이 밖에도 한국예술문화단체총연합회는 9월 1일 윤리위법 반대 4개사에 대한 보복 조치를 즉각 철회하라는 성명을 발표하였으며, 9월 3일에는 한국기독교연합회도 성명을 발표하였다. 기독교연합회는 성명을 통해 "우리 기독교인들은 언론 자유 문제를 정치적인 문제로 보기 전에 국민의 기본권으로 보아 깊은 관심을 가지는 바이다. 정부에서 언론윤리위원회법 관계로 인해서 취한 기개幾個 신문에 대한 차별 조치는 모든 국민 감정을 격발시키고 정부와 국민 사이를 소격시켰을 뿐 아니라 언론 자유를 위협하는 처사였으므로 즉각 이러한 조치를 중단해 주기를 간곡히 요청하는 바이다"고 요구하였다(<신문평론> 1964. 10, 67쪽).

한편 9월 2일에는 정계, 종교계, 법조계, 학계 등 각 사회 단체 대표들이 모여 자유언론수호국민대회 발기위원회를 열고 '대통령에게 보내는 공개장'을 채택하였다. 그 전문은 다음과 같다(<신문평론> 1964. 10, 66~7쪽).

오늘의 위기와 각하의 고충을 이해하면서 본인들은 지금 행정부와 언론 기관 사이에 이루어진 어려운 사태에 대하여 심한 비애와 염려를 금할 수 없습니다. 더욱이 작금에 취하여진 언론윤리위원회 구성을 반대하는 4개 신문사에 대한 혹심한 조치는 비민주적인 동시에 공평성을 잃은 처사로서 국민 정신에 미치는 영향이 지대하리라고 생각합니다. 그러므로 본인들은 여기에 각하의 현명한 결단으로서 이러한 불행한 사태가 즉각 해소될 수 있기를 회구합니다.

그리고 만약 이러한 영단적인 조치가 없을 때 일어날 어려움에 대하여 심심한 우려를 표합니다. 아울러 그러한 경우에는 이번 조치에 대한 범국민적인 반대운동의 제창과 실천이 불가피하게 되리라고 생각합니다. 다시 국민을 위한 각하의 적의한 판단을 간청하면서 여기 각하의 건강을 축원합니다.

정부의 보복 조치에 대해 각계의 비난 성명이 이처럼 이어지자 박정희는 9월 4일 특별 담화를 발표하고 "정부가 취한 지나친 조치는 즉각 시정토록 하겠지만 언론법은 강력히 시행하겠다는 방침에는 변함이 없음"을 재천명하였다. 언론의 자유는 법을 부정할 수 있을 만큼 무제한한 것은 아니라고 주장하면서 "과연 이 법을 악법으로 규정할 수 있을 만큼 우리의 언론은 과거에 책임을 느껴볼 필요는 전혀 없겠습니까?"라고 반문하였다 (<신문평론> 1964. 10, 67~8쪽).

자유언론수호국민대회 발기준비위원회는 9월 3일 2차 회의를 열어 언론 탄압을 규탄하는 강연회를 개최하며, 윤리위법에 찬성한 신문 안 보기 운동과 언론 수호 서명 운동, 5개 신문에 대한 의연금 모금 운동을 전개하기로 결의하였다. 나아가서 9월 10일에는 각계 인사 300여 명이 참가한 가운데 자유언론수호연맹이라는 상설 기구의 결성 대회를 열고 윤리위원회법이 악법임을 재확인하고 이의 철폐를 요구하는 결의문과 대통령에 보내는 메시지 등을 채택하였다(김기태, 1989, 60~2쪽).

대학생들도 반대 운동에 참여하였다. 그 해 9월 3일 건국대, 경희대, 고려대, 동국대, 서울대, 성균관대, 연세대, 중앙대, 한양대 등 서울 시내 9개 대학의 신문 기자 일동은 결의문을 발표하여 언론윤리위원회법에 대한 반대 의사를 천명하였다. 이들의 결의문은 당시 대학가의 또 하나의 쟁점이 되었던 학원보호법에 대한 반대와 함께 결의된 내용이었다.

결의문 가운데 언론윤리위원회법과 관련된 주요 내용을 보면 학생 기자들은 "대학사회 여론의 첨예임을 자부하는 우리 대학 신문 기자 일동은 이른바 언론윤리위원회법과 학원보호법안 및 문교부의 일방적 지시에 따른 대학 학칙 개정에 대하여 다음과 같이 결의하는 바이다"라고 전제하고 "우리는 언론윤리위법이 민주주의에 역행하는 위헌적인 악법임을 확인하면서 동법의 시행에 일체의 협력을 거부할 것은 물론 나아가 동법의 폐기를 위하여 끝까지 우리의 입장을 고수할 것을 결의한다"고 천명하였다. 이어서 학생들은 "이상과 같은 우리의 결의는 이 나라 대학 사회의 절실

160

언론윤리위원회법에 대한 대학 신문 기자들의 결의문

결의문

대학사회 여론의 첨예임을 자부하는 우리 대학신문기자 일동은 이른바 언론윤리위원회법과 학생보호법안 및 문교부의 일방적 지시에 따른 대학 학칙개정에 대하여 다음과 같이 결의하는 바이다.

一. 우리는 언론윤리위법이 민주주의에 역행하는 위헌적인 악법임을 확인하면서 동법의 시행에 일체의 협력을 거부할 것은 물론 나아가 동법의 폐기를 위하여 끝까지 우리의 입장을 고수할 것을 결의한다.

一. 우리는 헌법이 보장한 학문의 자유를 말살하고 한국 대학사에 큰 오점을 남길 학원보호법안의 국회 상정을 반대하며 민족적 양심에 비추어 학원의 자유 수호에 어떤 희생이라도 바칠 것임을 결의한다.

一. 우리는 6월 19일자 문교부에서 시달한 학칙개정지시는 분명히 신성한 교단에 대한 노골적인 간섭이며 학원 자치의 대도를 말살하려는 비민주적인 처사임을 규탄하면서 즉시 동 지시를 철회하도록 요구한다.

이상과 같은 우리의 결의는 이 나라 대학 사회의 절실한 여론임을 대변하면서 우리의 결의가 관철될 때까지 어떤 장애를 무릅쓰고라도 굳은 결속으로 가능한 모든 수단과 방법을 강구하여 계속 투쟁할 것을 결의하는 바이다.

서기 1964년 9월 3일
건국대학교 건대신문사
경희대학교 대학주보사
고려대학교 고대신문사
동국대학교 동대신문사
서울대학교 대학신문사
성균관대학교 성대신문사
연세대학교 연세춘추사
중앙대학교 중대신문사
한양대학교 한양대학보사 (가나다순)
기자 일동

출처: ＜대학신문＞ 1964. 9. 7.

한 여론임을 대변하면서 우리의 결의가 관철될 때까지 어떤 장애를 무릅쓰고라도 굳은 결속으로 가능한 모든 수단과 방법을 강구하여 계속 투쟁할 것을 결의하는 바이다"고 밝혀 이 법에 대한 거부와 투쟁 의지를 명백히 하였다(<대학신문> 1964. 9. 7, 전문은 161쪽 참조).

이와 같이 윤리위법을 둘러싼 파동이 확대되고 참여 단체들이 늘어가자 정부측과 투쟁위원회 간에 막후에서 비공식적으로 접촉이 이루어지기 시작하여 타협의 실마리가 풀리기 시작하였다. 여기서 찾은 타협점은 바로 '법 시행의 보류'였다. 윤리위법 철폐투위 대표들은 9월 8일 유성에서 박정희 대통령을 만나 동법의 시행을 보류해 줄 것을 주된 내용으로 하는 건의서를 전달하였다. 이로써 정부는 바로 다음날 언론윤리위원회법의 시행을 전면 보류한다고 발표하기에 이르렀다. 대변인을 통해 발표한 성명에서 박정희는 "언론윤리위법의 궁극적 입법 취지가 언론의 자율적 규제 책임의 강조에 있었던 만큼 언론인들이 스스로 책임을 느껴 그 자율적 규제 책임을 다할 확실한 결의가 있다면 우리 언론인들에게 다시 자율적 규제의 기회를 부여해 주는 것이 좋을 것"이라고 전제하고, 유성에서 언론계 대표들을 만나 보니 "그들의 반성과 결의가 어느 때보다 뚜렷함에 큰 감동을 느꼈다"면서 언론계의 건의를 받아들이도록 지시했다는 것이다 (<신문평론> 1964. 10, 69~70쪽).

이로써 철폐투쟁위원회는 9월 10일 해체를 결의하였으며, 자유언론수호국민대회 발기준비위원회는 앞서 지적한 대로 자유언론수호연맹이라는 상설 기구를 발족키로 결의하였으나 언론윤리위원회법을 둘러싼 반대 운동은 진정 국면으로 접어들었다.

3) 언론윤리위원회법 반대 운동의 의의

이 언론윤리위원회법 반대 운동은 해방 이후 최초의 본격적인 수용자 운동이었다는 점에서 중요한 의의를 지닌다. 이 운동은 해방 이후 한국 언론의 역사에서 처음으로 언론인뿐만 아니라 수용자들로 구성되는 각종 단체들이 공동으로 정부의 언론 통제 시도에 대항했던 사례라고 할 수 있다. 특히, 이 운동의 결과로 신문사들에 대한 보복 조치를 철회시키고 나아가서 윤리위법의 시행 유보라는 구체적 성과를 이끌어냈다는 점에서도 그 의의를 높게 평가할 수 있을 것이다. 또한 그 과정에서 각 단체들이 철폐투쟁위원회를 구성하여 조직적 운동을 도모하였으며, 나아가서 언론 자유 수호를 위한 상설 기구의 결성까지 시도되었다는 점이 주목할 만하다.

언론윤리위원회법 파동은 한국기자협회가 출범하게 되는 직접적 계기가 되었다. 그 이전에는 기자들의 구심점이 되는 단체가 없었으며 윤리위법 파동 초기에는 각 출입처 기자단별로 반대 성명을 내는 등의 형태로 대응해 왔다. 그러나 이러한 대응으로는 한계를 느껴 전 언론계를 포괄하는 기자들의 단체가 필요해서 이루어지게 된 것이 바로 한국기자협회이다. 기자협회는 발족과 함께 발표한 결의문에서 "우리는 비민주적인 언론위원회법을 반대하며 우리들의 힘을 하나로 묶어 이 악법이 철폐될 때까지 투쟁할 것을 결의한다"고 밝히고 있다.

한편 이러한 기자 단체의 출현뿐만 아니라 언론윤리위원회법 파동은 신문사 내에서 경영과 편집의 갈등이 표출되는 계기로서도 중요한 의의를 지닌다. 앞서 서술한 대로 윤리위원회 소집에 대한 서면 조사에서 4개사를 제외한 21개사의 발행인들이 찬성을 표시한 것에 대해 기자들이 집단적으로 이의를 제기함으로써 기자들과 경영진 사이의 갈등이 표출되었던 것이다.

대표적인 예가 <한국일보>이다. <한국일보> 및 같은 계열의 <코리아타임스>와 <서울경제신문> 기자들은 경영주가 위원회 소집에 찬성한 직후인 9월 2일 성명을 발표하여 "<한국일보> 발행인은 관제 윤리위원회 소집에 찬성한 의사 표시를 즉각 철회하라"고 요구하면서 "이러한 요구의 관철을 위하여 우리는 필요한 모든 행동을 서슴치 않을 것을 밝힌다"고 결의하였다. 한편 <조선일보> 기자들은 사주의 견해 표시가 있기 전인 8월 31일 편집국원 총회를 열고, 발행인에게 윤리위 소집을 반대할 것을 촉구하면서 그렇지 않을 경우 "우리는 단호히 파업을 단행하고 총퇴진도 불사한다"고 결의를 밝혔다(<신문평론> 1964. 10, 65~6쪽).

이처럼 경영진과 편집진의 갈등이 표출하게 되는 것은 신문이 기업화되어 가면서 나타나는 현상이다. 기업화와 함께 내부의 기능 분화가 이루어지기 시작한다. 이와 함께 경영 수지에 더욱 민감해지면서 언론의 내용이나 방향을 놓고 경영진과 편집진의 의견 대립 및 갈등이 나타나게 되는 것이 일반적이다. 한국의 언론들이 본격적으로 기업화되기 시작한 것은 1960년대 들어서면서 박정희 정권의 고도 성장 정책과 함께였다. 이러한 점에서 박정희 정권의 성장 정책이 본격적으로 펼쳐지기 전인 1964년에 경영진과 편집진의 갈등이 나타나기 시작했다는 점은 주목할 만하다.

2. 대학생의 언론 화형식

다음으로는 1960년대 말과 1970년대 초 대학생들에 의해 벌어졌던 언론 화형식에 대해 살펴보자. 박정희 정권기의 언론이 본래의 소명은 도외시한 채 기업적 성장에만 몰두하면서 굴절된 모습을 보여 주자 이에 대한 수용자들의 불만과 비판은 높아만 갔다. 이러한 과정에서 급기야는 1969년과 1971년 두 차례에 걸쳐 대학생들이 언론 화형식을 벌이는 사태까지 이르렀다.

1) 시대적 배경

앞서 살펴본 바와 같이 언론윤리위원회법 파동은 박정권 초기에 언론계가 사회 단체들의 지지와 참여를 등에 업고 언론 통제의 시도를 저지하였다는 점에서 중요한 의미를 지니기는 하지만 이를 계기로 해서 언론은 서서히 권력의 채찍과 당근에 굴복하기 시작하였다.

(1) 언론에 대한 통제와 탄압

법적, 제도적 장치뿐만 아니라 박정희 정권은 여러 가지 강압적 수단을 동원하여 언론을 탄압하였다. 먼저 대표적 야당지였던 <경향신문>은 1966년 강제로 경매 처분에 넘겼다. 1947년 창간된 <경향신문>은 세계적인 조직과 영향력을 가진 가톨릭을 배경으로 하고 있었기 때문에 정치권력의 압력으로부터 어느 정도 보호받을 수 있었다. 이러한 배경을 바탕으로 <경향신문>은 이승만 정권 이래 대표적인 야당지로서 정부 비판에 앞장서 왔다. 1963년 천주교 소유에서 이준구 개인 소유로 넘어간 이후에도 <경향신문>은 '3분 폭리 사건'을 폭로한 것을 비롯하여 한일 협상에 대해서도 비판적 보도를 하였으며, 언론윤리위법 반대에서도 앞장서는 등 정부에 대한 비판적 입장을 견지하였다(주동황 외, 1997, 93쪽).

이러한 <경향신문>에 대해 박정희 정권은 기사 내용을 문제 삼아 기자를 구속하는 등의 탄압 조치에 착수하였다. 1965년에는 <경향신문> 소속 언론인들이 간첩단 사건에 연루되는 일이 발생하자 이를 계기로 박정희 정권은 <경향신문>의 경영권을 장악하기 위한 조치를 취하기 시작하였다. 거래 은행에 압력을 가하여 융자금의 회수에 나서도록 하고 경향신문사 측의 대출금 상환 연장을 받아 주지 않도록 함으로써 마침내 1966년 경매로 넘어가게끔 만들었던 것이다. 경매에서 박정희 정권은 대리인을 내세워 낙찰받음으로써 <경향신문>의 소유권을 탈취하다시피 하였다(주동황 외, 1997, 93~6쪽). 이를 통해 박정권은 대표적 야당지 중의 하나를 처리할 수 있었던 것이다.

또 다른 야당지 가운데 하나였던 <조선일보>에 대해서는 박정희 정권은 코리아나 호텔을 건축하는 과정에서 여러 가지 특혜를 베풂으로써 포섭하였다. 코리아나 호텔의 건립 자금은 언론사에 대한 상업 차관으로서는 첫 번째 사례로서, 당시 국내 금리가 연 26% 정도였던 데 비해 연 7~8%의 파격적인 조건이었다. 조선일보사는 이 차관을 가지고 호텔을 건축한 것이며 건축 후에도 관광객이 예상 외로 적어서 매출에 차질을 빚게 되자 본점 신축을 계획 중이던 주택은행에 압력을 행사하여 본점 신축을 취소하고 호텔 건물에 입주케 하는 부당한 행위를 하기도 하였다(김해식, 1994, 119~20쪽). 이러한 특혜 조치를 통해 <조선일보>는 야당지로서의 간판을 내리고 권력의 영향권에 들어가고 만 것이다.

언론인에 대한 테러도 자행되었다. 1965년 8월에는 대학생들의 한일 회담 반대 데모를 취재하던 기자들이 경찰이나 군인들에 의해 테러를 당하는 사건이 빈발하였다. 그 해 9월에는 <동아일보> 편집국장 대리의 집 앞에서 폭파 사건이 일어났으며, 동아방송 제작 과장이 괴한에게 납치되어 폭행당하는 사건도 있었다. 1966년에도 <동아일보>의 기자들이 괴한에게 폭행을 당하는 사건이 일어났다(송건호, 1990, 153쪽). 이러한 언론인에 대한 테러는 가장 직접적이고도 폭력적인 탄압 방법이라고 할 수 있다.

언론윤리위법 파동을 전후한 1960년대 중반 이후로는 이른바 기관원이 편집국 내에 상주하면서 구체적 내용에 대해서까지 간섭하였다. 당시 야당이었던 신민당이 1967년 이 문제를 국회에서 쟁점화하려 했으나 언론들이 보여 준 반응은 정말 뜻밖이었다. 언론들은 오히려 야당의 문제 제기에 대해 '터무니없는 악선전'이라고 일축하는가 하면 어떤 신문은 '한국 언론에 대한 중대 모독'이라고 역공을 가하기도 했다(김해식, 1994, 124~5쪽). 이러한 웃지 못할 해프닝은 당시 언론들이 언론 자유에 대한 치명적 위협에도 불구하고 그 사안의 중대성을 제대로 인식하지 못하고 있었음을 말해 준다. 이런 가운데 이 기관원의 상주가 기정 사실화되면서 이들이 지면의 편집에 간섭함으로써 실제로는 사전 검열과도 같은 효과를 발휘하게 되었다.

(2) 언론 기업과 언론인에 대한 혜택
박정희 정권은 한편으로 언론에 대하여 여러 가지 수단을 동원하여 탄압하면서 다른 한편으로는 언론을 건전한 기업으로 육성한다는 방침하에 갖가지 경제적 혜택을 제공하였다.

표 2. 신문사에 대한 차관 지급

시기	사업명	신문사	도입선	금액($ 1000)	연리(%)
1968. 11.	코리아나 호텔 건설	조선일보	일본	4,000	6
1970. 4.	고속 윤전기 도입	동아일보	독일	1,060	3.5
1970. 7.	고속 윤전기 도입	서울신문	일본	592	6.5
1970. 12.	고속 윤전기 도입	경향신문	일본	605	6.5
1970. 12	고속 윤전기 도입	중앙일보	스위스	1,270	8.5

* 출처: 한국산업은행 <조사월보>, 1968. 12, 1970. 5, 1970. 8, 1971. 1; 김해식, 1994), 130쪽에서 재인용.

첫째로는 언론사의 운영 자금에 대한 재정적 지원이다. 이는 앞서 지적한 언론 정책 시행 기준에도 포함되었던 내용으로 시설 확장을 위한 융자, 운영 자금 융자, 금융 기관에 대한 채무 변제 기간의 완화, 신문 용지 수입 관세 인하 등을 내용으로 한다. 기업을 경영하는 입장에서는 이처럼 운영 자금을 융자해 주는 등의 조치가 대단한 특혜가 아닐 수 없다. 특히 이 기간 중 신문사들에 대해서는 외국 차관이 저리에 장기 등의 매우 유리한 조건으로 제공되었다. 이 차관이 고속 윤전기의 도입이나 사옥 증축, 호텔 건설 등에 사용되었다. 신문에 대한 차관 지급 현황과 그 사용처는 표 2와 같다. <조선일보>를 제외하고는 모두 고속 윤전기를 도입하는 데 사용하였으며, 이자율도 3.5~8.5% 정도로 당시로서는 파격적인 조건이었다.

둘째로는 언론의 다각 경영을 허용하고 지원하였다는 사실을 지적할 수 있다. 여기에는 다른 매체의 겸영을 허용, 지원한 경우와 다른 산업 부문에 진출하는 것을 허용하고 지원한 것이 포함된다. 먼저 전자의 경우를 보면 이 시기 대부분의 신문사들이 주간 신문이나 잡지, 월간지들을 창간, 발행했다. 특히, 한국일보사의 <주간한국>에서 비롯된 주간지는 각 신문사들이 뒤이어 경쟁적으로 창간하였다. <중앙일보>가 1968년 8월 <주간중앙>을 창간하였고 <조선일보>도 같은 해 10월 <주간조

표 3. 신문사의 인쇄 시설 증가 현황

신문사	1956			1970		
	고속 윤전기	윤전기	주조기	고속 윤전기	윤전기	주조기
경향신문		2	5	5	2	10
동아일보		2	4	6		11
서울신문	2		3	3	7	10
조선일보	1	1	4	4	1	8
한국일보		1	4	6	1	11
중앙일보				5	1	6

* 출처: ≪대한신문연감≫, 1956, 163쪽; 김해식, 1994, 130쪽에서 재인용.

선>을 창간하였다. 이들 주간 신문 외에 주간 잡지도 창간되었다. 1968년 <서울신문>이 <선데이서울>을 창간했으며 <경향신문>도 그 해 11월 <주간경향>을 창간했다(김민환, 1996, 476~7쪽).

주간지 외에 월간지도 줄을 이었다. 1964년 <동아일보>가 <신동아>를 복간한 것을 필두로 하여 1968년 3월에는 <중앙일보>가 <월간중앙>을 창간했다. 여성지도 <동아일보>가 <여성동아>를 복간(1967년 11월)한 것을 비롯하여 <중앙일보>가 <여성중앙>(1969년 11월)을 창간하였다. 한편 소년 신문의 겸영도 허용되어 <동아일보>가 <소년동아일보>(1964년 7월)를, 그리고 <조선일보>가 <소년조선일보>(1965년 2월)를 각기 창간했다(김민환, 1996, 477쪽).

이처럼 각 신문사들이 잡지 부문에 경쟁적으로 뛰어 들었던 것은 대부분 차관을 통해 고속 윤전기를 도입한 결과 과잉 인쇄 능력을 보유하게 되어 이를 해소하기 위한 방책의 하나였던 것으로 평가되고 있다. 당시 신문사들의 인쇄 시설 증가 상황을 정리한 것이 표 3이다.

표 3에서 알 수 있는 바와 같이 1956년에는 <서울신문>과 <조선일보>만이 고속 윤전기를 구비하고 있었지만 1970년에는 모든 중앙 일간 신문사들이 3~6대의 고속 윤전기를 갖추게 되었다. 이처럼 고속 윤전기를 도입함으로써 인쇄 능력은 몇 배로 늘어나게 되었지만, 발행 부수가

이에 맞추어 급격하게 늘어나지는 않는다. 그만큼 윤전기를 놀리는 시간이 늘어난다는 말이다. 이로 인한 감가상각을 메우기 위해 다른 인쇄 매체인 잡지를 경쟁적으로 창간하게 되었던 것이다. 잡지의 종류가 많아지고 상호 경쟁이 치열해지다 보니 선정성 경쟁으로 치닫게 되었던 것이다.

잡지뿐만 아니라 신문사들이 전파 매체를 소유, 경영하는 것도 허용되었다. 1963년 <동아일보>가 동아방송을 개국한 것을 비롯하여 <중앙일보>는 창간 첫해인 1965년 12월부터 동양라디오와 동양TV방송을 통합 운영하였다. 그리고 경매로 소유권이 넘어간 <경향신문>이 문화방송과 통합한 것도 여기에 해당된다.

이 시기 언론들은 언론 분야 이외의 유관 분야나 다른 업종에도 진출하였다. 예를 들면, 신문 기업이 제지업이나 광고업뿐만 아니라 호텔업, 문화 사업 등에까지도 진출하였다. 정부는 이를 금융 지원 등의 방법으로 지원하였다. 재벌 기업이 언론에 진출하여 이른바 재벌 언론이 출현하게 된 것도 바로 이 시기이다. 바로 삼성 재벌이 <중앙일보>와 동양방송을 소유 및 운영하게 된 것이 이에 해당한다. 이처럼 언론사들이 유관 분야나 다른 분야에 진출하여 경영을 다각화하는 것은 기업의 수입원을 다변화함으로써 적자나 도산의 부담을 덜어 주고 이윤을 극대화하기 위한 매우 유리한 조건을 갖추게 되는 것이다.

2) 대학생의 언론 규탄과 화형식

(1) 탈선 주간지 화형식

이처럼 박정희 정권의 통제와 회유에 의해 이른바 야당지들마저 굴복하고 기업적 성장에만 몰두하고 있는 언론의 모습에 대해 독자들의 불만은 높아만 갔다. 당시는 사회의 모든 부문에 대해서 강압적 정책이 펼쳐지고 있는 탓에 이러한 불만의 표출은 주로 대학생들에 의해서 이루어졌다.

먼저 표적이 되었던 것은 주간지를 중심으로 선정성의 경쟁을 벌이던 이른바 탈선 매스컴이었다. 앞서 논한 대로 각 언론사들이 차관을 통해 고속 윤전기를 도입하여 과잉 인쇄 능력이 발생하게 되자 이 간격을 메우기 위해 경쟁적으로 주간지와 월간지를 발간하기 시작했다. 잡지 시장에서 경쟁이 치열해지자 자연히 선정성 경쟁으로 흐르게 되었다. 대표적인 것이 <선데이서울>이었다. 오늘날까지도 선정적 언론의 대명사¹로 불리는 <선데이서울>은 1968년 9월 22일 창간되었다. 창간과 함께 <선데이서울>은 "대중의 구미에 맞는 '넘치는 멋'과 '풍부한 화제' 그리고 '감미로운' 내용을 담은" 대중 잡지라는 기치를 내걸었다. 창간호부터 선정적인 기사로 넘쳐나는 편집을 하였다. 세미 누드 화보와 함께 스트립 걸을 인터뷰한 '눈초리에 몸이 아파요,' '퇴근 뒤의 애정 관리' 등 당시로서는 낯 뜨거운 내용을 다뤄 창간호 6만 부가 발매 2시간 만에 매진되는 대성공을 거두었다.

<선데이서울>의 이 같은 성공으로 다른 언론사들도 유사한 대중 주간지를 앞 다투어 내기 시작했다. 1964년 <주간한국>을 창간해 신문사로서는 최초로 주간지 시장에 뛰어든 한국일보사는 1969년 <주간여성>을 창간했다. <주간여성>은 창간호에서 '감미로운 외도의 파국,' '10대 연재물 — 숙녀의 밀실 아베크 페이지,' '숙녀 전용 사우나 도크' 등 흥미 위주의 오락성 기사들에 많은 지면을 할애했다.

<주간여성>처럼 창간부터 <선데이서울>의 영향을 받은 잡지도 있지만, 애초 '점잖은' 주간지를 표방해 정치, 경제 문제를 주로 다루려 했던 <주간중앙>(1968년 8월 창간)과 <주간경향>(1968년 11월 창간) 등도 <선데이서울>의 영향권을 벗어날 수는 없었다. <선데이서울>처럼 집중적으로 다루지는 않았지만 이들 주간지 역시 상당량의 지면을 대중의

---

1. 이는 대표적 인터넷 언론의 하나인 <딴지일보>가 표방하기를 "본지의 유일한 경쟁지는 썬데이 서울. 기타 어떠한 매체와의 비교도 단호히 거부한다"고 선언(http://www.ddanzi. com/)하고 있다는 사실에서 단적으로 드러난다.

홍미를 끌 만한 '야한 기사'와 홍밋거리 기사들로 채워 나갔다.

<선데이서울>은 1975년 1월에 이르러 월 1억 원의 순수익을 올려 <서울신문>의 어려운 재정에 큰 도움이 되었으며, 1978년에는 발행 부수가 23만 부를 돌파하였다. <주간경향>도 창간 3주 만에 10만 부를 넘어서는 등 당시 주간지의 인기는 대단했다(<미디어 오늘> 1995. 12. 6; 주동황 외, 1997, 116~7쪽에서 재인용).

이와 같이 권력에 대한 감시와 견제라는 언론 본연의 기능은 도외시한 채 장사에만 몰두하고 있는 언론에 대해서 가장 먼저 반기를 든 것은 대학생 종교 단체였다. 서울대학교 문리대 내의 종교 서클인 기독학생회는 1969년 6월 10일 교내에서 집회를 열고 탈선 매스컴 화형식을 벌이고는 불매 운동을 벌일 것을 결의하였다. 이 소식을 서울대학교의 신문인 <대학신문> 1969년 6월 19일자는 다음과 같이 보도하고 있다.

탈선 매스콤 소각식이 지난 10일 문리대기독학생회 주최로 문리대 교정 4·19 기념탑 앞에서 있었다. 백여 명의 학생이 모인 가운데 탈선 매스콤 소각 선언문과 탈선 매스콤 규탄 및 불매를 위한 학생 시민 운동 취지문, 탈선 매스콤 규탄 및 불매를 위한 건의문이 각각 채택됐다.

선언문에서는 "새한 국가를 건설해야 할 우리 국민의 자유 의식, 윤리 의식의 망령화를 강력하게 책하며 우리 국민의 혈관 속에 맥맥히 흐르는 진정한 윤리 의식과 자유 의식을 일깨우는 바이요, '인간성의 실현과 그 해방'이라는 역사의 흐름에 효용하여 윤리와 자유 의식의 방종과 노예화에서 상실된 인간성을 회복하고자 이제 이 조국과 인류 문화를 좀먹는 '탈선 매스콤의 소산물'을 자유 의식의 결단으로 소각하는 것이다"로 비양심적인 언론군群들을 경각시키고 있다. 한편 건의문에서는 탈선 매스콤, 정부, 모든 국민, 사회 및 교육 단체에게 각각 건의 사항을 밝히고 있다.

"현대는 매스콤의 시대이다. 그러나 현대인의 건전한 사회 의식과 문화 의식의 긴밀한 매개체로서의 매스콤은 이미 그 본래의 사명의 망각화로 줄달음치고 있다"고 분개하는 대학 지성은 아직까지 건재하다고 하겠다.

위의 기사에서 알 수 있는 바와 같이 서울대학교 문리대 기독학생회 소속 학생들은 당시 언론들의 선정성 위주의 타락한 모습에 대해 분개하면서 이에 대한 화형식을 벌이고 불매 운동을 벌이기 위해 각계에 보내는 건의문을 채택하였던 것이다. 학생들은 각계 요로要路에 보내는 건의문을 위해 전국 학생들을 대상으로 서명을 받았다. 목표한 6000명의 서명이 끝나면 이를 바탕으로 정부에 대해 적절한 조치를 촉구하려 하였다(〈기자협회보〉, 1969. 6. 13). 한편 〈조선일보〉는 화형식 바로 다음날인 6월 11일자 사회면에 '탈선 매스콤 화형식, 서울대생 백여 명'이라는 제목의 1단 기사로 이 사실을 보도하였다. 그 전문은 다음과 같다.

10일 낮 12시쯤 서울대생 1백여 명이 문리대 4 · 19 기념탑 앞에서 에로 잡지, 불량 영화, 만화 등 탈선 매스콤 화형식을 갖고 불량 간행물 60여권을 불태웠다. 서울 문리대 기독학생회주최로 열린 화형식에서 이들은 요즘 범람하는 S지, J지, K지 등 주간물을 규탄하고, 취지문에서 '현대 문명을 좀먹는 방종한 섹스와 난폭한 리크리에이션은 매스콤을 통해 순진한 동심을 타락시키고 사회 윤리를 매몰시키고 있다'고 주장했다.

〈조선일보〉의 기사는 단신이지만 행사의 핵심을 잘 요약해서 보여주고 있다. 학생들의 규탄의 대상이 되었던 것은 주로 당시 인기를 누리던 주간지였으며, 그 지면을 메우던 섹스와 기타 난잡한 내용을 문제 삼고 있었던 것이다. 그리하여 학생들은 60여 종의 간행물을 실제 불태우는 의식을 거행했음을 알 수 있다. 이날 소각된 언론 매체, 이른바 '탈선 매스컴'에는 주간지로서는 〈선데이서울〉과 〈주간경향〉, 〈주간중앙〉, 〈주간여성〉이, 잡지로는 〈인기〉, 〈부부〉, 〈청춘〉, 〈명랑〉, 〈로맨스〉, 〈사랑〉이, 영화로는 〈벽 속의 여자〉와 〈내시〉 그리고 그 밖의 싸구려 에로 소설 몇 편이 포함되었다(〈기자협회보〉, 1969. 6. 13).

(2) 언론인의 타락에 대한 대학생의 규탄

학생들의 이러한 극단적인 행동에도 불구하고 언론은 별다른 변화가 없었다. 오히려 이즈음부터 정계의 핵심 쟁점이 되었던 3선 개헌을 둘러싸고 언론이 보여 준 보도 태도는 수용자들의 기대와는 너무나도 거리가 멀었다. 1969년 6월경부터 대학가에서는 3선 개헌 반대 시위가 전국적으로 파급되어 급기야 7월 3일에는 서울대학교에 휴교령이 내려지기까지 했다. 야당인 신민당을 중심으로 3선개헌반대범국민투쟁위원회를 구성하고 지방 유세를 벌이는 등 반대 운동을 활발하게 전개하였다(송건호, 1990, 165쪽).

하지만 언론들은 지면을 통하여 이러한 3선 개헌의 문제점을 지적하고 비판하기보다는 오히려 그 정당성을 강화해 주기 위한 보도에 열을 올렸다. 모든 신문들이 대동소이하게 캠페인성 기사로 지면을 채우다시피 했다. 각계 인사들을 동원하여 개헌을 찬양하고 지지하는 내용으로 넘쳐났다. 단지 <동아일보>만이 8월 8일자 사설에서 '헌법 개정과 우리의 견해'라는 제목으로 비교적 완곡한 표현으로 개헌 반대의 논리를 전개하였다.

이렇듯 언론이 왜곡된 모습을 보여 주자 언론에 대한 불신이 만연하기 시작하였다. 특히 대학생들의 언론에 대한 불신이 더욱 심했다. '사실을 왜곡'하거나 '사실을 묵살'한다는 것이 불신의 주된 내용들이었다. 기자들로서는 대학가의 집회나 시위를 취재하는 데에도 어려움을 겪을 정도였다. 학생들이 "취재해도 지면에 보이지 않는데" 무엇 때문에 취재하려 하느냐며 취재를 거부하기 일쑤였다고 한다(<기자협회보>, 1969. 6. 27). 이들은 집회나 성명서 발표 등의 형태로 언론에 대한 불신을 노골적으로 규탄하기 시작하였다. 1969년 7월에 고려대생들은 '언론인들에게 보내는 공개장'을 채택해 발표하였다. 그 주요 내용은 다음과 같다(<기자협회보>, 1969. 7. 11, 전문은 174쪽 참조).

（전략) 우리네 주위엔 다시 반민주적 반역의 풍조가 풍미하고 있는데 이러한 풍조를 통쾌하게 질타하던 언론은 그럼 어디로 가고 말았는가?

지사적 긍지와 용기로써 난국을 파헤치고 전진하던 옛날의 모습은 어디로

언론인들에게 보내는 공개장 (고려대 학생회)

1960년 4월

독재와 불의의 사슬을 끊고 정의의 불길을 터뜨리던 그날, 우리의 언론은 그 뜨거운 횃불을 휘두르며 그 얼마나 통쾌한 전사를 기록하였던가? 그날뿐 아니다.

돌이켜보면 근대화운동의 최선봉에 서서 보수에 대하여 혁신을, 사대에 대하여 자주를 부르짖으며 감행한 그 과감한 투쟁.

일본제국주의 침략에 도전, 항거한 그 가열한 구국투쟁.

지긋지긋한 일제의 탄압 아래서 인고의 쓰라림을 삼켜가며 벌인 현대화 투쟁, 그리고 독립 후도 보여준 그 용기있는 반독재, 민주수호 투쟁 등, 근자에 이르기까지 우리들 언론이 뿌려준 고귀한 피와 땀의 공적은 실로 눈물겹도록 대견스러울뿐 아니라 영원토록 찬연히 빛날 것이다.

그러나 오늘.

우리네 주위엔 다시 반민주적 반역의 풍조가 풍미하고 있는데 이러한 풍조를 통쾌하게 질타하던 언론은 그럼 어디로 가고 말았는가?

지사적 긍지와 용기로써 난국을 파헤치고 전진하던 옛날의 모습은 어디로 가고 왜 모두가 저 먼편의 불인양 관상만 하는 방관자로 주저앉고 말았는가? 심지어는 야차귀(夜叉鬼)의 시녀로 타락하지 않았는가?

왜 선정과 색정으로 넘쳐흐르는 보도 풍조만 판을 치고 있는가?

소비적이고 퇴폐적이며 소시민적인 인간을 만들어내기에만 왜 혈안이 되어 있는가?

반민주질서의 홍수속에서 썩어가는 민주 정의의 이상이 보이지 않는가?

언제부터 언론은 그렇게 백성의 권익에 등져서 지배계급에 아부하는 아첨배가 되고 말았는가? 아첨으로 배를 불리며 백성의 내일을 장사지내려는 상여꾼들이여, 가라. 한가하고 유복한 장사치 지배계급의 충실한 호위병들이여, 가라. 저 골고다의 계곡으로 사라져가라. 무기력한 필봉은 무기력한 백성을, 마취당한 필봉은 마취당한 백성을 만들뿐이 아니냐?

우리는 언론마저 좌절당하고 무력화해 버리고 또는 아첨해버리는 그런 오늘의 한국 현실을 통곡한다.

언제나 어둠을 밝히는 위대한 횃불이었던 언론인이여. 본디 그 반동적인 내적, 외적 압력을 의연히 박차고 일어서라, 궐기하라.

다시 이 병든 하늘에 불의 노호를 발화하라. 역사는 가장 위대한 너의 불꽃을 기다리고 있는 것이다.

조국은 국문(鞠問)이 두려워 역사를 그르치는 나약한 간신배보다는 죽음앞에서 당당히 「그래도 지구는 돈다」던 갈릴레이의 그 용감한 신념과 투지를 부르고 있는 것이다.

출처: <기자협회보> 제88호, 1969. 7. 11.

가고 왜 모두가 저 먼편의 불인양 관상만 하는 방관자로 주저앉고 말았는가? 심지어는 야차귀夜叉鬼의 시녀로 타락하지 않았는가?

왜 선정과 색정으로 넘쳐흐르는 보도 풍조만 판을 치고 있는가?

소비적이고 퇴폐적이며 소시민적인 인간을 만들어내기에만 왜 혈안이 되어 있는가?

반민주질서의 홍수속에서 썩어가는 민주 정의의 이상이 보이지 않는가?

언제부터 언론은 그렇게 백성의 권익에 등지서 지배계급에 아부하는 아첨배가 되고 말았는가? 아첨으로 배를 불리며 백성의 내일을 장사지내려는 상여꾼들이여, 가라. 한가하고 유복한 장사치 지배계급의 충실한 호위병들이여, 가라. 저 골고다의 계곡으로 사라져가라. 무기력한 필봉은 무기력한 백성을, 마취당한 필봉은 마취당한 백성을 만들뿐이 아니냐?

우리는 언론마저 좌절당하고 무력화해 버리고 또는 아첨해버리는 그런 오늘의 한국 현실을 통곡한다.

언제나 어둠을 밝히는 위해한 햇불이었던 언론인이여. 본디 그 반동적인 내적, 왜적 압력을 의연히 박차고 일어서라, 궐기하라.

다시 이 병든 하늘에 불의 노호를 발화하라. 역사는 가장 위대한 너의 불꽃을 기다리고 있는 것이다. (후략)

같은 시기 연세대생들도 언론을 질타하는 메시지를 채택해 공표하였다. '범연세 호헌투쟁위원회' 명의로 1969년 7월 2일 발표된 이 성명에서 연세대생들은 "오늘 우리는 실망과 좌절감에 빠져 있다. 이 나라 양심의 극한이며 지성의 심볼인 한국 언론이 맥없이 쓰러져가는 모습을 볼 때 한국 언론 반세기 역사에 오늘만큼이나 무력함이 더 컸던 때가 있었나 생각할 때 우린 더할 수 없는 괴로움과 절망의 나락에서 울부짖을 수밖에 없다"고 당시 언론에 대한 심한 불신감을 표현하였다(전문은 176쪽 참조). 이들은 한국 언론에 대해 "그 무기력과 나태를 박차고 일어나 이 민족, 이 나라를 살리는 '시일야방성대곡'으로 민주헌정수호투쟁에 과감히 참여하라! 우리의 외로운 투혼을 외롭게 하지 말아 달라는 것을 벅차오르는 기대와 뜨거운 열망으로 한국 언론계에 호소하고 싶다"고 강력한 투쟁에 대한 기대를 표명하였다(<편집인협회보>, 1969. 8. 5).

언론인에게 보내는 메시지

우리 모두 민주한국 건설에 노력하는 언론인들의 드높은 이상과 긍지를 외경하여 왔고, 조국이 어려운 난국에 처하여 왔을 때마다 한 줄기 외로운 빛을 우리는 언론에서 찾아왔던 것이다.

조국의 수호신인 언론. 민주주의의 기준이며 목표인 이 땅의 언론, 우리는 언론의 교시에서 삶의 의지를 굳혔고 조국의 앞날이 흔들릴 때 언론에서 투쟁을 배웠으며 사랑과 봉사의 자세를 배웠던 것이다.

한국 언론이야말로 한국 최근세상 민족의 저항의 의지를 살게게 했고 그 누구도 뒤따르지못할 저항의 금자탑을 우리의 역사 위에 기록하여 왔다. 항일독립투쟁에서 언론이 공헌한 그 예를 어찌 다 들겠으며 자유당 독재 시기에 언론이 투쟁한 그 역사적 업적을 우리는 어찌 한국 언론 수난사의 한 기록으로만 돌릴 수 있으랴!

그러나 오늘 우리는 실망과 좌절감에 빠져 있다. 이 나라 양심의 극한이며 지성의 심볼인 한국 언론이 맥없이 쓰러져가는 모습을 볼 때 한국 언론 반세기 역사에 오늘만큼이나 무력함이 더 컸던 때가 있었나 생각할 때 우린 더할 수 없는 괴로움과 절망의 나락에서 울부짖을 수밖에 없다

3선개헌, 이 문제는 대학과 지성인의 항의가 있기 이전에 이미 언론은 그 투쟁의 지표를 설정했어야만 할 시대적 사명을 지니고 있는 것이다.

또한 이러한 조국의 양심들의 불붙는 분노와 뜨거운 절규를 언론은 국민에게 전하여 주고 그들로 하여금 오늘의 이 현실을 인식하게 하는 촉매적 역할인 그 본원적 사명을 게을리해서는 안될 줄 안다.

오늘의 이 땅위에 조국과 민족을 구하겠다고 거리로 뛰쳐나가 외치는 우리들의 뜻을 절도사건, 소주값 등귀, 화장품 위조라는 기사 뒷면에서 단 1단기사로 취급되었다는 것은 한국 언론계의 치욕이며 권력의 시녀임을 자인하는 처사가 아니라!

우리는 잘 알고 있다. 왜 언론계가 「신문의 자주」를 언론주간의 표어로써 설정하게 되었는가를!

우리는 잘 알고 있다. 왜? 언론이 우리의 주장과 절규를 단 1단기사로 취급하고 심지어는 빼버리는가를! 그 풍토와 그 실정을 너무나 잘 이해할 수 있다.

그러나 언론의 주체성이 시대적 상황과 타협하고 정치권력의 압력에 굴할 때 우리는 누구를 믿어야 되며 누구를 지표로 삼아 이 외로운 투쟁을 벌여야 하는 것일까?

한국 언론이여!

그 무기력과 나태를 박차고 일어나 이 민족, 이 나라를 살리는 「시일야방성대곡」으로 민주헌정 수호투쟁에 과감히 참여하라! 우리의 외로운 투혼을 외롭게 하지 말아 달라는 것을 벅차오르는 기대와 뜨거운 열망으로 한국 언론계에 호소하고 싶다

1969년 7월 2일
범연세호헌투쟁위원회

출처: < 편집인협회보 > 제40호, 1969. 8. 5.

민주언론의 오도 없도록
— 언론인(발행, 편집, 취재인)들에게 —

시하 국사다난한 이때,

귀체 익왕하심 축원하오며 취백(就白) 우리가 지금 민주대한의 현재와 장래를 저어하는 나머지 박정희 대통령 주도하의 정권과 반민주적 추수자들이 무분별하게도 감히 정권 연장의 야욕을 성취하고자 분한(分限)에 넘치는 작당 소행인 소위 '개헌'을 억지 추진하는 것을 범국민의 힘으로 끝내 반대저지·분쇄 투쟁하고 있음은 이미 주지하는 바와 같습니다.

그 일에 있어 귀하들이 종사하시는 언론의 소재야말로 중차대한 역사적 단계에 처하여지고 있습니다.

귀하와 더불어 모든 언론인들의 현명에 굳이 군말씀을 드리지 않겠습니다마는 모름지기 우리는 과거 우리 겨레의 언론이 악독무비한 일제의 탄압에도 감투한 빛나는 일은 물론, 언론 본래의 사명에 입각하여 자유민주의 책임 아래 한 사람의 직분상 사계(邪計)의 침윤이나 압력 등이 개입되는 일도 잘 알고 있습니다. 그러나 그렇다고 해서 '불가피'라는 명사의 핑계로 모면한다든가 일개의 가진 직업인이라는 적당 처세라든가 또는 금품·이권 등 유혹에 진실을 왜곡하는 일이 있어서는 안될 것입니다.

바라옵건대 오로지 인간의 진(眞)의 안내자로서 양심대로 이 위난의 시국을 광정(匡正)하심에 민족정도 대열에 측(側)하여 취재, 편집, 발행 임무에 노력하여 주실 것을 믿사오며 그 어떠한 경우에라도 기휘(忌諱)를 꺼려 민주언론을 오도하는 유감이 없으실 것 또한 믿어마지 않습니다. 다 아시는 일입니다마는 우리의 3선개헌 반대투쟁을 이른바 여야적인 권력싸움이 아니라 국민주권을 수호하기 위한 독재의 타도 투쟁인 점을 강조합니다.

이 대열에 적극 참여하여 주시기를 바라올 때 만일 우리의 선량한 신뢰에 위배되거나 유린당하는 일이 있다면 그것은 필경 우리 겨레의 장래를 위하여 크게 유감된 후일의 기록이 되는 것임을 특히 유의하시기 바라오며 내내 귀하의 건투를 앙망하나이다.

1969년 8월
3선개헌 반대 범국민투위

출처: 김삼웅 (1984). 《민족·민주·민중 선언》. 서울: 일월서각, 88~9쪽.

신체 및 언론의 자유를 위한 선언

사람이 생래적으로 가지는 자유롭고 동등한 존엄성과 권리, 정치적 신념의 차이나 사회적 출신・지위 여하로 인한 차별을 받지 않을 권리, 생명・자유 및 처벌을 받지 않을 권리, 사람이 사람으로서 인정받을 권리는 천부불가양(讓)의 권리이다. 백번 당연한 이러한 민주주의 대원칙을 왜 다시 한번 주장하지 않으면 안되게 되었는가?

돌이켜보건대 지난 수년간 장기집권을 획책한 집권자들은 관권, 금권 및 온갖 폭력적 토대를 악용하여 민중에 대한 전반적 전제적 통제를 강화하여 왔다. 특히 3선개헌의 처리과정에 있어서 학생과 언론인 야당 당원 등에 대한 고문, 협박, 테러 등 비밀경찰에 의한 탄압은 일층 노골화되었다. 또한 비밀경찰의 검은 손은 민중 의지의 출구인 언론기관을 성공적으로 봉쇄하여 오늘날 한국의 언론기관은 빈사상태에서 헤매고 있으며 이윽고 권력기관의 종속물로 전락할 위기를 맞이하고 있다.
이제 권력장치에 무방비하게 노출된 민중은 공포정치, 폭력정치, 우민화정치에 짓눌려 서서히 거세되어 가고 있다. 참으로 신체와 언론의 자유없이 다른 어떠한 자유가 가능할 것인가?

우리는 한국에 있어서 인간의 기본적 제권리의 사멸을 통감하고 폭력에 의하여 질식하고 있는 인간 자유의 참상을 직시한다. 그리하여 오늘의 한국에 만연한 모든 비인간적 사이비 질서를 추방하고 자유민주적 제도를 질적으로 확충, 확립하기 위하여 인간의 승리와 인권의 신장과 자유의 구축을 위하여 우리는 신체의 자유를 재천명 선언한다.

◇ 결의사항
우리는 지금에 이르기까지 법대생 20여명이 중앙정보부에 상당한 기간 동안 불법 감금되어 비인도적인 처우를 받았던 사실을 중시하고
1. 국회는 조속히 그 진상을 조사, 관련자를 엄벌할 것은 물론, 신체와 언론의 자유에 대한 제도적인 보장을 확고히 할 것을 촉구한다.
2. 정부당국은 중앙정보부를 대공사찰에 전념케하여 폭력정권이라는 오명을 벗어라.

우리는 우리들의 이러한 주장을 관철시키기 위하여 모든 역량을 집결할 것이다.

1969년 11월 4일
서울대학교 법과대학 학생총회

출처: <기자협회보> 106호, 1969. 11. 21.

한편 9월 3일에는 연세대학교 총학생회가 언론인들에게 보내는 메시지를 채택해 "외부의 압력이나 제재로 인한 언론의 타락은 바로 민주주의의 죽음이므로 언론인들은 다시 한 번 냉정한 언론인의 양심과 지성과 용기를 찾아야 한다"고 호소했다(강준만, 2000, 435쪽).

1970년에 들어서는 두 개의 언론계 추문 사건이 터졌다. 그 하나는 전북 이리 지역의 중앙지 및 지방지 기자 20명이 공갈·사기·폭력 행위 등 처벌에 관한 법률 위반 혐의로 무더기로 실형을 선고 받은 사건이다. 이 사건은 그 해 6월 12일부터 25일 사이에 이리 및 익산 지역에 있는 중앙지와 지방지, 방송사의 기자 및 지사장, 지국장 28명이 공갈, 사기 등 각종 혐의로 구속되면서 발단되었다. 그 뒤 6명은 불구속 기소로 풀려났지만 나머지 22명은 구속 기소되어 그 중 20명에게 최고 3년에서 최하 6개월까지 실형이 선고된 사건이다. 실형을 받은 언론인 중에는 중앙지로는 〈대한일보〉와 〈한국일보〉, 〈조선일보〉, 〈신아일보〉, 〈중앙일보〉 등이 포함되었으며, 지방지는 전북과 대전 지역의 신문들이 다수 포함되었다(〈편집인협회보〉, 1970. 10. 23). 이처럼 언론인이 대거 구속되어 실형을 받은 일은 사상 유례를 찾아보기 힘든 사건이었다.

다른 하나는 그 해 9월 각 언론사 부장단의 외유와 관련된 추문 사건이다. 9월 23일 8개 중앙 일간지와 3개 통신사의 부장들 11명이 동남아 순방을 떠나면서 이와 관련해서 여러 가지 불미스러운 소문들이 끊이지 않았다고 한다. 1차적인 문제는 여행 경비였다. 정부 측에서 경비를 부담했다는 것이다. 그러나 이것만 가지고는 당시에도 새삼 크게 문제될 것이 없었다. 더 큰 문제는 이들 중 일부가 들어오면서 상당량의 녹용을 반입하여 말썽을 빚게 되었다는 것이다(〈기자협회보〉, 1970. 11. 6). 이 때문에 갖가지 불미스러운 소문들이 떠돌게 되면서 언론인에 대한 최소한의 신뢰마저 무너뜨리는 계기가 되고 말았다.

〈기자협회보〉는 논설란을 통해 이 사실을 언급하면서 "우리는 이들 언론계의 중견에 대해 존경심과 더불어 우리 언론의 장래에 대한 믿음

점잖은 언론인들이여 거칠게 저항하라

서울대학교 총학생회

1. 더럽다. 분하다. 슬퍼하기엔 그대들의 소행은 인간의 짓이 아니었다. 선배들에게 부끄럽지 않은가. 스스로 신문사의 문을 닫고 참회하라. 삼천만 민중 앞에 속죄하라. 무슨 글을 쓰겠다는 것이냐.

오늘날 당신들의 노예적 굴종상태가 당신들이 뒷구멍으로 항용 불어대던 그 외부압력 때문만이 아니었음을 알았다. 스스로 썩었음을 알았다. 한 가닥 언덕마저 허물어졌다. 남은 것은 민중뿐임을 절감한다.

추문을 접하고 우리는 귀를 의심했다. 그러나 그것은 사실이었다. 온 사회가 부정 부패로 시궁창처럼 썩은 속에서 언론인만이 깨끗한 손을 지닐 수 없지 않느냐고 넘겨버릴 도학군자가 있을지 모른다.

언론인도 사람인데 별 수 있겠느냐는 시정배의 갑각류 같은 소리를 할지 모른다. 그러나 그럴 수 없는 게 우리 사회가 아니냐, 와우 아파트의 참상을 보았던 우리 사회가 아니냐. 엊그제만 해도 천여명의 판자집 철거민들이 투석이라는 생존의 마지막 몸부림을 쳤던 이 사회가 아니냐. 그리고 그들의 한 가닥 기대를 걸머졌던 당신들이 아니냐. 한 사람의 인간이 사회로부터 받는 기대가 크면 클수록 그의 도덕성은 보다 고결해야 한다. 더구나 숱한 민족의 지사를 배출했던 위대한 전통의 언론계가 아닌가. 물론 시대의 변천에 따라 언론계의 구조도 바뀌지 않을 수 없고 그 사명도 새로이 정립돼야 함을 모르지 않는다. 그러나 지사는 못 되더라도 이 따위 짓을 하다니, 부정과 부패를 꾸짖고 밀수를 규탄하던 당신들이 아닌가. 손가락을 자르라.

이번 사건에 관련된 자들은 일부 간부 언론인들의 소행으로 국한시켜볼 수 없다. 구덩이가 썩은 것이다. 썩은 구덩이에 구더기가 꾄 것이다. 등쳐먹는 기자는 일부 지방에 국한된 줄 알았더니 나는 놈 여기 있었구나. 윗물부터 구린내가 풍겼구나. 믿는 나무에 곰팡이 슨다더니, 속아도 이렇게 속다니, 가라, 언론도 알맹이만 남고 껍데기는 가라.

2. 분노와 비통 속에서도 그러나 우리는 맑고 세찬 저항의 물결은 아닐지라도, 아직은 오염되지 않은 맑은 물이 어딘가에 괴어 있으리라 믿고, 차제에 언론계에 대해 참아왔던 불만을 토하면서 맹성과 분발을 촉구한다.

한마디로 당신들은 언제까지 선배들의 투쟁담만 되뇌고 이 노예적 굴종을 감수할 것인가. 언제까지 권력과 금력의 방조법의 굴레를 쓰고 있을 셈인가. 경영진의 압력과 공갈이 당신들이 오늘을 변명하게 할 수 있을까. 청중 수 15만이 데스크에서 5만으로 둔갑하는 것은 무슨 해괴한 굿거리인가. 언론 자유의 형해화란 술김에 떠들 것이 아니라 저항하라, 저항처럼 순수하고 고결한 생의 모습이 또 있는가.

자유는 주어지는 게 아니라, 쟁취해야 한다는 것을 당신들이 더 잘 알고 있지 아니한가. 당신들 뒤엔 삼천만 민중이 있고 반만년의 민족사가 있고 또 자유에의 세계사가 있지 아니한가.

또 하나, 오늘의 당신들은 단순한 방관자가 아니라 분명 작위범이다. 선정과 색정이 넘치는 불결한 지면을 거둬 치워라. 「선데이 서울」 하나면 족하다. 경영진이 못마땅하면 노동기본권을 발동하라.

또 한가지, 언론계를 발판으로 세속 출세를 탐하는 사이비 언론인들이여, 당장 펜대를 던져라. 권력이 그리우면 직접 정치판에 뛰어들라. 돈을 벌려는 자는 장사판에 들어가라. 기회주의자처럼 보기 싫은 것이 없다.

마지막으로 작년 3선개헌 반대 강연회에서 함석헌 선생이 하시던 말씀을 옮기면서 우리의 목쉰 외침을 끝맺는다.

"다른 신문은 뭐 그렇다고 합시다. 그런데 일제 때도 싸워왔던 ○일보, ×일보는 이게 무슨 꼴입니까. 그까짓 신문사쯤 여기 모인 우리들이 내일 당장 몰려가 때려 부술 수도 있읍니다."

(1970. 11.)

출처: 김삼웅 (1984). ≪민족 · 민주 · 민중 선언≫. 서울: 일월서각, 127∼9쪽.

과 희망을 걸어 왔다. 그렇던 우리의 기대는 이번 모某부장단의 케이스로 허물어지고 말았다. 우리가 이번 일에 대해 참을 길 없는 안타까움을 느끼는 이유가 여기에 있다"고 심각한 우려를 표명하면서 "우리는 이 순간에도 꼬리를 잇는 소문들이 한시라도 빨리 석연히 해명되고 가라앉아 우리 서로가 다시 신뢰하는 얼굴로 대하기를 진실로 기원해 마지 않는다"고 주장하였다(<기자협회보>, 1970. 11. 6). 그럼에도 불구하고 이 사건은 공개적으로 문제되지 않았으며 아무런 후속 조치도 이루어지지 않았다.

이 두 사건은 언론계 내의 치명적인 치부에 관한 문제이므로 각 언론은 쉬쉬하고 제대로 다루지 않았다. 그러나 이 사건이 추후 소문을 통해 알려지면서 언론의 위신은 그야말로 땅에 떨어지고 언론에 대한 불만을 넘어서 불신의 골은 더욱 깊어만 갔다. 오죽했으면 이리 지역에서 언론인들이 대거 구속되었을 때 담당 검사의 말에 따르면 "이리 지역의 주민들이 만세를 불렀"을 정도였다고 한다(<편집인협회보>, 1970. 12. 29).

이러한 맥락에서 이 시기 대학가의 시위에서는 언론이 단골로 질타와 규탄의 대상이 되곤 했다. 1970년 11월 서울대학교 총학생회는 이 사건을 전해 듣고는 언론을 맹렬하게 규탄하는 성명을 발표하였다. '점잖은 언론인들이여 거칠게 저항하라'는 제목의 성명에서 학생들은 "스스로 신문사의 문을 닫고 참회하라. 삼천만 민중 앞에 속죄하라. 무슨 글을 쓰겠다는 것이냐"고 질타하면서 "오늘날 당신들의 노예적 굴종 상태가 당신들이 뒷구멍으로 항용 불어대던 그 외부 압력 때문만이 아니었음을 알았다. 스스로 썩었음을 알았다. 한 가닥 언덕마저 허물어졌다"는 말로 언론에 대한 강한 불신을 토로하였다.

이어서 학생들은 "저항하라, 저항처럼 순수하고 고결한 생의 모습이 또 있는가. 자유는 주어지는 게 아니라, 쟁취해야 한다는 것을 당신들이 더 잘 알고 있지 아니한가. 당신들 뒤엔 삼천만 민중이 있고 반만년의 민족사가 있고 또 자유에의 세계사가 있지 아니한가"라고 하면서 저항을 촉구하였다. 또한 "언론계를 발판으로 세속 출세를 탐하는 사이비 언론인들이여,

당장 펜대를 던져라. 권력이 그리우면 직접 정치판에 뛰어들라. 돈을 벌려는 자는 장사판에 들어가라. 기회주의자처럼 보기 싫은 것이 없다"라고 하여 왜곡되고 굴절된 모습의 언론을 강도 높게 규탄하였다(김삼웅, 1984, 127~9쪽, 전문은 180~1쪽 참조).

(3) 서울대생의 언론 화형식

이러한 언론의 모습은 마침내 신문사 바로 앞에서 대학생들이 언론 화형식을 벌이는 사태로까지 이어졌다. 1971년 3월 24일 서울대학교 법대생 100여 명은 교내에서 언론인을 규탄하는 자유 성토 대회를 열고 이어서 법대 도서관 뒷마당에서 대학 신문, 일간 신문, 잡지 등을 소각하는 언론 화형식을 거행하였다(한국기독교교회협의회, 1987a, 187~8쪽).

학생들은 이에 그치지 않고 신문사 앞에서의 화형식을 시도하였다. 서울대학교 문리대, 법대, 상대의 학생회장단 10여 명은 3월 26일 오후 3시 동아일보사 앞 세종로 지하도 입구에서 언론을 규탄하는 집회를 열어 언론 규탄준비위원회 명의의 성명서를 낭독하고 화형식을 거행하려고 시도하였다. 그러나 긴급 출동한 경찰들에 의해 집회는 10분여 만에 무산되고 말았다. 이들이 작성한 성명서를 보면 당시 언론에 대한 학생 집단의 불만이 어느 정도였는지를 잘 확인할 수 있다. 이들이 준비한 '언론 화형 선언문'이라는 제목의 성명서 내용은 다음과 같다(한국기독교교회협의회, 1987a, 186~7쪽).

> 오늘의 언론은 민중의 지표를 설정하는 지도적 기능커녕 사실마저 보도하지 않아 보도적 기능까지 몰각해 가고 있다. 와우아파트, 정인숙 여인 사건 당시 언론은 무엇을 얼마만큼이나 파헤치고 진실되게 보도했던가? 일부 극소수의 반민주, 반민족 행위자들에 대한 사회 고발은 물론 수많은 영세민들의 생활 참상 한번 진실되게 보도했던가?
>
> 대학마저 군부에 예속시키고 병영화하며 온 국가를 침묵과 암흑의 세계로 바꾸려는데 조상님 신주모시듯 하는 부·차장들, 그들은 외면에 그치는 것이 아니라 민주주의를 암장시키고 있다.
>
> 이제 권력의 주구, 금력의 시녀가 되어 버린 너 언론을 슬퍼하며, 조국에 반

역하고 민족의 부름에 거역한 너 언론을 민족에 대한 반역, 조국에 대한 배신자로 규정하여 반세기의 찬연한 전통에 한을 남긴 채 전 민중의 이름으로 화형에 처하려 한다.

1971년 3월 26일
언론규탄준비위원회

사회의 부정 부패에 대해 제대로 파헤치고 감시하는 기능을 못 하고 있는 언론을 신랄히 규탄하면서 '권력의 주구,' '금력의 시녀'라고 강도 높게 비난하고 있다. 위의 내용에서 '대학마저 군부에 예속시키고 병영화'한다는 것은 1970년 11월 문교부가 고등학교 이상 각급 학교에 군사 훈련을 실시키로 결정(이만렬, 1985, 334쪽)한 데 대해 1971년도부터 대학에서는 반대 시위가 잇따랐음에도 불구하고 언론은 이에 전혀 관심을 기울이지 않은 것에 대한 불만이다. 이날 서울대학교 문리대 학생회는 '언론인에게 고한다'라는 제목의 다음과 같은 성명서를 발표하였다(한국기독교교회협의회, 1987a, 187쪽).

언론은 공정해야 하며 어느 특정인을 위해 편파적이어서는 안된다. 그런데 오늘날 신문은 언론인이 내는 신문인가, 상인이 내는 신문인가?

역사와 전통을 자랑하는 신문들도 국가 병영화의 일익을 담당하고 국민을 소시민화하며 비정치화하는 데 일조하고 있다. 역사의 주체는 정권을 담당한 소수 정치인이 아니라 국민 대중이다. 언론은 3천만 민중의 준엄한 심판을 받아야 할 것이다.

경영주의 무책임한 상업주의와 무사안일주의가 민중을 에로 문화의 구렁텅이로 몰아넣고 있다. 언론의 횡포가 얼마나 민중의 가슴을 멍들게 했는가! 붓을 휘두르는 깡패들이여! 앞으로도 민중의 소리를 외면하고 권력과 금력에 아부하면 역사의 단두대가 그대들을 기다릴 것이다.

언론인들이여! 기자들이여! 궐기하라!

1971년 3월 26일
서울대학교 문리과대 학생총회

언론인에게 보내는 경고장

우리는 더 이상 좌시할 수 없어 이 쓰러져가는 민주의 파수대 앞에 모였다.

나오라! 사이비 언론인들이여! 이 민주의 광장으로 나와 국민과 선배에게 속죄하라.

선배 투사의 한서린 해골 위에 눌러앉아 대중을 우민화하고 오도하여 얻은 그 허울좋은 댓가로 안일과 축재를 일삼는 자들이여!

나오라 사이비 언론 뒤에 도사린 너 정보원이라는 이름의 제5적, 나오라 민주정신의 혈맥을 빨아먹는 흡혈귀여!

안타깝다. 그 자리 그 건물이건만 민주투사는 간 곳 없고 잡귀만 들끓는가, 사자의 위용은 어디가고 도적 앞에 꼬리 흔드는 강아지 꼴이 되었는가. 이것이 일컬어 제7적이던가.

정치문제는 폭력이 무서워 못 쓰고 사회문제는 돈 먹었으니 눈감아 주고 문화기사는 판매부수 때문에 저질로 치닫는다면 더 이상 무엇을 쓰겠다는 것인가. 결코 대중을 선동하라는 것이 아니다. 적어도 현실의 반영만은 올바르게 해주어야 하지 않겠는가.

대중은 귀 먹고 눈 멀어 가고 있다. 교련 거부가 단순한 학내문제가 아니요 엄연한 국민적 관심사임에도 불구하고 일언반구 없이 외면함에 이르러 우리는 언론 부재의 극한을 보는 느낌이다. 신문이 신문을 위해 있는 것이 아니요, 대중을 위해 있는 것일진대, 폭력이 무섭다고, 돈맛이 좋다고 그렇게 나자빠져 버리면 그만인가.

듣건대 일선 기자의 고생스런 취재는 겁먹고 배부른 부차장 선에서 짤리기 일쑤요, 힘들게 부차장 손을 벗어나면 편집국장 옆에서 중앙정보부원이 지면을 난도질하고 있다니 이것이 무슨 해괴한 국거리인가.

통탄할 언론의 무기력과 타락은 이미 한계를 넘어서고 있다. 객관적인 상황의 요구가 그렇기 때문이 아니라 언론의 주체적 상황을 볼 때 더욱 그렇다.

스스로 움츠리고 스스로 썩고 있는 것이다. 홍두깨 맞은 놈 젓가락만 보고도 도망하는 꼴 아닌가. 엄밀한 의미에서 강간이란 있을 수 없다는 말이 옳았다.

「동아」야 너는 보는가. 하늘 무서운 줄 모르고 올라만 가는 「조선」의 저 추한 껍데기를 너마저 저처럼 전락하려는가. 「동아」야 너도 알맹이는 사라지고 껍데기만 남았는가.

우리는 신문경영자가 이미 정상배로 전락했음을 단정하고 또한 신문을 출세의 발판으로 이용하려는 가짜들이 적지 않음을 알고 있다. 여기서 우리는 한가닥 양심을 지니고 고민하고 있는 언론인이 어딘가에 있으리라 믿으며 그들께 호소한다.

신문은 이미 인적으로 일체성을 상실하고 있으며 거기에는 엄연한 대립관계가 존재함을 직시하고 과감히 편집권 독립투쟁에 나서라. 그것은 결코 반항도 아니요, 자신의 존재 이유의 확인에 불과한 것이 아닌가.

아직은 기억할 것이다. 신문과 학생의 공동투쟁이 안겨 주었던 저 4월의 벅찬 환희를, 완전범죄란 없는 법, 용기를 잃지말고 일어서자. 이제 이 봄이 헛되이 지나가 버리면 영영 봄을 잃을지도 모른다. 4월의 공동투사여, 다시 손잡고 일어나 투쟁하자, 그 날이 오기까지.

결의문

一. 우리는 불굴의 의지로 투쟁할 것이며 언론도 공동의 투사로서 나설 것을 재삼 촉구한다.
一. 우리는 모든 언론인이 편집권 독립을 위해 '노조'를 결성할 것을 촉구한다.
一. 우리는 당면한 선거에 있어서 부정불법을 필지(必至)로 예상하는 바 언론이 이를 방관한다면 공범자의 단죄를 불면할 것이다.
一. 이같은 우리의 주장이 외면 당하는 경우 우리는 불매 운동을 비롯한 그 이상의 극한적 방법도 불사할 것이다.

1971년 3월 25일
언론규탄대회 준비위원회

출처: 김삼웅 (1984). ≪민족 · 민주 · 민중 선언≫. 서울: 일월서각, 135~7쪽.

상업성에만 매몰되어 있는 언론을 준엄하게 비판하면서 '역사의 단두대가 그대들을 기다릴 것'이라는 극단적인 표현까지 사용하면서 궐기할 것을 요구하고 있다. 이어서 학생들은 다음과 같은 결의문도 발표하였다 (한국기독교교회협의회, 1987a, 187~8쪽, 전문은 185~6쪽 참조).

(언론의 각성을 촉구하는) 결의문

1. 우리는 불굴의 의지로 투쟁할 것이며 언론도 공동의 투사로서 나설 것을 재삼 촉구한다.
1. 우리는 모든 언론인이 편집권 독립을 위해 노조를 결성할 것을 촉구한다.
1. 우리는 당면한 선거에서 부정 불법을 필지로 예상하는 바, 언론이 이를 방관하면 공범자의 단죄를 불면한 것이다.
1. 언론은 권력으로부터 독립하라. 특히 자주적인 편집을 방해하는 중앙정보부원을 신문사에서 축출하라.
1. 이 같은 우리의 주장이 외면당하는 경우 우리는 불매 운동을 비롯한 그 이상의 극한적 방법도 불사할 것이다.

언론인들로 하여금 현실에 안주하지 말고 박차고 일어나 투쟁할 것을 강력히 권고하면서 그렇지 않을 경우 불매 운동 등의 강력한 수단을 동원하겠다는 결의를 밝히고 있다.

3) 대학생의 언론 규탄과 화형식의 역사적 의의

박정희 정권의 철권 통치하에서 대학생들에 의해 이루어진 언론 규탄과 화형식은 언론계에 커다란 충격을 던져 주었다. 젊은 세대를 대표하는 대학생들에 의해 바로 언론사 문 앞에서 화형식이라는 극단적 형태의 행동이 이루어지자 언론인들에게 적지 않은 충격과 자괴감을 심어 주었던 것이다. 1969년경부터 언론에 대한 불신이 노골화되자 언론계는 이를 그대로 방치할 수 없다는 위기감이 팽배하기 시작하였다. 그리하여 편집인협회는 산하의 보도자유위원회로 하여금 이러한 비판의 소리들에 관해 자료를 수집하고 검토, 연구하도록 결의하기도 하였다(<기자협회보>, 1969. 7. 11). 1971년의 언론 화형식 직후에도 편협의 보도자유위원회는 긴급 회의를 열고 선언문 내용을 검토하여 대응책을 모색하려 시도하였다(<편집인협회보>, 1971. 4. 5).

언론 화형식이 현장의 언론인들에게 던져 준 충격은 대단한 것이었다. <기자협회보> 1971년 4월 2일자는 '이제 언론이 답변할 차례다'라는 제목으로 언론 화형식을 접한 신참 기자의 소회를 게재하였다. 이 글에서 당시 <동아일보> 수습 기자이던 강정문姜正文은 "3월 26일의 언론 규탄은 '일부 학생의 소리'로 흘려버릴 수 없는 심각한 문제의 표출로 봐야 한다"면서 "다음은 언론의 답변이 있어야 할 차례다"라는 견해를 피력하였다. 또한 그는 "'언론 규탄'에 1단을 할애할 줄 안 동아의 한 조각 양심은 다시 한 번 구체적 반증을 제시함으로써 떳떳하게 이 '화형 선고'에 항소할 수 있을 것이라 기대해 본다. 이 치욕이 도매금 '화형 선고'가 확정되기 전에, 그리고 늦기 전에"라고 덧붙였다.

이 신참 기자의 기대대로 언론은 답변을 하였다. 바로 기자들의 언론 자유 수호 선언이 나오게 된 것이다. 언론 화형식이 시도된 얼마 뒤인 그해 4월 15일 <동아일보>의 일부 기자들이 '언론 자유 수호 선언'을 한 것을 기화로 바로 뒤이어 4월 16일에는 <한국일보> 기자들이 참여하였으며 4월 17일에는 <조선일보>와 <대한일보>, <중앙일보> 기자들도 언론 자유 선언 대열에 참여하였다.

이처럼 대학생들의 언론에 대한 규탄과 화형식은 1970년대 초반 언론인들의 언론 자유 수호 운동을 촉발하는 직접적 계기가 되었다는 점에서 역사적으로 매우 중요한 의의를 지닌다고 할 수 있다.

3. <동아일보> 격려 광고 운동

1) 시대적 배경

1960년대 후반과 1970년대 초반 대학생들이 벌였던 언론 화형식은 일선 기자들에게는 직접적이고도 치명적인 자극이 되어 1970년대 초반 기자들의 언론 자유 수호 운동이 펼쳐지는 중요한 계기가 되었다. 가장 먼저 <동아일보> 기자들이 1971년 4월 15일 '언론 자유 수호 선언'을 발표하였다. <동아일보> 기자들은 이 선언에서 앞으로 기자적 양심에 따라 진실을 진실대로 자유롭게 보도할 것을 천명하면서 당국의 압력을 배격하고 기관원의 상주 내지는 출입을 거부한다고 선언하였다.

이 선언은 다른 언론사 기자들에게도 직접적인 자극이 되었다. 4월 16일에는 <한국일보> 기자들이, 4월 17일에는 <조선일보>와 <대한일보>, <중앙일보>, 동양방송 기자들이, 19일에는 <경향신문>과 문화방송, <신아일보>가 선언에 동참하였다. 그 후로도 <현대경제>, <일요신문>(4월 20일), 합동통신(4월 21일), <산업경제>(4월 23일), 동화통신(4월 26일)의 기자들이 뒤를 이었다.

이렇듯 서울의 모든 신문사와 방송사, 통신사 기자들이 연이어 언론 자유 수호를 선언하였으며 일부 지방의 신문들도 참여하였다. 편집인협회도 기자들의 이러한 움직임에 호응하였다. 5월 11일에는 편집인협회와 기자협회 회장단이 중앙정보부를 방문하여 기자들의 입장을 전달하고 협조를 구하였다(<편집인협회보>, 1971. 5. 18).

5월 15일에는 기자협회가 언론 자유 수호 행동 강령을 채택하였다. 이 행동 강령은 "우리는 언론의 자유가 언론인 스스로의 피나는 투쟁에 의해서 확보되어야 한다는 것을 진리로 알고 있다"고 전제하면서 5개 항목을 행동으로 표시할 것을 선언했다. 그 5개 항이란 신문 윤리 강령 및 기자협회 강령의 준수, 진실을 진실대로 기사화할 것, 관계 기관의 불법

부당한 임의 동행 형식의 연행 거부, 기사가 게재되지 않았을 때에는 편집인과 그 타당성 여부를 논의, 정보 기관원의 상주나 출입 포기 등이 포함되었다(<기자협회보>, 1971. 5. 21).

그러나 이때의 언론 자유 수호 운동은 오래 지속되지 못했다. 그 해 10월의 위수령 발동과 12월의 국가 비상 사태 선언, 그리고 1972년의 계엄령 및 10월 유신 선포 등 초강압적인 정책이 연이어 펼쳐지면서 위축되고 말았다. 그러자 대학생들이 또다시 언론인의 각성을 촉구하고 나섰다. 대학가의 시위 현장에서는 언론이 거의 빠짐없이 규탄의 대상으로 등장하곤 했다.

그리하여 1973년 10월에는 <경향신문>부터 언론의 본분을 다할 것을 선언하기 시작하였다. 이때에도 <경향신문>을 기점으로 해서 각 언론사 기자들이 뒤를 이어 같은 취지의 언론 자유 수호 선언문을 채택하였다. 이때의 기자 운동을 1971년의 그것과 구분하여 제2차 언론 자유 실천 운동이라 하기도 한다.

이러한 기자들의 투쟁에 대해 한국신문편집인협회는 1973년 12월 5일 회장단 회의를 열고 기자들의 언론 자유 수호 선언을 지지하며 정부에 대해서 종래와 같은 무모한 언론 통제를 지양하고 자율에 맡길 것을 요구하는 결의문을 채택하였다. 그러나 이러한 움직임에 대해 정부는 언론의 자율 규제의 한계를 설정, ① 10월 유신 이념 및 체제의 부정이나 도전, ② 국가 안보 및 외교상의 위협을 초래하는 것, ③ 사회 불안 조성 및 안정 기반을 와해하는 것 등의 3대 기준을 벗어날 경우는 규제할 방침임을 분명히 하였다. 종래의 강압적인 통제 기조를 그대로 유지할 것임을 다시 확인한 것이다(김동민, 1990, 86~100쪽).

이렇게 시작된 기자들의 제2차 언론 자유 실천 운동은 1974년에 들어서면서 보다 근본적이고 효율적인 투쟁을 위해 언론 노조 설립 운동까지 나아갔다. 3월에는 <동아일보>가 먼저 노조 설립을 시도하였으며, 그 해 말인 12월 10일에는 <한국일보>가 노조 결성을 시도하였다.

    <동아일보>가 노조 설립까지 나아가게 된 직접적인 계기는 회사
측의 부당 인사에 대응하기 위해서였다. 전해까지 진행되었던 언론 자유
수호 선언에 앞장섰던 기자 몇몇이 1974년 2월 일반직으로 발령이 나자
기자들은 이 처사에 크게 격분하여 노조의 필요성이 대두되면서 구체화되
었던 것이다. 그리하여 1974년 3월 6일 <동아일보>가 전국출판노조 산
하로 노조 창립 총회를 열고 7일에는 노조 설립 신고까지 마쳤다.

    이에 대해 회사는 즉각 탄압에 나섰다. 바로 다음 날인 3월 8일 '동아
일보사의 명예를 훼손시켰다'는 이유로 노조 간부 전원을 포함하여 13명
을 해임 조치하였다. 노조는 이에 3월 9일 부당해임대책위원회를 구성하
여 '노조의 정당성을 인정할 것'과 '부당 해임을 즉각 철회할 것'을 요구하
였다. 그러나 회사는 노조를 인정할 수 없다는 방침을 굳히면서 부당해임
대책위원 13명을 포함하여 22명을 징계 처분(6명 해임, 6명 무기 정직, 10명 4개월
감봉)하였다.

    이어 4월 5일에는 서울시가 노조 설립 신고서를 반려하였다. 이유는
"노조의 임원 전원이 현재 동아일보사에 재직하지 않고 있다"는 것이었다.
노조는 이에 대해 법적 투쟁에 들어갔다. 한편 회사는 4월 13일 노조와 관
련하여 해임, 징계된 35명 전원을 사면 복직시켰다. 대신 단서로 앞으로
노조 명의의 일체의 언동이나 유인물 배포, 집회를 엄금한다고 공포하였다.

    <동아일보>의 이러한 노조 활동은 바로 그 해 하반기 언론 자유
실천 운동의 밑거름이 되었다. 10월 23일 서울대학교 농대생들의 데모 관
련 기사를 문제 삼아 간부들이 정보 기관에 연행되어 조사를 받는 사건이
벌어지자 기자들 150여 명은 편집국에 모여 농성하며 대책을 논의하였다.
바로 그 다음 날인 10월 24일 오전에 180여 명의 기자들이 모여 '자유 언
론 실천 선언'을 발표하였다(김동민, 1990, 92~101쪽). 선언을 통해 기자들은
다음과 같은 내용의 결의를 밝혔다(<기자협회보>, 1974. 3. 25).

─. 신문, 방송, 잡지에 대한 어떠한 외부 간섭도 우리의 일치된 단결로 강력히 배제한다.

─. 기관원의 출입을 엄격히 거부한다.

─. 언론인의 불법 연행을 일체 거부한다. 만약 어떠한 명목으로라도 불법 연행이 자행되는 경우 그가 귀사할 때까지 퇴근하지 않기로 한다.

1971년의 언론 자유 수호 선언과 거의 같은 내용의 결의문이다. 다만 불법 연행에 대처 방법이 보다 구체적으로 제시되고 있다는 점만이 눈에 띈다. 한편 <한국일보>도 10월 22일과 23일 편집국 간부들이 정보 기관의 소환을 받고 출두하여 '월남 사태'에 관한 기사 내용에 대해 조사 받고 23일 밤 귀사하였다. 기자들은 이 내용을 기사화하였으나 간부들의 만류로 지면에 실리지 못했다. 이에 기자들은 10월 25일 새벽 민주 언론 사수를 선언하는 내용의 결의문을 채택하였다.

<동아일보>와 <한국일보> 기자들의 이 선언이 계기가 되어 다시 다른 언론사로 파급되어 갔다. 전국 30여 개 언론사 기자들이 언론 자유 수호를 결의하게 되었다. 이들의 결의는 사실 보도, 기관원 출입 금지, 언론인 연행 거부 등 거의 동일한 내용이었다. 기자협회도 25일 기자들의 언론 자유 수호 선언을 지지하는 성명서를 발표하고 26일에는 상설 기구로 '언론자유수호특별위원회'를 설치하였다(<기자협회보>, 1974. 10. 30). 각 언론사들도 선언을 실천에 옮기기 위해 특별위원회를 설치하였다.

그러나 선언 이후에도 언론의 보도 경향은 별로 달라지지 않았다. 단지 학생들의 데모와 종교계 움직임에 대한 보도가 조금씩 이루어지기 시작하는 정도였다. 이에 <동아일보> 기자들은 제작 거부에 들어가 11월 12일자 신문이 휴간되는 진통을 겪기도 하였다(<기자협회보>, 1974. 11. 15). 기자들의 이러한 움직임에 대해 회사 측은 편집권 침해라고 반발하며 기자들의 언론 자유 수호 선언이 편집권 논쟁으로 비화되기까지 하였다.

이러한 맥락에서 기자들의 언론 자유 실천 운동을 탄압하기 위한 새로운 수단으로 광고 탄압 방법까지 동원되기 시작하였다. 이로 인하여 이른바 <동아일보> 광고 사태가 빚어지게 되었으며, 이것이 바로 <동아일보> 격려 광고 운동이 태동하게 된 직접적인 배경이 되었다.

2) <동아일보> 격려 광고 운동의 전개

(1) <동아일보>에 대한 광고 탄압

박정희 정권은 자유 언론 수호 운동의 선도적 역할을 하던 <동아일보>에 대해 광고 탄압을 시도하였다. <동아일보>에 광고를 실었거나 싣기로 계약이 되어 있던 광고주들에 압력을 행사하여 광고를 하지 않도록 하는 새로운 탄압책을 강구하였다. 당시 무소불위의 권력을 행사하던 정권의 압력에 기업들로서는 <동아일보>에 광고하기로 했던 계약을 파기하는 외에 달리 어찌할 도리가 없었다. 그리하여 <동아일보> 광고주들이 무더기로 광고를 해약하는 사태가 야기되었다.

이는 광고 수입에 의존하는 신문 기업의 특성을 악용한 고도의 언론 통제 방법이라 할 수 있겠다. 1970년대에 들어서 신문사는 급성장을 거듭하고 있었고, 거대 자본으로 부상하고 있었다. 광고 시장도 급격히 성장하여 신문사의 총 매출에서 광고 수입이 차지하는 비중이 50%를 넘어섰다. <동아일보>의 경우 1971년부터 판매 수입과 광고 수입이 45 대 55의 비율로 광고 수입이 판매 수입을 앞지르기 시작했다(주동황 외, 1997, 153~4쪽). 이처럼 광고에의 의존이 커지자 광고 수입을 차단하면 신문사의 생존이 위협을 받게 되므로 권력의 압력에 굴복할 수밖에 없으리라는 계산이 밑바탕에 깔려 있었던 것이다.

1974년 12월 16일 한일약품의 광고부장이 동아일보사에 들러 광고 동판을 가져간 것을 시초로 해서 20일에는 제호 아래 광고를 장기 계약하여 싣고 있던 대한생명보험을 비롯하여 여러 회사들이 광고 계약을 취소한다고 전화로 통보하였다. 24일에는 럭키그룹 등 7개 대형 광고주들이 예고 없이 일제히 광고 계약을 철회하였다. 동아방송의 경우도 12월 25일까지 주요 광고주 13개사가 광고 철회 의사를 통보하였다(동아자유언론수호투쟁위원회, 2000, 31쪽). 1975년 1월 25일까지 98%의 광고주가 해약을 함으로써 <동아일보>는 경영에 심대한 타격을 받게 되었다. 동아방송의 경우도 건수로는 88.7%, 금액으로는 91.7%의 광고주가 떨어져 나갔다(김해식, 1994, 150쪽).

광고주에 대한 압력은 박정희로부터 "<동아일보>를 혼내주라"는 지시를 받은 중앙정보부에 의해 이루어진 것이다. 당시 <동아일보> 광고국장 김인호는 광고주 기업들과의 면담에서 광고 탄압이 중앙정보부에 의해 저질러지고 있다는 사실을 확인했다고 한다. "<동아일보>에 광고를 내온 대광고주로는 대기업 및 일반 기업, 극장, 출판사 등이 있었다. 이들 회사의 사장과 광고 담당 간부들은 중앙정보부에 불려가서 왜 <동아일보>에만 광고를 내느냐, 앞으로 동아일보에 계속 광고를 내면 곤란하다"는 내용의 협박을 받았다는 것이다. 그리하여 1974년 연말이 되면 대광고주들의 거래는 완전히 중단되었다(임동욱, 2002, 37쪽). 이러한 광고 탄압으로 말미암아 <동아일보>는 1974년 12월 26일자에 백지 광고가 나올 수밖에 없는 지경이 되었다.

(2) <동아일보> 격려 광고 운동의 전개

① <동아일보> 격려 광고 운동의 발단
정치 권력의 광고 탄압으로 <동아일보>가 백지 광고를 내면서 신문사 생존을 위협받는 지경에 이르자 가장 먼저 가톨릭계가 나섰다. 천주교정의구현전국사제단은 백지 광고가 나간 바로 다음날인 1974년 12월 27일 성명을 발표하여 당국의 언론 탄압을 규탄하면서 다음과 같은 내용의 결의를 밝혔다(한국기독교교회협의회, 1987b, 554~5쪽, 전문은 195쪽 참조).

가) 자유언론의 창달에 역행하는 신문 또는 방송에 대하여 우리는 그 구독과 청취를 기피하거나 나아가서는 거부할 것이다.

(동아 광고 탄압 관련) 성명서 (1974. 12. 27)

우리는 최근 언론에 대한 당국과, 또는 경영주에 대한 당국의 압력이 한국의 자유언론에 대한 중대한 위협임을 지적, 이를 규탄하면서 다음과 같이 우리의 견해를 밝히는 바이다.

1. 자유언론의 요체는 기자의 자율성과 취재 및 보도의 자유에 있다. 기자들의 자유언론실천을 위한 전제조건으로서의 기자들의 노조결성과 그에의 가입은 당국과 그에 얽매인 경영주로부터의 부당한 압력을 물리치고 기자들의 권익옹호를 보장받기 위한 노력의 일환이다. 이에 대하여 당국과 그에 사주받은 경영주는 이들 노조 중심 간부들에게 보복적인 인사조치를 취하고, 심지어 해임조치까지 서슴지 않음은 자유언론의 기초인 기자의 신분보장을 근저로부터 위협하는 처사로서 우리는 이를 극히 중요시하는 바이며, 이와 같은 처사가 하루 속히 시정되기를 촉구한다.

2. 조선일보는 기자들의 양심적인 건의와 자유언론실천을 위한 노력을 위계질서문란과 편집국장의 편집권 침해라는 이유로 2명의 기자를 해임했다. 이는 그 저변에 양심적인 기자를 축출하려는 당국 및 그에 추종하는 언론기관 경영주에 의한 폭력으로 간주하지 않을 수 없으며 이러한 언론탄압의 풍토를 우리는 개탄하지 않을 수 없다.

3. 동아일보는 자유언론의 실천과 그 발양을 위해 노력한 26명의 민주적이고 양심적인 기자들을 대량으로 감봉, 경고, 견책처분(함)으로써 동아일보를 향한 국민의 신뢰와 기대를 스스로 저버렸다. 이같은 사태가 오로지 언론기관 경영주 스스로의 결정에 따라 취해진 조치로 빚어진 것이라고는 우리는 보지 않는다. 이에 대하여 다음과 같이 결정하고 국민들의 동조와 협력을 요청하는 바이다.

　　가) 자유언론의 창달에 역행하는 신문 또는 방송에 대하여 우리는 그 구독과 청취를 기피하거나 나아가서는 거부할 것이다.

　　나) 부당한 압력과 보복을 행하는 언론기관에 대하여 투쟁하고 있는 기자들과 그 권익회복을 위하여 우리는 최선의 노력을 경주할 것이다.

　　다) 동아일보의 광고해약은 분명히 당국의 압력이 기업주 즉 광고주에 가해져 이루어진 것이다. 이와 같은 사례를 좌시한다면 동아일보는 물론 다른 언론기관도 비슷한 수법으로 가해질 압력으로 언론 본연의 사실보도와 비판기능을 완전히 상실하고 말 것이다. 그러기에 우리는 이에 엄중히 항의하는 바이며 아울러 당국의 부당한 압력에 굴복하여 광고 게재를 의식적으로 또는 강압에 못이겨 회피 또는 기피하는 기업체의 상품에 대한 불매 운동도 불사할 것임을 밝혀두는 바이다.

　　라) 부당하게 억압박고 있는 특수 언론을 지원하는 뜻에서 이에 대한 범국민적 구독운동을 벌일 것도 확인하고 이에의 적극 참여를 호소하는 바이다.

1974년 12월 27일
천주교정의구현전국사제단

출처: 한국기독교교회협의회 (1987). ≪1970년대 민주화 운동 제2권≫. 서울: 한국기독교교회협의회, 554~5쪽.

나) 부당한 압력과 보복을 행하는 언론기관에 대하여 투쟁하고 있는 기자들과 그 권익회복을 위하여 우리는 최선의 노력을 경주할 것이다.

다) 동아일보의 광고해약은 분명히 당국의 압력이 기업주 즉 광고주에 가해져 이루어진 것이다. 이와 같은 사례를 좌시한다면 동아일보는 물론 다른 언론기관도 비슷한 수법으로 가해질 압력으로 언론 본연의 사실보도와 비판기능을 완전히 상실하고 말 것이다. 그러기에 우리는 이에 엄중히 항의하는 바이며 아울러 당국의 부당한 압력에 굴복하여 광고 게재를 의식적으로 또는 강압에 못이겨 회피 또는 기피하는 기업체의 상품에 대한 불매 운동도 불사할 것임을 밝혀두는 바이다.

라) 부당하게 억압박고 있는 특수 언론을 지원하는 뜻에서 이에 대한 범국민적 구독 운동을 벌일 것도 확인하고 이에의 적극 참여를 호소하는 바이다.

　　〈동아일보〉에 대한 광고 탄압은 언론에 대한 중대한 위기라고 항의하면서 광고를 기피하는 기업에 대해서는 상품 불매 운동을 벌이며 부당하게 탄압받고 있는 신문사에 대해서는 범국민적 구독 운동을 벌일 것을 제안하면서 국민들의 동참을 호소하고 있다.

　　바로 다음 날인 12월 28일에는 기독교계도 성명서를 발표하였다. 한국기독교교회협의회 인권위원회는 다음과 같은 내용의 성명을 공표하였다(한국기독교교회협의회, 1987b, 555~6쪽).

　　우리는 언론의 자유가 하나님께서 역사하시는 민주주의의 척도임을 믿는다. 이와 같은 신앙 양심에 입각하여 우리는 정부가 언론을 받아 들여 정책을 발전해 나갈 것을 기대하고 있다. 그러나 당국은 지난 12월 25일에 수난 민족의 역사 속에서 우리의 얼을 지켜온 동아일보의 광고주에 대하여 압력을 가하여 광고를 못 싣게 하였다. 이는 동아일보에 종사하는 수천 종업원의 생존권을 위협하는 무서운 인권 침해이다. 이와 같은 처사는 우리의 신앙 양심과 민주회복을 위한 기대에 너무나 어긋나며 민주한국의 앞날을 암담케 하는 일임을 유의하여 다음을 천명한다.

1. 당국은 동아일보에 대한 박해를 중지하라.
2. 300만 기독교인을 포함한 모든 동아일보 독자는 구독 부수를 늘일 것을 권한다.

3. 민주회복을 위하여 온 국민이 고통을 받고 있는 차제에 권력에 눌리어 동아일보의 광고게재를 철회한 회사의 상품을 구입하지 않기 바란다.

4. 동아일보에서 철회한 광고를 게재한 신문을 국민은 구독하지 말고 그대신 동아일보를 구독하기 바란다.

5. 양심있는 기독교 실업인들은 동아일보에 광고를 게재할 것을 권한다.

앞의 천주교 사제단의 성명과 거의 같은 내용이다. 단지 기독교 실업인들로 하여금 <동아일보>에 광고를 실을 것을 권유하는 내용이 첨가되어 있다. 또한 12월 30일에는 한국교회여성연합회가 성명을 내고 <동아일보> 구독 운동, 광고 해약 업체 상품 불매 운동, 구독료 1년분 선납 운동 및 부수 확장 운동 등 <동아일보>를 돕는 운동을 전개할 것을 호소하였다. 1975년 1월 1일에는 천주교정의구현전국사제단이 비슷한 내용으로 <동아일보> 돕기 운동을 전개할 것을 제의하는 호소문을 발표하였고, 신민당도 '「민권의 시대」를 창조하자'는 제목의 광고를 통해 민주 언론 돕기 운동을 제의하였다. 천주교정의구현전국사제단은 이 같은 <동아일보> 돕기 운동의 구체적 표현으로 1월 4일자 <동아일보> 지면에 '암흑 속의 횃불'이라는 제목으로 1월 9일 명동 성당에서 열릴 예정인 제 21회 인권회복기도회를 알리는 전면 광고를 내고 1974년 가톨릭교회가 벌여온 인권 운동을 소개하였다(한국기독교교회협의회, 1987b, 556쪽).

이러한 상황에서 원로 언론인 홍종인이 나섰다. 그는 1974년 12월 30일자 1면 하단에 '언론 자유와 기업의 자유'라는 제목의 글을 의견 광고 형식으로 게재하였다. 이 광고는 그가 개인적으로 10만 원의 광고료를 지불하였다고 한다. 이 글을 통해 홍종인은 "민주주의의 길을 닦아 나가기 위한 우리 사회의 기본적인 과제요 또 당면한 최대의 고민은 언론 자유의 보장과 신문 기업의 독립성의 확보에 있다"고 전제하면서 <동아일보>의 광고 해약에 대해 다음과 같이 주장하였다(전문은 198~9쪽 참조).

언론 자유와 기업의 자유

홍종인

1. 민주주의와 언론 · 기업의 자유

민주주의의 길을 닦아 나가기 위한 우리 사회의 기본적인 과제요 또 당면한 최대의 고민은 언론자유의 보장과 신문기업의 독립성의 확보에 있다 하겠다. 그러나 그와 동시에 그와 다름없는 비중으로 국민의 당연한 자유이며 권리로서 보장되지 않아서 아니 될 과제로서 개인기업의 자유의 보장, 나아가서는 국가의 그것에 대한 보호 · 육성이 크게 문제되고 있음을 잊어서는 아니 될 것이다.

언론의 자유는 어떤 힘으로써 해도 해칠 수 없는 인간의 존엄이 옹호됨으로써 모든 국민의 애국적 활동을 위한 창의의 의사표시가 언제 어디까지나 활발할 수 있어야할 것을 뜻하는 것이고, 기업의 자유는 모든 국민이 독립된 개인으로서 그 자신들의 건전한 생존을 위한 최대한의 능력을 발휘할 책임과 권리의 보장을 뜻한다. 동시에 그것은 민주국가의 발전을 위한 국민적 경제사회의 기반을 쌓아 올리는 기본 조건이 되는 것이다. 특히 이 점은 민주주의 사상의 원리에 속하는 문제요, 또 민주사회 발전의 역사적 사실로 나타나 있음을 알아야할 것이다.

그런데 기업주의 의사를 억압하여 신문광고를 해약케 하는 일은 무엇이냐, 이는 어느편으로 보나 민주사회 성립의 기본요건인 국민의 기업의 자유를 침해, 파괴하는 중대한 사태가 될 것을 염려치 않을 수 없다.

2. 시장의 자유와 국가통일체제

기업의 자유는 당연히 시장의 자유화가 불가피한 전제요건이 된다. 시장의 자유화는 국민의 경제 활동의 영역을 최대한으로 확대 개발할 수 있을 것을 뜻하며 그와 동시에 하나로 통일되는 국가의 사회적 기능과 제도의 완성을 뜻하는 것이다. 따라서 기업의 자유와 시장의 자유화의 원리 속에서 생산되는 상품은 어떤 나라나 어떤 이데올로기도 가릴 것 없이 자유 왕래가 되기 마련인 것이다. 여기에 경제자유를 바탕으로 하는 자유세계의 자유와 평화의 사상적 구조의 중요 내용이 있는 것이다.

물론, 사회 근대화의 골격을 이룩해 나가는 길이 민주주의 사상의 토대와 사회구조의 자본주의 체제를 갖추는 데 있음은 역사적 사실이라 하겠지만 자본의 독점과 횡포는 항상 감시되고 억제되어야 할 것은 물론이다. 그와 동시에 아무리 기업의 자유와 시장의 자유화라고 하더라도 광고의 자유가 경제활동의 윤리를 저버린 과대한 선전과 심하게는 허위에 흐르는 일은 엄격히 삼가고 또 억제되어야 할 것이다.

3. 광고해약의 위험한 자해행위

동아일보사에 실려야 할 신문광고에 대한 강제 해약은 일시적으로는 어떤 힘의 작용으로 될 수 있었다 하더라도 이런 일은 감히 해서도 아니 될 심히 위험한 권력 자신의 자해 행위가 될 것이다.

첫째, 민주주의 사상과 제도를 원리적으로 부정하는 일이 될 것을 두려워 하지 않을 수 없고

둘째, 이는 지금 비록 동아일보라는 한 신문사만을 괴롭히는 일로 보일는지 모르지만 결과적으로는 대한민국 내의 모든 신문에 대하여 동시에 마찬가지로 강압적 수단이 베풀어지고 있는 것으로 해석될 것을 두려워 하지 않을 수 없는 것이다. 그러면 그것이 일반 국민 감정에 어떻게 작용될 것인가? 곧 바로 잡아 놓게 되기를 바란다.

출처: <동아일보> 1974. 12. 30. 1면 광고란

동아일보사에 실려야 할 신문광고에 대한 강제 해약은 일시적으로는 어떤 힘의 작용으로 될 수 있었다 하더라도 이런 일은 감히 해서도 아니될 심히 위험한 권력 자신의 자해 행위가 될 것이다.

첫째, 민주주의 사상과 제도를 원리적으로 부정하는 일이 될 것을 두려워하지 않을 수 없고

둘째, 이는 지금 비록 동아일보라는 한 신문사만을 괴롭히는 일로 보일는지 모르지만 결과적으로는 대한민국 내의 모든 신문에 대하여 동시에 마찬가지로 강압적 수단이 베풀어지고 있는 것으로 해석될 것을 두려워 하지 않을 수 없는 것이다. 그러면 그것이 일반 국민 감정에 어떻게 작용될 것인가?

곧 바로 잡아 놓게 되기를 바란다.

<동아일보>의 광고 탄압은 권력 자신에 대해서도 자해 행위가 될 것이라고 경고하면서 원상 회복을 주장하고 있다. 한편 이 날짜 신문 1면 하단에는 돌출 광고 형식으로 동아일보사 광고국장 김인호 명의의 안내 광고가 게재되었다. 그 내용은 "대광고주들의 큰 광고가 중단됨으로 인하여 광고인으로서 직책에 충실하기 위하여 부득이 아래와 같은 개인 정당 사회 단체의 의견 광고, 그리고 본보를 격려하는 협찬 광고와 연하 광고를 전국적으로 모집하오니 전 국민의 적극적인 성원을 바랍니다"라는 것이다. 여기서 '아래와 같은'이란 바로 그 지면 하단에 실렸던 홍종인의 의견 광고를 말한다. 이와 같은 의견 광고를 많이 보내 달라는 뜻이다.

② <동아일보> 격려 광고 운동의 확산

그러자 곧이어 이러한 백지 광고면을 각계의 격려 광고가 채우는 방향으로 사태가 전개되었다. 1975년 신년호에는 1면에 천주교정의구현사제단, 7면에 야당인 신민당의 광고가 5단으로 게재되었다. 1월 4일자에서는 <동아일보> 광고국장 명의로 '의견 광고에 대하여'라는 사고가 다시 나갔다. 이 사고는 의견 광고는 유료로서 국민 누구나 낼 수 있다는 사실을 공지하였다.

같은 날짜 1면 하단에는 자유실천문인협의회가 격려 광고를 게재하였다.

자유실천문인협의회의 편지

　새해입니다. 우리는 문학의 선이 낳은 양심과 결탁했습니다. 사람과 사람 사이의 사랑도 그 사랑의 고통을 통해서 한층 더 깊어집니다. 우리는 동아일보의 집중적인 고통을 통해서 동아일보를 뜨겁게 사랑합니다. 바라건대 이 사랑이 우리 사회에 넘쳐서 우리들의 통곡의 현대사와 함께 살아온 최선의 동조자 동아일보가 쓰러지지 않는다는 희망을 획득하고자 합니다.

　언론은 압살당하지 않습니다. 어떤 권력이나 폭력의 한계에 대해서 언론의 자유는 역사와 함께 영속됩니다. 우리는 국가권력과 신문을 똑같이 믿고 있습니다. 그러나 권력의 정당성이 희박한 상황에서 나타나는 권력의 폭력화 현상이 언론을 질식케 하는 것은 어떤 이유에서도 거부합니다. 따라서 어떤 상상으로도 동아일보 없는 우리 시대는 상상할 수 없습니다. 그것이야말로 전지구적인 수치이며 우리 자신의 커다란 불행이기 때문입니다.

　우리는 최근에 언론기관에 가해지고 있는 경제적 단계의 탄압에 대하여, 그동안 모든 각성(覺醒)의 국내언론기관이 추구해 온 언론자유실천이 문학의 표현자유, 작가의 시민적 활동과 동시 병존의 사명임을 믿고 언론기업의 수입원인 광고영업을 파산시키려는 일련의 기도가 얼마나 씻을 수 없는 청사의 죄과인가를 3항목 결의로 주장한 바 있습니다.

　이제 여기서는, 우리가 십시일반으로 막걸리값, 소주값 따위를 걷어서 오랜만에 정의와 자유가 무엇인가를, 그것이야말로 위대한 질서의 힘임을 증명하다가 다친 신문의 작은 광고란을 성원합니다. 우리는 정신의 부로서는 도둑촌을 부러워한 일은 없으나 물질적으로는 미미한 서민입니다. 전면광고 하나를 차지하지 못합니다.

　우리가 희망하는 것은 이런 초라한 충정을 헤아려서 하루 빨리 동아일보의 운영이 정상화되는 것이며 당국과 대소광고주의 심층의 양식과 도의에 그것을 기대합니다. 우리는 언론의 자유실천을 믿고 그 영원한 발전의 편에 서 있습니다.

1975년 1월 4일

고문　이희승 이헌구 박화성 김정한 박두진 김상옥 이영도 박연희 이인석 장용학
대표간사　고은
간사　이선영 홍사중 신경림 한승헌 김광협 염무웅 박태순 김국태 황석영 조해일
회원　강민 외 (이상 136인)

출처: ＜동아일보＞ 1975. 1. 4. 1면 광고란
김삼웅 (1984). ≪민족ㆍ민주ㆍ민중 선언≫. 서울: 일월서각, 228〜30쪽.

대표 간사 고은 등 21명의 간부들과 회원을 포함하여 136명의 연명으로 작성된 이 광고에서 문인들은 "권력의 정당성이 희박한 상황에서 나타나는 권력의 폭력화 현상이 언론을 질식케 하는 것은 어떤 이유에서도 거부"한다고 주장하였다. 이어서 이들은 "최근에 언론 기관에 가해지고 있는 경제적 단계段階의 탄압에 대하여, 그동안 모든 각성覺醒의 국내 언론 기관이 추구해 온 언론 자유 실천이 문학의 표현 자유, 작가의 시민적 활동과 동시병존의 사명임을 믿고 언론 기업의 수입원인 광고 영업을 파산시키려는 일련의 기도가 얼마나 씻을 수 없는 청사의 죄과인가"라면서 "십시일반으로 막걸리값, 소주값 따위를 걷어서 오랜만에 정의와 자유가 무엇인가를, 그것이야말로 위대한 질서의 힘임을 증명하다가 다친 신문의 작은 광고란을 성원합니다"고 뜻을 밝혔다(<동아일보>, 1975. 1. 4, 전문은 201쪽 참조).

1월 7일부터 일반 독자들의 격려 광고가 게재되기 시작하였다. 1월 7일에는 3건의 광고가 실렸다. 워싱턴의 <동아일보> 애독자라고 밝힌 심규섭이라는 사람이 '민족지는 민족의 생명'이라고 광고하였으며, 역시 워싱턴의 교포 김응태가 '민족지를 지키자'라고 호소하였다. 또한 전 <동아일보> 주필을 역임한 천관우도 '동아 광고 비정상 사태에 대하여'라고 광고하였다.

곧이어 1월 8일부터는 '언론 자유 수호 격려'란을 4면의 광고란에 고정시켜 개인의 격려 광고를 본격적으로 받기 시작하였다(≪동아일보사사≫ 4권, 126쪽). 이때부터 전국의 각계각층 인사들이 참여하여 개인, 혹은 집단으로 의견 광고를 게재함으로써 <동아일보>의 언론 자유 수호를 위한 투쟁을 격려하였다.

첫날인 1월 8일자의 4면에는 하단 광고란의 1단을 할애하여 '본난은 동아일보사의 언론 자유 수호를 지원하는 광고입니다'라는 안내와 함께 모두 12개의 의견 광고가 게재되었다. 이를 순서대로 옮겨 보면 다음과 같다.

- 불의는 짧고 정의는 영원하다 / 익명
- 동아일보만만세 / 홍원길
- 동아일보격려함 / 청주동산교회 홍정흠
- 대전시 중동 모 은행원 2인
- 장충동 1가 전씨
- 언론의 자유를 수호하는 동아일보 / 一日本人여행자
- 건투 동아일보 건승 정의구현사제단 / 충북 음성 감곡 안야고보
- 자유의 횃불을 밝히는 기름 한방울의 성의를 표한다 / 경남 창녕군 아미사 하도암
- 언론자유수호 / 천주교 춘천교구 주교좌성당 주임 방영구 신부 및 신도 일동
- 우리는 애독자 동아가족 언론자유 보장하라 / 아빠는 동아일보 김석규 엄마는 여성동아 이순애 나는 소년동아 김호영
- 언론자유없이 종교자유없다 / 한국기독교장로회 여교역자협의회 일동
- 언론자유 투쟁 격려 / 천도교 용담연원회 회장 강금성 나태화 최병제 이병래 등

12건 중 절반에 해당하는 6건이 종교계의 격려 광고였다. 종교계 중에서도 천주교, 기독교, 불교, 천도교 등 주요 종교가 모두 고르게 분포되어 있었다. 나머지 6건은 개인들이 낸 것이었다. 그 중에는 일본인이 낸 것도 있었으며 일가족이 함께 낸 것도 있었다.

이렇게 해서 시작된 <동아일보> 격려 광고 운동은 급속도로 확산되어 갔다. 해외의 교포들까지 참여하게 되어 날이 갈수록 건수가 늘어나면서 1월 10일경부터 3∼5개 면의 광고란을 차지하기 시작했다. 정당·사회 단체의 큰 광고에서부터 개인의 1단 1cm짜리 광고에 이르기까지 끊임이 없었다. 쇄도하는 광고를 다 싣지 못해 1월 27일자에는 광고국장 명의로 '오늘 격려 광고 일부는 지면 부족으로 내일로 미룹니다'라는 광고문을 내야 할 정도였다. 당시의 광고2부장이었던 이석렬은 당시의 상황을 <동우> 1975년 2월호에 다음과 같이 술회하였다(≪동아일보사사≫ 4권, 127쪽에서 재인용).

돼지 저금통을 들고와서 몽땅 털어 놓고 '아저씨들 힘을 내세요'라고 머리를 숙이는 어린이들, 새마을 취업장에서 하루 종일 일한 대가로 받은 돈을 내놓고 간

중년 노동자, 50년 동안 즐겨 피우던 담배를 끊고 모았다는 담배값 3천원을 들고 찾아온 7순 노인, '우리 아버지 이름을 대면 여러분이 놀랄 거예요. 비겁한 기업가의 아들이지만 한달 용돈의 일부를 놓고 갑니다'고 한 부유한 집안의 젊은이도 있었다.

'어깨에 힘을 좀 주셔야 겠어요'하고 핸드백 속에서 가진 돈을 몽땅 털어 놓고 간 한 여사무원, <여성동아> 60권을 직장에서 팔아 남은 돈 몇천 원을 들고 찾아온 구로 공단의 여직공들, '우리는 결코 불행한 시대에 살고 있다고 생각하지 않습니다. 그것은 우리 국민이 진정한 자유와 정의를 갈망하고 있으니까요. 자유와 정의는 동아 그 자체라고 믿어요' 이런 글을 남기고 간 단발머리 여학생들……

그야말로 전국 각지에서 각계각층의 사람들이 참여하다 보니 눈물겨운 사연들이 많을 수밖에 없었던 것이다. 그 내용들도 보면 가지각색으로 다양하고 기발한 내용들이 많이 포함되어 있었다. ≪동아일보사사≫(4권, 127~9쪽)는 그 중 다음과 같은 광고들을 발췌해서 정리하고 있다.

- 배운대로 실행 못하는 부끄러움을 이렇게 광고하나이다 (서울대 법대 23회 동기생)
- 동아야 너마저 무릎 꿇으면 진짜 이민 갈꺼야 (이대 S생)
- 4·19의 피의 꽃은 어드매 피었는고 (용산고 2년생 6명)
- 뭐라고 가르칠까 (여고 교사 2인)
- 먼 훗날 내 아들이 나에게 1975년도에 무엇을 했느냐고 묻는다면 새마을 운동보다 자유언론 수호운동에 앞장섰다고 자랑스럽게 말하겠다 (조씨 부부)
- 안타까운 마음으로 이 여백을 삽니다 (밥집 아줌마)
- 이름을 잃어야 하는 아픔을 (유·곽)
- 배고픈 것보다 눈과 귀를 막는 것이 더 고통스럽다 (홍은동 김태현)
- 왜 정부에서 신문을 못살게 할까요 (국민학교 명숙·미진)
- 벼랑에 핀꽃 고난을 이기고 ― 동아만만세 (익명 김)
- 이럴 수가! (서대문 익명 독자)
- 씹히지 말자, 이빨 부러질 때까지 (두 의대생)
- 동아방송을 살릴 아이디어를 모집합시다 (한대생)
- 동아여 이제부터다! (익명의 재수생)

- 동아의 무거운 짐 우리도 지고 싶다 (숭문고 24회 졸업생)
- 한줌의 정성이라도 보탬이 되었으면 (백영숙·백순기)
- 위정자들이여, 기업가들이여, 국민들이여 비겁한 군상이 되지 말자! (고교 교사 이)
- 대한체육회 점심을 먹지 않고 그 돈을 동아에 드립니다 (수영연맹 K생)
- 친구와 저와 불우한 이웃돕기로 신문을 종로3가에서 팔은 돈을 이번에는 광고 봉쇄로 어려움을 겪는 동아일보를 돕는데 쓰기로 하고 앞으로 많이 동아일보에 협조하겠습니다 (서부운수 은·홍)
- 동아일보를 보는 재미로 세상을 산다 (익명 서점주)
- 반세기 수난 속에 횃불 밝힌 동아여! 천만대 그 혼 길이 전하세 (상계동 성기탁)
- 민족의 양심이여 민주 수호의 선봉인 동아의 고통은 우리 자신의 고통이다. 우리는 이 고통을 같이하는데 솔선하자 (로스앤젤레스 장동환)
- 일본 총독부에 대항한 동아의 민족주의와 민주주의 투혼에 경의를 표합니다 (일본인 堀川桂)
- 민족지를 지키자 동아일보 만세! (워싱턴 교포 김응태)
- 이럴 수가 있습니까 (최근 현역서 제대한 두 예비군)
- 해마다 1년간 모은 돼지 저금통을 깨어서 불우한 이웃에게 전해 왔으나 이번에는 광고해약으로 어려움을 겪는 동아일보를 돕는데 쓰기로 했습니다 (이우민·지인)
- 외국서적 판매원 여러분! 광고 한줄로 동아를 살리자 (일당 4천원 책장사 진경호)

<동아일보> 사원들은 격려 광고가 답지하자 자신들도 독자들의 성원에 보답하는 뜻에서 봉급의 일부를 갹출하여 각국별로 통단 광고를 냈다. 동아방송 PD 일동이 1월 13일에 광고를 낸 것을 시작으로 14일에는 동아방송 엔지니어 일동과 <동아일보> 판매국이 광고하였으며, <동아일보> 편집국은 15일, 출판국과 공무국, 광고 영업소 직원, 수습 기자 7기 18명, 동아방송 성우 일동은 16일에 유료 광고를 게재하였다. 다른 언론사의 동료들도 이 대열에 동참하였다. 앞서 언급한 대로 원로 언론인 홍종인과 천관우가 초기에 광고를 게재하였으며, 기자협회 제주신문분회는 1월 8일 회원 모두가 <동아일보> 1부씩 구독키로 결의하였다. 동아방송 성우 출신으로

구성된 동우회 회원 17명은 1월 11일 동아방송에 무료로 출연키로 결의하였으며, 동대문서 출입 기자 일동은 11일자 지면에 격려 광고를 게재하였다. 그 외에도 여러 언론사의 소속 언론인들이 성금을 모아 전달하는 형태로 <동아일보>를 지원하였다(<기자협회보>, 1975. 1. 17).

③ 해외 언론의 관심

해외 언론들도 깊은 관심을 표명하였다. 광고 탄압으로 백지 광고가 나가게 되자 <아사히신문>과 <요미우리신문>, <마이니치신문>, <산케이신문> 등 일본의 주요 신문들은 1974년 12월 27일자에서 이를 크게 보도하였으며, <뉴욕 타임스> 등 미국 신문도 이 소식을 전했다(한국기독교교회협의회, 1987b, 554쪽).

　　　<동아일보>에 대한 광고 탄압이 격려 광고 운동으로 이어지자 해외 언론들의 관심은 더욱 높아졌다. 일본의 3대 신문 <아사히>, <마이니치>, <요미우리>가 각각 1월 14일과 15, 16일에 사설을 실어 관심을 표명하였다. <아사히신문>은 1월 20일 조간 6면에 전면을 할애하여 광고 탄압 한 달째 특집 기사를 실었다. 영국의 <더 타임스>는 1월 16일자에 '한국의 신문, 압력에 용감히 맞서고 있다'는 제목의 장문의 기사에서 광고 탄압의 경위와 국내외의 관심을 상세하게 보도하였다. <선데이타임스>와 <가디언> 등 영국의 신문을 비롯하여 미국의 <뉴욕 타임스>와 <워싱턴 포스트>, <뉴스위크>, 그리고 프랑스의 <르 몽드>와 <피가로> 등 세계의 권위지들이 특집 기사와 사설로 취급했다. 국제신문편집인협회(IPI)와 국제신문발행인협회(FIEJ), 국제기자연맹(IFJ) 등 국제 언론 단체들도 동아일보사에 격려 전문을 보내는 한편 박 대통령에게 광고 탄압의 시정을 촉구하는 항의 전문을 보냈다(《동아일보사사》 4권, 137~40쪽).

④ <동아일보> 구독 운동의 전개

격려 광고 운동과 함께 <동아일보> 구독 운동도 전개되었다. 1974년 12월

28일 한국기독교교회협의회 인권위원회는 <동아일보>에 대한 광고 탄압을 규탄하면서 <동아일보> 구독 운동 전개를 촉구하는 성명을 발표하였다. 이 성명서의 5개 결의 사항 중에 네 번째로 "<동아일보>에서 철회한 광고를 게재한 신문을 국민은 구독하지 말고 그 대신 <동아일보>를 구독하기 바란다"고 천명하였다. 이를 계기로 기독교 단체를 중심으로 한 사회 단체들이 나서기 시작하였다. 1975년 2월 1일에는 한국기독교전국청년연합회협의회가 동아 사태 관련 결의문을 발표하면서 "기타 여러 단체와 공동 전선을 펴서 새독자 10만 구독 운동을 전개할 것을 재천명한다"고 선언하였다(한국기독교교회협의회, 1987, 555~61쪽). 앞에서도 언급하였지만 기자협회 제주신문분회가 1975년 1월 8일 회원 모두가 <동아일보> 1부씩 구독키로 결의하였던 사례도 있다(<기자협회보>, 1975. 1. 17).

⑤ 격려 광고 운동의 참여자
이 격려 광고 운동에는 그야말로 전국 각지에서 각계각층의 사람들이 자발적으로 참여하였다. 한국기독학생총연맹의 분석에 따르면 1975년 1월 한 달 동안 게재된 격려 광고의 총 건수는 2943건이었으며 그 중 익명의 광고가 1734건으로 59%를 차지하였다고 한다(<동아일보>, 1975. 2. 14). 이처럼 익명의 광고가 많았던 것은 언론 자유를 위한 <동아일보>의 투쟁에는 공감하지만 당시 군부 독재의 철권 통치하에서 격려 광고를 낸 사실이 알려지면 개인적으로 불이익이 돌아올 것을 염려한 사람들이 많았기 때문이라고 볼 수 있다.

　　1975년 1월 한 달 동안 직업을 밝힌 1242건[2]을 대상으로 직업별 분포를 분석한 것이 표 4이다.

　　학생들이 절반 이상을 차지하였는데, 국민학생에서부터 대학생까지

---

2. 직업을 밝힌 전체 사례 수를 1242라고 하였으나 표 4의 합계는 1239로 다소 차이가 난다. 이 차이가 어디서 유래된 것인지는 불확실하다.

표 4. <동아일보> 격려 광고의 직업별 분포 (1975년 1월)

직업	건 수	비율(%)	직업	건 수	비율(%)
학생	650	52.4	교수	19	1.5
종교인 및 단체	171	13.8	운전기사, 안내원	16	1.3
주부 및 가족 단위	94	7.6	의약사, 간호원	16	1.3
문학·언론인	51	4.1	은행원	15	1.2
상업	39	3.1	사회 단체	15	1.2
교사	33	2.7	변호사	6	0.5
국회의원 및 정당	32	2.6	농민	5	0.4
회사원	24	1.9	예술인	5	0.4
실업가 및 광고인	22	1.8	군인, 예비군	2	0.2
근로자 및 노동자	21	1.7	축산업, 뱃사람, 공무원	각 1명	

* 자료: <동아일보>, 1975. 2. 14.

표 5. <동아일보> 격려 광고의 지역별 분포 (1975년 1월)

국내 (건)		국외 (건)	
서울	780	미국	77
경기	77	일본	23
충남북	52	중국	2
강원도	21	캐나다	2
전남북	125	영국	5
경남북	90	서독	1
부산	71	스위스	1
제주	7	익명의 외국인	5
합계		1,338	

* 자료: <동아일보>, 1975. 2. 14.

고르게 참여하였다. 대학이 42개교에 387건, 고등학교가 96개교에 254건, 중학교가 23개교에 37건, 국민학교가 7개교 11건이었다. 한편 지역을 밝힌 사례는 총 1338건으로서 전체의 45.5%에 해당된다. 그 지역별 분포를 도표화하면 표 5와 같다.

지역별로는 국내가 전체의 91.4%를 차지하였으며 나머지 8.6%가 해외 교포 및 외국인들이었다. 국내에서는 서울이 가장 많아서 전체의

58.3%를 차지하였으며, 그 다음으로는 전남북(9.3%)과 경남북(6.7%)의 순이었다. 이처럼 <동아일보> 격려 광고 운동에는 계층과 지역을 초월하여 광범위한 사람들이 참여하였음을 알 수 있다.

격려 광고는 1975년 2월로 접어들면서 더욱 활발해졌다. 2월 한 달 동안 총 5069건으로 최고치를 기록하였다. 2월을 정점으로 감소세로 돌아서면서 3월에는 3월 22일까지 1917건이 접수되었다. 광고 탄압 4개월이 지난 4월 23일까지 총 1만 277건이 접수되었다. <동아일보>에 격려 광고가 끊긴 5월 중순까지의 격려 광고 총 건수는 1만 352건이었다. 따라서 1975년 1월 1일부터 3월 23일까지 접수된 9243건이 전체의 89.3%를 차지하였다(정진석, 1995b, 24쪽).

⑥ 광고 탄압과 <동아일보>의 재정 손실

이처럼 많은 격려 광고가 <동아일보>의 광고 면을 메웠지만 광고 탄압으로 말미암아 <동아일보>가 입은 재정적 손실은 적지 않은 것이었다. 당시 <동아일보>의 수익 구조를 보면 구독료보다 광고료가 많아서 광고에의 의존도가 높았다. 1974년의 경우 광고료와 구독료의 비율이 56 대 44였다. 광고 탄압이 이루어지기 전 동아일보사 전체의 광고 수익은 신문과 잡지, 방송을 포함하여 월 평균 2억 4700만 원이었다.

광고 탄압이 이루어지던 1975년 2월 초까지의 광고 탈락율은 <동아일보>가 98%, 동아방송이 92%, <신동아>가 90%나 되었다고 한다(동아자유언론수호투쟁위원회, 2000, 35쪽). 격려 광고가 집중적으로 실렸던 1975년 초의 3개월간 동아일보사의 광고 수입과 결손 현황은 표 6과 같다.

격려 광고가 격감한 1975년 4월부터 광고 결손은 더욱 커졌다. 4월 23일까지 들어온 격려 광고는 총 1만 277건으로 3월 23일까지의 9243건에서 불과 1034건이 늘어났다. 2월의 1/4에도 못 미치는 양이다. 1974년 12월 광고 탄압 이후 1975년 4월 23일까지 4개월 남짓 동안 광고 결손 총액은 약 8억 200만 원이었다. 광고 탄압이 풀리는 7월 중순까지 동아일보사 전

표 7. 1975년 초 동아일보사의 광고 수입 내역 (단위: 건, 원)

		1월	2월	3월
일반 광고	건수	3,481	3,113	2,789
	광고료	71,410,000	41,070,000	21,070,000
격려 광고	건수	2,557	5,069	1,917
	광고료	40,800,000	47,780,000	20,570,000

* 자료: 주동황, 2002, 66쪽.

체의 광고 결손은 약 10억 원으로 추산된다(주동황, 2002, 67쪽). 광고 수입은 줄어들었지만 <동아일보>와 방송, 그리고 자매지 <신동아>, <여성 동아>의 구독자와 청취율은 날로 늘어 갔다(정진석, 1995b, 25쪽).

(3) 격려 광고 운동에 대한 탄압과 동아일보사 경영진의 굴복

① 격려 광고 운동에 대한 권력의 탄압

격려 광고가 물밀듯이 닥쳐오자 권력은 이에 대해서도 탄압을 시도하였다. <동아일보>의 광고 담당 실무자들이 보안사에 연행되는 사태가 발생하였다. 1975년 1월 14일 밤 김인호 광고국장과 이규영 광고 제1부장, 이준범 광고 사원 등 3명이 당일자 4면에 실린 '일육군중위―陸軍中尉' 명의의 광고 때문에 연행된 것이었다. 이에 동아일보사 편집국과 출판국 그리고 방송 기자들은 농성에 돌입하여 이들이 귀사할 때까지 농성을 계속

표 6. 광고 결손 내역 (단위: 원)

	1월	2월	3월(22일까지)
광고액수	145,000,000	98,700,000	46,100,000
광고 수입 손실	95,800,000	150,000,000	120,000,000

* 자료: 주동황, 2002, 66쪽.

210

할 것을 결의하면서 당국의 부당한 탄압에 항의하는 성명서를 발표하였다. 연행되었던 이들이 17일 밤에 돌아오자 기자들은 농성을 풀었다(≪동아일보사사≫ 4권, 131~2쪽).

또한 격려 광고를 냈던 학생들 중에는 학교로부터 징계의 위협을 받기도 했고, 광고란을 살 돈을 마련하기 위해 <동아일보>를 팔던 한 청년이 경찰에 끌려가 협박을 당하는가 하면 동아 돕기 손수건 판매를 하던 학생들이 구속되는 사건도 발생하였다(한국기독교교회협의회, 1987b, 561쪽). 이러한 탄압에도 불구하고 이 격려 광고 운동은 계속 번져 나가 많은 사람들이 참여하였다.

② 동아일보사 경영진의 굴복

언론인들의 힘겨운 투쟁에도 불구하고 경영의 압박에 직면한 동아일보사 경영진은 기자들과는 사뭇 다른 입장과 태도를 보여 주었다. 광고 탄압 초기인 1974년 12월 23일 동아일보사는 허가없이 모임을 가졌다는 이유로 기자협회 동아일보분회 집행부 5명을 포함한 기자 28명에 대해 감봉 및 견책 처분을 내렸다. 뿐만 아니라 보도에서도 인권 관련 기사에 대해 소극적으로 보도하는 등 구태 의연한 모습을 벗어나지 못하자 기자들은 1975년 1월 10일 '자유 언론 실천 강령'을 채택하고 자유 언론의 정도를 지켜 나갈 것을 결의했다.

그럼에도 불구하고 기자들과 간부들의 태도는 점차 현격한 차이를 보여 주기 시작했다. 1975년 3월 8일에는 경영난으로 인한 기구 축소 조치로서 심의실과 편집국의 기획부, 과학부, 출판국 출판부를 없애서 소속 사원 18명을 전원 해임 조치하였다. 이에 기협 분회가 총회를 열고 이 조치에 반발하여 농성에 돌입하자 회사는 3월 10일 기협분회장 장윤환 기자와 외신부의 박지동 기자도 해임했다.

이에 기자들은 3월 12일 기협 분회 총회를 소집하여 위정자와 경영진, 동료 언론인, 국민들에게 보내는 메시지를 담은 '자유언론실천백서'를

(언론 사태 관련) 성명서 (1975. 3. 12)

한국기독교교회협의회 총대 일동은 지난 3월 10일부터 12일까지 온양에서 세계교회협의회 제5차 총회를 준비하는 협의회를 가지고 자유의 확립을 위한 한국 교회의 일치된 행동을 모색한 후 최근 일어나고 있는 언론계 사태에 대해 우리의 입장과 태도를 밝힌다.

우리는 언론자유가 선교의 자유와 직결된다고 보므로 최근 언론의 일련의 사태를 깊은 관심을 가지고 주시하고 있다. 따라서 우리는 동아일보사와 조선일보사에서 자유언론실천에 힘써온 기자들을 무더기로 해고 처분한 처사에 경악을 금할 수 없다. 이같은 사태는 근본적으로 언론탄압에 연유된 것으로 단언하는 동시에 극히 불행스러운 일이라고 본다.

이에 우리는 다음과 같이 우리의 견해를 밝힌다.

1) 언론탄압이 갈수록 지능화해가고 가속화되어가고 있음에 개탄을 금할 수 없다. 당국은 이들 언론 기관이 정상화되도록 언론탄압을 즉각 중지하라.

2) 우리는 한국기자협회가 자유언론실천을 위해 채택한 3월 7일자 성명을 전폭적으로 지지한다.

3) 조선일보사는 기자들의 신분을 완전 보장하여야 한다.

4) 우리는 동아일보의 광고해약 사태 이후 전폭적인 후원으로 성원해 왔다. 그 이유는 동아일보가 사실보도에 충실하여 언론자유투쟁의 상징이 되어 왔기 때문이다. 그러므로 동아일보가 최근에 자유언론을 위해 싸워온 기자들을 해고한 사실은 이해하기 어려우며 이같은 처사가 동아일보의 변질을 의미하는 것이 아니기를 바라며 지금까지 성원해 온 모든 국민에게 실망을 주지 않기 바란다.

5) 우리는 언론사태에 대해 계속적으로 관심을 가지고 대책을 강구해 나아갈 것이며 또한 우리는 언론자유가 성취되기까지 계속 힘쓸 것이다.

1975년 3월 12일

한국기독교교회협의회 총대 일동

출처: 한국기독교교회협의회 (1987). ≪1970년대 민주화 운동 II≫. 서울: 한국기독교교회협의회, 569~70쪽.

채택하였다. 이 날 총회에서 부당 해임의 철회와 이동욱 주필의 사퇴를 요구하고 이것이 관철될 때까지 신문과 방송 및 잡지의 제작 거부를 선언하고 농성에 돌입하였다. 그러자 회사 측은 그 날 오후 추가로 17명을 해임하는 한편 신문과 방송을 변칙적으로 제작하기 시작하였다.

이처럼 극단적인 투쟁까지 벌였지만 정권 및 이에 굴복한 경영진은 폭력을 앞세워 농성을 강제 해산시키고 말았다. 3월 17일 새벽 이들이 동원한 경찰 및 정체 불명의 괴한들이 편집국에 난입하여 농성 중인 기자 등 150여 명을 회사 밖으로 몰아내면서 농성은 막을 내리고 말았다. 강제로 축출된 기자들은 그 날 오후 신문회관에 모여 보다 강도 높은 투쟁을 위해 동아자유언론수호투쟁위원회를 결성하였다. 동아투위에 참여한 인원은 동아일보사 제작 부문 총원 284명 중 147명으로 과반수가 넘는 숫자였다. 회사 측은 1975년 11월 초순까지 동아투위 소속 기자, 아나운서, 프로듀서 118명을 해임하고 말았다(동아자유언론수호투쟁위원회, 2000, 36~47쪽).

이처럼 농성이 강제 해산되면서 자연 격려 광고도 줄어들게 되었다. 당시 여론의 분위기를 AP통신은 "동아일보가 더 이상 억압받는 자들을 대변해 주지 않고 있다는 여론에 직면해 있다"고 기사화하였다(이태호, 1985, 190쪽). 기자들의 농성에 대한 강제 해산과 지면의 논조 변화 등으로 인해 국민들이 <동아일보>에 등을 돌리기 시작했다는 말이다. 이런 와중에 4월에 긴급 조치 7호가, 그리고 5월에는 긴급 조치 9호도 공포되면서 격려 광고도 위축될 수밖에 없었다. 더구나 이 시기에는 회사 측도 격려 광고를 오히려 부담스러워 하기 시작했다. 그리하여 5월 8일 아무런 언급이나 해명도 없이 격려 광고는 막을 내리게 되었다(임동욱, 2002, 59쪽). 동아일보사에 대한 광고 탄압은 그 후 동아일보사 측이 정권과 협상을 벌여 오다 7월 11일 '긴급 조치 9호를 준수한다'는 조건에 합의하면서 7월 16일부터 다시 광고가 게재되기 시작하였다(정진석, 1995b, 28쪽).

(기자 해고 사태 관련) 성명서 (1975. 3. 13)

우리는 동아일보와 조선일보에서 발생한 최근의 사태에 말을 잊고 말았다. 소위 유신체제의 발동 이후 일어난 자유 언론 실천 운동은 질식해가던 민족혼을 살렸으며 국민으로 하여금 용기를 가지고 민주회복 대열에 참여할 수 있게 하였었다. 그랬기에 우리는 그동안 동아의 가족이 된 일체감 속에서 비열한 광고탄압의 파도를 헤쳐 나가는 데 기도와 헌금으로 도와 왔던 것이다. 이제 동아의 아픔은 민족의 아픔이요, 동아의 고투는 민족의 고투가 되었다. 동아는 결코 몇몇 기자나 경영자의 것이 아니라 민족의 눈이 되고 있다. 그러나 그동안 사원해고 사건이 일어났다는 것은 웬일인가? 이것은 이 민족을 천길 절망의 벼랑으로 떨어뜨려 추락사를 시키는 것과 다를 바가 없는 처사다. 더구나 조선일보에도 해고, 정직 사건이 일고 있음에 그저 경악을 금치 못할 뿐이다. 이것은 자유언론을 염원하는 국민을 배신한 행위다. 그러나 이제 민족의 절망은 분노로 그 분노는 다시 동아, 조선, 한국언론을 회생시키는 운동으로 승화되고 있음을 엄숙히 밝히며 다음 몇가지를 선언하는 바이다.

1. 우리는 자유 언론 실천 운동을 분쇄하려는 자를 반민족분자로 단정한다.

2. 정부는 지능적이고 간악한 자유언론 말살정책을 즉각 중지하라.

3. 언론 경영주들은 민족의 양심을 가지고 더 이상 국민을 배신하지 말 것이며 해고, 정직된 사원들을 즉시 복귀시킬 것을 국민의 이름으로 요청한다.

4. 해고와 정직의 위협 속에서 굴하지 않고 투쟁하는 언론인들께 뜨거운 눈물로 성원을 보낸다. 우리는 여러분과 더불어 끝까지 자유언론을 위해 투쟁할 것을 약속한다.

5. 오늘의 사태가 수습되지 않는다면 우리는 이미 신문이 아닌 신문, 방송이 아닌 방송이 되어버린 배신적 언론을 자기 눈알을 뽑는 아픔을 견디면서라도 이 민족사에서 영원히 도말시키고야 말 것을 선언한다.

1975년 3월 13일
구속자가족협의회, 목요정기기도회

출처: 한국기독교교회협의회 (1987). ≪1970년대 민주화 운동 II≫. 서울: 한국기독교교회협의회, 570 ~ 1쪽.

(4) <동아일보> 광고 사태에 대한 수용자 집단의 지지 활동

<동아일보>에 대한 광고 탄압과 이에 뒤이은 격려 광고 운동이 진행되면서 재야 단체와 종교 단체들은 각종 성명서를 통해 기자들의 언론 자유 실천 운동을 후원하였다. 이때에는 <동아일보>뿐만 아니라 <조선일보>에서도 기자들의 언론 자유 실천 운동과 관련하여 회사 측이 기자들을 대량으로 해고하는 사태가 발생하였다. <조선일보>는 1974년 12월 18일 기사에 대해 항의하는 백기범과 신홍범 두 기자를 '편집권 침해'라는 이유로 전격 해고한 바 있다. 이어 <조선일보> 기자들은 1975년 3월 6일 자유 언론 실천 선언을 재천명하고 두 기자의 복직을 요구하며 제작을 거부한 채 농성에 들어갔다. 그러나 농성 6일째인 3월 11일 농성 기자들을 강제로 해산시킨 후 33명의 기자를 해고했다. 해고된 기자들은 조선자유언론수호투쟁위원회를 구성하고 장외 투쟁에 들어가게 되었다(조선자유언론수호투쟁위원회, 1993).

한국의 가장 전통 있고 대표적인 두 신문사에서 같은 때에 이런 불행한 사태가 벌어지자 각 사회 단체에서 이에 대한 항의의 의사 표시, 그리고 기자들을 성원하는 입장 표명이 잇따라 이루어졌다. 이때에도 가장 먼저 나선 것은 종교계였다. 3월 12일 한국기독교교회협의회 총대 일동은 성명을 발표하고 정부에 대해 언론 탄압을 즉각 중단할 것과 두 신문사 기자들의 신분을 보장해 줄 것을 요구하였다. 3월 13일에는 구속자가족협의회와 목요정기기도회가 성명을 발표하여 언론인들과 함께 "끝까지 자유 언론을 위해 투쟁할 것을 약속한다"고 선언하였다(한국기독교교회협의회, 1987b, 569~71쪽, 전문은 214쪽, 216쪽 참조).

3월 14일에는 당시 민주화 운동을 이끌던 지도급의 재야 인사 7명이 동아일보사의 기자들이 농성 중인 현장을 방문하여 기자 회견을 열고 재야 인사 18명(윤보선, 백낙준, 김영삼, 김대중, 양일동, 강원용, 이태영, 천관우, 함석헌, 장준하, 이병린, 공덕귀, 박형규, 김동길, 이우정, 홍성우, 백기완, 백낙청)이 서명한 호소문을 발표하였다. 호소문을 통해 재야 인사들은 해임 사원들의 복직을 통한 사

(동아 사태 관련 재야 인사 18인의) 호소문 (1975. 3. 14)

현하 동아일보 사태에 관하여 우리는 깊은 관심을 가지고 주시하면서 우려를 금할 수 없다. 실로 민주회복이라는 민족적 염원은 동아를 주축으로 하는 자유언론실천 운동으로 크게 고무되고 고양된 바 있고 이같은 험난한 길을 용기있게 선택한 동아의 경영주와 사원 일동은 합심단합하여 민족적 사명과 역사적 소명을 기꺼이 짐지는 슬기를 보임으로써 끝내는 민주회복의 길을 걷기를 거부하는 집권자들을 당혹시켜 광고탄압이라는 전대미문의 언론탄압이 일어나기에 이르렀다.

답지하는 격려 광고와 동아를 돕자는 국내외적 성원은 한 신문사의 문제라는 차원을 넘어 민주회복운동의 일환이 되어 제압할래야 제압할 수 없는 거센 국민적 자유의지의 집결된 표현이 되었다.

이같은 동아의 자유언론의 실천은 인촌 김성수 선생이 일제의 탄압 아래서 민족을 일깨우던 창업 정신의 계승이며 현정권하에서 굴욕을 감수하던 모든 언론에 앞장서서 과감하게 투쟁해온 찬연한 긍지의 표현이다.

그러나 경영주와 사원의 굳센 단합과 국민적 성원에 경악한 현정권은 광고탄압을 철회하기는 커녕 이간과 분열과 반목을 통한 전열의 와해를 부단하게 획책해온 것이 사실이다.

이 같은 정세속에서 경위야 어떠했건 동아의 경영주가 자유언론실천에 앞장서온 젊은 기자들을 집단적으로 해임하고 이로 말미암아 신문사의 기능이 마비되고 경영주와 사원의 단합이 깨질 위기에 처하여 지금이야말로 슬기롭게 사태를 분석하고 다시금 단합의 계기를 마련해야 하는 것이 화급한 과제가 되고 있다.

단합의 와해는 광고탄압을 지령한 현정권이 획책해온 이간책에 말려들 위험이 있기 때문에 책임의 소재야 어떠하건 오늘의 동아사태가 민주회복운동에 손상이 가서는 안된다는 대의에 엄정히 입각하여 재단합의 방향으로 해결되기를 간곡히 바란다. 우리는 오늘의 동아사태가 경영주와 사원간의 대화의 부족함에도 원인이 있다고 보아 이제라도 간곡한 충정에서 대화를 시작하여 이제까지의 무더기 해임을 백지화하고 사원들은 제작을 정상화하는 일방 경영주는 사원들의 젊은 혈기를 탓하기 전에 그들의 의기를 넓은 아량으로 포용함으로써 온 국민이 주시하고 안타까와하는 동아를 되살려야 한다고 생각한다.

1975년 3월 14일

윤보선 백낙준 김영삼 김대중 양일동 강원용 이태영 천관우 함석헌
장준하 이병린 공덕귀 박형규 김동길 이우정 홍성우 백기완 백낙청

출처: 한국기독교교회협의회 (1987). ≪1970년대 민주화 운동 II≫. 서울: 한국기독교교회협의회, 571∼2쪽.

동아일보 사태를 염려하는 한국기독교교회협의회의 견해 (1975. 3. 15)

언론자유를 수호하려는 전체 국민과 전세계의 뜻을 같이하는 분들의 뜨거운 성원을 받아오는 동아일보와 동아방송이 최근에 일어난 새로운 사태에 대하여 큰 실망과 걱정을 하게 된 것을 심히 유감으로 생각하는 바이다.

우리로서는 이 난국을 지체없이 타개함으로 한국 민족의 명예를 지키며 전체 국민의 실망을 해소하고 동아의 본 모습을 다시 찾기 위하여 다음과 같이 촉구하는 바이다.

1. 동아일보 사주측은 시기를 놓치지 말고 즉시 해임한 모든 기자들을 무조건 복직시키기를 바란다.

2. 기자들은 즉시 신문과 방송제작의 정상화를 위하여 무조건 협조하고 언론자유를 수호하는 전제하에서 사내 위계질서를 엄격히 지킬 것을 사주측에 약속하기를 바란다.

1975년 3월 15일
한국기독교교회협의회

출처: 한국기독교교회협의회 (1987). ≪1970년대 민주화 운동 II≫. 서울: 한국기독교교회협의회, 572～3쪽.

태 해결을 호소하였다. 호소문의 주요 내용은 다음과 같다(한국기독교교회협의회, 1987b, 571~2쪽).

> (전략) 경영주와 사원의 굳센 단합과 국민적 성원에 경악한 현정권은 광고탄압을 철회하기는커녕 이간과 분열과 반목을 통한 전열의 와해를 부단하게 획책해온 것이 사실이다.
>
> 이 같은 정세 속에서 경위야 어떠했건 동아의 경영주가 자유언론실천에 앞장서온 젊은 기자들을 집단적으로 해임하고 이로 말미암아 신문사의 기능이 마비되고 경영주와 사원의 단합이 깨질 위기에 처하여 지금이야말로 슬기롭게 사태를 분석하고 다시금 단합의 계기를 마련해야 하는 것이 화급한 과제가 되고 있다.
>
> 단합의 와해는 광고 탄압을 지령한 현정권이 획책해온 이간책에 말려들을 위험이 있기 때문에 책임의 소재야 어떠하건 오늘의 동아사태가 민주회복운동에 손상이 가서는 안 된다는 대의에 엄정히 입각하여 재단합의 방향으로 해결되기를 간곡히 바란다. 우리는 오늘의 동아사태가 경영주와 사원간의 대화의 부족함에도 원인이 있다고 보아 이제라도 간곡한 충정에서 대화를 시작하여 이제까지의 무더기 해임을 백지화하고 사원들은 제작을 정상화하는 일방 경영주는 사원들의 젊은 혈기를 탓하기 전에 그들의 의기를 넓은 아량으로 포용함으로써 온 국민이 주시하고 안타까워하는 동아를 되살려야 한다고 생각한다.

3월 15일에는 자유실천문인협의회가 '최근의 사태에 대한 문학인 165인 선언'을 발표하였다. 선언문에서 문인들은 "동아일보에 벌어진 사태는 그동안 세계적인 양식의 지원과 전 국민적인 성원을 배신한 일"이라고 규탄하는 동시에 "언론의 자유 실천의 정통성은 경영주에게 있는 것이 아니라 기자에게 있다"고 천명하였다. 같은 날 기독교교회협의회는 <동아일보>. 사태의 해결을 위하여 김관석, 강원용 등 5인이 동아일보사를 방문하여 자신들의 입장을 담은 문서를 전달하였다. 이 문서를 통해 기독교교회협의회는 사주측에 대해서는 "시기를 놓치지 말고 즉시 해임한 모든 기자들을 무조건 복직시킬 것"을 그리고 기자들에게는 "즉시 신문과 방송 제작의 정상화를 위하여 무조건 협조하고 언론 자유를 수호하는 전제하에서 사내 위계 질서를 엄격히 지킬 것을 사주 측에 약속할 것"을 당부하였다(한국기독교교회협의회, 1987b, 572쪽, 전문은 217쪽 참조).

이러한 노력에도 불구하고 동아일보사 사태에 3월 17일 새벽, 앞서 언급한 대로 폭력에 의해 농성이 강제 해산되고 기자들이 대량으로 해직당하는 불행한 사태로 비화되자 이에 대한 규탄과 항의의 목소리는 더욱 높아만 갔다. 3월 18일 한국기독학생회총연맹은 성명을 발표하여 기자들의 축출과 대량 해고 사태에 대해 강도 높게 규탄하면서 다음과 같은 다섯 가지의 입장을 천명하였다(한국기독교교회협의회, 1987b, 573~4쪽, 전문은 220~1쪽 참조).

1. 동아사태는 기자와 경영주간의 사내 문제가 아니라 민주 양심 세력과 비민주 세력간의 투쟁의 문제이다
2. 우리는 자유언론의 전선에서 투쟁하다 부당해고 된 37명의 기자들에게 격려와 감사를 아울러 드리며 동료 기자의 복직을 위해 계속 투쟁하는 '전 동아언론자유투쟁위원회'의 활동을 전폭적으로 지지, 후원한다.
3. 우리는 부당해임된 기자가 복직될 때까지 동아일보 불매 운동을 벌인다.
4. 지금까지의 '동아돕기운동'은 '동아기자돕기 운동'으로 전환하여 물심 양면의 지원을 아끼지 않는다.
5. 전국의 학생, 지식인, 언론인, 근로자, 정당, 사회단체는 자유언론과 민주수호의 보루인 '전 동아언론자유투쟁위원회'를 적극 후원하는 운동을 벌일 것을 촉구한다.

<동아일보> 광고 사태를 사내의 문제가 아니라 전 사회적인 차원의 민주 세력과 비민주 세력간의 문제로 규정하면서 <동아일보>에 대한 불매 운동과 동아 기자 돕기 운동을 제창하고 있다. 3월 20일에는 '자유 언론을 위한 신구교 합동 기도회'가 개최되었다. 이 날 기도회에서는 성명서를 채택하여 "해임, 파면, 무기 정직된 기자들의 복귀를 전제로 하지 않는 백마디의 변명과 천마디의 강변은 이 나라 국민이면 곧이곧대로 믿지 않을 것"임을 분명히 하고 부당한 인사 조치를 즉각 철회하는 것에서부터 문제 해결이 이루어져야 한다고 주장하였다(전문은 222~3쪽 참조).

(기자 축출 사태 관련) 성명서

1974년 10월 24일의 자유언론실천선언 이후 동아일보는 민주주의회복과 민권의 신장, 민생의 안정을 갈구하는 전국민의 명실상부한 대변자이자 기수로 추앙받으며, 세계 언론사상 유례없는 광범위한 성원, 격려를 받아 왔다. 관의 작용에 의한 것이 분명한 광고 탄압 사태는 하나의 기업체인 동아일보의 목줄을 졸라 마침내 경영을 파국으로 몰아가려던 찰나, 동아일보를 살리는 것만이 이 나라 민주주의가 승리하는 유일의 길임을 깨달은 전 국민과 해외동포로부터 눈물겨운 성금이 답지하여 오늘까지 3개월간 동아의 경영에 적은 힘이나마 보태왔음을 동아일보 경영주들도 부인하지는 못할 것이다. 백원, 이백원씩 모은 가난한 근로자의 성금으로부터 세 살짜리 어린이의 저금통, 회사원들의 주머니돈, 농민단체의 성미, 각정당 사회단체의 모금에 이르기까지 실로 동아일보 광고난에 쏠린 전국민의 관심은 지대한 바 있었다. 그러나 동아를 살리고 아끼는 길을 찾기 위한 이 모든 민주인사들의 지원과 격려도 아랑곳없이 동아의 경영주는 이제 다시 관권과 부화뇌동하여 자유언론실천선언 이전으로 돌아가려 하고 있다. 동아는 자유언론의 기수이기를 스스로 포기하고, 이제 다시 암흑과 침묵 속에 침잠하여 그간의 공든 탑을 안으로부터 무너뜨리려 하고 있다. 기구 축소를 이유로 18명의 기자를 무더기로 해임한 것이 그것이오, 이에 항의하는 동료 기자들을 잇달아 해임(총37명)한 것이 그것이오, 독립된 신문편집권을 고수하려는 다수 기자들의 여망을 저버린 채 정체모를 사면지를 발행하고, 단식농성 중인 기자들을 몽둥이와 햄머, 산소용접기를 소지한 2 ∼ 3백명의 수상한 무리들로 하여금 끌어내어 일방적인 정상화를 단행하려 한 것이 그것이다. 문제의 발단은 당초 기구축소를 이유로 18명의 사원을 해임한 것인 바 동료 사원들은 경영난 때문에 자신의 봉급을 감봉해도 좋으니 복직시키라고 제의하였다고 한다. 이렇게 상황에 맞는 제안에도 불구하고 연이은 해임으로 평지풍파를 일으켜 온 동아 경영주의 진의는 무엇일까? 그것은 두말할 여지없이 자유언론수호의 핵심이 되었던 엘리트 기자들을 목짜름으로써 타 사원들을 위협하고 기업주의 이익을 위해 오로지 봉사하는 평범한 샐러리맨으로 만들겠다는 음모가 아니고 무엇인가? 또 언론자유를 대망하는 전국민의 희구보다도 자신들의 치부가 더 중요하다는 탐욕적인 기업가 정신의 발로가 아니고 무엇인가? 이제 동아는 어제의 동아가 아니고 자유언론의 기수를 가장한 무성격의 읽을 거리로 자신을 전락시키려 하고 있다. 반세기의 역사와 전통을 자랑하는 민중의 대변지 동아를 사랑하는 우리는 동아일보의 경영자가 하루 빨리 양심과 이성을 회복하여 제 살을 깎는 자학은 그만두고 민주, 민권을 외치는 모든 애국인사와 한 대열에 서주기를 간절히 바라며 다음과 같이 우리의 의사를 천명한다.

1. 동아사태는 기자와 경영주간의 사내 문제가 아니라 민주 양심 세력과 비민주세력간의 투쟁의 문제이다.

2. 우리는 자유언론의 전선에서 투쟁하다 부당해고 된 37명의 기자들에게 격려와 감사를 아울러 드리며 동료 기자의 복직을 위해 계속 투쟁하는 '전 동아언론자유투쟁위원회'의 활동을 전폭적으로 지지, 후원한다.

3. 우리는 부당해임된 기자가 복직될 때까지 동아일보 불매운동을 벌인다.

4. 지금까지의 '동아돕기운동'은 '동아기자돕기 운동'으로 전환하여 물심 양면의 지원을 아끼지 않는다.

5. 전국의 학생, 지식인, 언론인, 근로자, 정당, 사회단체는 자유언론과 민주수호의 보루인 '전 동아언론자유투쟁위원회'를 적극 후원하는 운동을 벌일 것을 촉구한다.

1975년 3월 18일
한국기독학생회총연맹

출처: 한국기독교교회협의회 (1987). ≪1970년대 민주화 운동 Ⅱ≫. 서울: 한국기독교교회협의회, 573∼4쪽.

성명서

─ 최근의 언론 사태에 대한 우리의 견해 ─ (1975. 3. 20)

조선일보 기자 50여명이 집단 파면, 무기정직되면서 거리로 내쫓긴 뒤를 이어, 다시 동아일보 기자 37명이 무더기 해임되고, 해임된 기자의 복귀와 자유언론수호를 외치며 단식 농성중이던 기자들을 깊은 밤, 외래 인사를 동원, 강제 해산, 거리로 내쫓는 일련의 사태에 대하여 우리는 심각한 우려를 가지고 주시해 왔고, 그것이 바람직한 방향에서 해결되기를 촉구해 왔다. 이러한 일련의 사태가 거의 동시적으로 이루어졌고, 그것에 대한 언론 경영주측의 해명이 정부기관에서 답변하는 내용과 극히 유사한 논리를 전개하고 있음에 비추어, 용기있는 기자들에 의하여 추진, 실천되어 왔던 자유언론에의 길이 원천적으로 차단되고 봉쇄되어 가고 있음을 이제 깨닫게 되었다. 범국민적 운동으로 확대 · 발전하여 가고 있는 반독재, 민주회복 투쟁에 있어서 자유언론은 필수불가결의 요소이므로 이는 곧 민주회복 운동에 대한 탄압의 일환으로 자유언론 말살정책이 조직적으로 추진되고 있음을 의미한다. 이에 우리는 양심과 자유, 그리고 평화와 민주를 추구하는 이 나라의 크리스챤으로서 우리의 견해를 밝히고자 한다.

1. 기자협회보의 폐간은 기자의 권익과 기자의 권익 위에 기초하여야 할 자유언론에 대한 정부의 배패주의적 사고에서 나온 신경질적 폭거이다. 이는 곧 민주화운동에 대한 탄압이 언론으로부터 시작되고 있음을 말해주는 것이다. 최근의 일련의 사태는 권력의 자유언론에 대한 탄압이 단계적으로 진행되고 있으며, 그 방식에 있어서 기자와 경영주간의 사이를 이간 · 분열시키려는 간교한 술책임을 알게 한다. 자유언론이 봉쇄되었을 때 파생되는 모든 문제는 오히려 정부의 의도와는 다른 방향으로 진행된다는 역사적 사실과 경험을 통하여, 당국은 간교한 각본을 걷어치우고 자유언론에의 범국민적 요구를 받아들일 것을 촉구한다.

2. 최근 각 신문사의 경영주들은 궤변과 헤설픈 언어의 유희를 통하여 정론과 민족언론을 논하고 있으나, 그 논리의 전개에 있어 권력의 숫법과 동일한 용어와 구차한 변명으로 일관되어 있음을 국민은 직시하고 있다. 모든 것을 다 제쳐 놓고서라도 동료 기자의 부당한 해임을 철회할 것을 요구하는 동료애와 자유언론실천을 요구하는 훌륭한 기자정신을 무더기 해임과 파면, 무기정직으로 대답하고, 이제까지 같이 일하던 농성기자들을 태평로 네거리로 강제로 쫓아내는 그 비인간적 행위를

어떻게 합리화할 수가 있겠는가. 또 자유언론은 그것을 실천할 중추인 기자들의 권익을 마구 짓밟을 수 있는 경영주의 사고 아래서 어떻게 가능하다고 판단할 수가 있겠는가. 기자들의 권익을 마치 파리 목숨처럼 생각하는 경영주의 언론관하에서는 자유언론은 기대할 수가 없다. 해임·파면·무기정직된 기자들의 복귀를 전제로 하지 않는다면 백마디의 변명과 천마디의 강변은 이 나라 국민이면 곧이곧대로 믿지 않을 것이다. 정론임을 자부한다면, 자유언론임을 자부한다면, 먼저 그릇되게 조치된 기자들의 언론복귀를 선행시킬 것을 우리는 촉구하는 바이다.

3. 성원과 기대가 크면 클수록 그 배신에서 오는 모멸과 미움도 클 수밖에 없다. 일시적 술수나 변명은 일시적으로는 통하지 모르나 그 마각은 곧 드러나게 마련이다. 기자들의 정당한 요구를 받아들여 국민의 의혹을 풀지 않는 한 국민으로부터 지탄과 외면을 면치 못할 것임을 깨닫기 바란다.

4. 자유언론에 대한 위협은 그것이 한사람의 기자, 한 개의 언론기관에 대한 것일지라도 전체 언론에 대한 도전이다. 현재의 일련의 사태는 분명히 자유언론에 대한 전면적이고 조직적인 탄압행위임은 의심할 여지가 없다. 모든 언론인은 현재의 사태가 피안의 불이 아니라 바로 자신에게 닥쳐오고 있는 위협임을 자각, 서로 연대하여 공동으로 투쟁하지 않으면 현재의 언론 위기를 극복할 수 없다는 판단과 각오로 최선의 노력을 경주해 줄 것을 삼가 촉구하는 바이다.

5. 파면·해임·무기정직된 기자는 곧 각 언론기관에서 주도적으로 자유언론실천 운동을 전개했던 기자들로서 우리는 그간의 그들의 용기와 노력에 국민의 이름으로 감사하는 바이며, 그들이 처한 오늘의 통분할 처지에 우리도 더불어 통분해 마지 않는다. 우리는 그들 쫓겨 거리로 나온 자유언론의 기수들의 뜻과 용기를 받들며, 그들을 위한 성원에 앞장 설 것이다. 아울러 이 땅의 자유언론과 더불어 그들이 개선할 것임을 믿어 의심치 않는다. 다함께 민주회복과 자유언론에 대한 확신과 용기를 가지고 현재의 위기를 극복할 것을 호소하는 바이다.

1975년 3월 20일
자유언론을 위한 신·구교 합동기도회

출처: 한국기독교교회협의회 (1987). ≪1970년대 민주화 운동 Ⅱ≫. 서울: 한국기독교교회협의회, 574~5쪽.

3월 21일에는 천주교정의구현전국사제단 주최로 자유 언론 회복과 고난받는 이들과 민주 회복을 위한 인권 회복 기도회가 명동 성당에서 개최되었다. <동아일보>와 <조선일보> 기자들을 포함하여 1500여 명이 참석한 가운데 열린 이 기도회에서 사제단은 성명을 통해 "권력 당국과 경영주들이 그들의 부당한 조치와 패배주의를 청산하고 이제는 붓이 없어 목청으로 외치는 기자들의 외침을 받아들이고 그들의 부당한 해임, 파면, 무기 정직 조치를 취소할 것"을 촉구하였다. 같은 날 민주회복국민회의 대표위원회도 해임 기자들의 조속한 복직을 주장하면서 아울러 해임 기자들에 대한 전국민적 지원을 호소하였다.

3월 25일에는 자유실천문인협의회가 성명을 발표하여 "언론 자유의 정통성은 기자들에게 있는 것이므로 해임 기자들이 복직될 때까지 동아, 조선의 모든 간행물에 집필을 거부한다"고 선언하였다. 3월 27일 <동아일보>의 기자 및 사원 12명이 또다시 해임되고 7명이 무기 정직되자 민주회복구속자협의회가 '민주 회복의 깃발을 높이 들자'는 제목의 성명을 발표하였다. 성명을 통해 이들은 정권이 광고를 통한 <동아일보> 탄압에 실패하자 "경영주를 이용, 자체 분열을 획책하여 자유 언론 실천에 앞선 기자들을 대거 해임하여 민주 회복 운동에 절대적 비중을 차지하는 언론에 간교한 탄압을 가중하고 있다"고 지적하면서 "동아·조선의 해임 기자들을 전원 복귀시키고 정부는 언론 탄압을 중지하라"고 주장하였다. 같은 날 목요기도회도 성명을 통해 해직된 기자와 직원을 전원 복직시킬 것을 촉구하였다(한국기독교교회협의회, 1987b, 574~6쪽).

자유 언론을 위한 실천 운동에 대학생들도 가세하였다. 3월 14일 서울대생 300여 명은 집회를 열고 동아, 조선의 해직 기자를 복직시킬 것과 언론 탄압의 중지를 요구하는 한편 기자들의 투쟁을 적극 지지 성원한다는 결의를 밝혔다. 3월 18일에는 이화여대생 4000여 명이 성명을 발표하여 모든 언론 기관들은 진실을 보도할 것과, 해임된 기자들의 복직을 요구하는 한편 자유 언론 실천을 위해 투쟁하는 언론인들에게 뜨거운 성원과 격려를 보낸다는 결의를 채택하였다. 3월 23일에는 서강대학교의 12개 학회가 결의문을 통해 기자들의 조속한 복직을 촉구하였다. 3월 28일에는 서울대생 500여 명이 결의문을 통해 정부의 음성적 언론 탄압 즉각 중지와 해임 사원 즉각 복직을 촉구하는 한편 동아투위에 대한 적극적인 지지를 표명하였다. 이날 서울대생들은 '진동아굿'을 공연하기도 하였다(동아자유언론수호투쟁위원회, 1987, 151~3쪽). 여기서 '진동아'란 동아투위 소속 기자들이 당시 발행되던 <동아일보>의 정통성을 부인하며 1975년 3월 15일부터 제작했던 매체의 제호였다.

이처럼 종교계와 대학생들을 중심으로 자유 언론 실천 운동을 뒷받침하고 성원하는 움직임들이 활발하게 이루어졌으나, 정권은 긴급 조치 7호와 9호를 잇따라 발표하면서 탄압의 강도를 더욱 높여만 갔다. 강제력을 앞세운 정치 권력의 무자비한 탄압 앞에 자유 언론을 위한 언론인들의 투쟁과 이를 성원하는 수용자들의 운동도 자연 약화될 수밖에 없었다.

3) <동아일보> 격려 광고 운동의 역사적 의의

<동아일보> 격려 광고 운동은 권력의 언론 통제 방법이나 이에 대한 수용자들의 대응 방법 모두가 유례를 찾아보기 힘든 독특한 사례이다. 광고를 통한 탄압이라는 통제 방법이나 이에 대응하여 수용자들이 격려 광고를 내고 구독 운동을 전개한 방식 모두 유례를 찾기 힘들다는 말이다. 김기태(1989, 66쪽)는 이 운동을 비폭력, 무저항 언론 수용자 운동의 좋은 사례로서 정부의 경제적 통제에 맞선 수용자들의 능동적 의사 표시로 한국 언론 수용자 운동의 독특한 유형이라고 평가하고 있다.

한마디로 말해 <동아일보>의 격려 광고 운동은 언론이 권력의 가혹한 탄압에 직면하게 되자 수용자들이 발벗고 나서서 지원했던 형태의 수용자 운동이었다고 평가할 수 있겠다. 여기서도 언론과 수용자의 관계는 연대의 형태를 취한다. 박정희 집권 이후 권력에 순치되어 가는 모습을

보면서 언론에 대한 비판 의식이 높아만 가던 상황에서 수용자들이 언론에 연대 의식을 가지고 운동을 전개한 사실은 주목할 만하다. 그 배경은 아마도 1970년대 초반 일선 기자들을 중심으로 언론 자유를 수호하려는 운동이 펼쳐진 것이 수용자들의 공감대를 얻을 수 있는 바탕이 되었던 것으로 분석할 수 있다. 이 언론 자유 수호 운동이 있었기에 언론 화형식에서처럼 언론에 대해 매우 비판적이던 수용자들이 <동아일보>를 돕자는 운동을 벌일 수 있었으리라는 말이다.

이 운동에는 전국 각지는 물론 해외의 동포들까지 포괄해서 광범위한 참여가 이루어졌다. 그러나 이와 같은 광범위한 참여에도 불구하고 이 운동은 조직적인 수준으로까지 승화되지는 못했다. 이는 유신 정권의 강압 정치가 극에 달해 저항 운동의 성격을 지닌 이러한 운동이 조직적으로 전개되기는 거의 불가능한 상황이었기 때문이라 할 수 있다. 앞에서도 언급하였지만 격려 광고를 게재한 사실만 가지고도 신변의 위협을 느껴야 했을 만큼 철저한 강압 정치 속에서 정치성을 띠는 언론 수용자 운동이 조직적으로 전개되기는 어려웠던 것이다.

한편 <동아일보>의 광고 사태는 1960년대 이후 정권의 비호 아래 언론의 기업화가 진행되면서 언론사 내에서 경영진과 편집진의 분화가 상당한 정도로 진척된 상태를 보여 준다. 정권의 언론 탄압에 대해 편집진에 속하는 기자들은 저항하였지만 경영진이 굴복하여 기자들을 대거 해고함으로써 언론 자유 실천 운동을 무력화시키고 기업의 이익을 수호해 가려는 태도를 보여 주었던 것이다. 각종 선언문에서도 나왔지만 이러한 경영진의 태도가 많은 수용자 집단의 반발을 야기하였으며 또한 핍박 받는 언론인들을 더욱 성원하는 밑거름이 되었다고 할 수 있다.

<동아일보>의 격려 광고 운동은 또한 언론 수용자 운동이 정치적 성격을 띠는 계기가 되었다는 평가도 가능할 것이다. 1975년 3월 18일에 발표된 한국기독학생회총연맹의 성명에서 명시된 바와 같이 <동아일보> 광고 사태를 한 언론사 내의 문제가 아니라 전체 사회의 민주 대 반민

주의 구도 속에서 인식하고 접근하려는 자세들이 나타나게 되었던 것이다. 이러한 인식을 바탕으로 당시 민주화 운동을 이끌던 재야 인사들의 기자 회견과 격려 방문도 가능했던 것이다. 이는 언론의 민주화가 전체 사회의 민주화에서 핵심적 역할을 한다는 인식의 출발점이라고 평가할 수 있다.

4. KBS 시청료 거부 운동

1986년에 전개되었던 KBS 시청료 거부 운동은 언론사의 측면뿐만 아니라 우리 사회의 민주 발전에서도 적지 않은 몫을 하였던 대사건이었다. 이 운동은 유신 치하에서부터 전두환 정권에 이르기까지 권력의 나팔수 노릇을 일삼던 방송에 대한 일반 시청자들의 불만과 비판이 집약적으로 표출되었던 사건이었다.

1) 시대적 배경

널리 알려진 바와 같이 전두환은 박정희 독재 정권이 끝나고 민주화를 열망하는 우리 사회의 욕구를 무력을 동원하여 억압하고 집권하였다. 그 과정에서 언론에 대해서도 유례를 찾아보기 힘들 만큼 폭압적인 탄압 조치를 자행하였다. 제5공화국의 이러한 언론 정책은 제3·4공화국이 펼쳤던 강압적 언론 정책의 연장이자 체계적인 확대라고 할 수 있다.

(1) 언론인 대량 해직
1980년 5월 광주 민중 항쟁을 통해 집권의 계기를 마련한 신군부는 이미 그 해 3월경부터 언론 대책반에서 준비한 이른바 'K공작'을 토대로 언론에 대한 정비에 바로 착수하였다. 제5공화국에서 국가의 언론 장악은 언론인 강제 해직으로부터 시작되었다. 이는 잠재적인 저항 세력의 제거를 목적으로 한 것이었다.

언론인 강제 해직은 1980년 두 차례에 걸쳐 단행되었다. 그 해 7~8월
에 각 언론사별로 진행된 언론인 강제 해직이 있었으며, 그 해 12월 언론사
통폐합에 뒤따른 대량 해직이 또 있었다. 1차 언론인 강제 해직은 1980년
7월 29일과 31일 두 차례에 걸쳐 신문협회와 방송협회, 통신협회 등 3개
단체가 '언론 자율 정화 및 언론인의 자질 향상에 관한 결의문'을 발표한
후 8월 2일부터 전국 언론사에서 단행되었다.

당시 이 결의는 외형상 '자율 결의'라는 형식을 취했지만 신군부의
강압과 언론사주의 굴복에 의해 가능했던 강제 해직이었다. 3개 언론 단체
의 결의문 내용도 문공부가 써 준 그대로였다. 결의문이 채택되기 이전인
7월 중순경부터 각 언론사주에게는 7월 말까지 기자 전원의 사표를 받도
록 지시가 내려와 있었다(주동황 외, 1997, 167~8쪽).

당시 문공부를 통해 전달된 언론인 해직 기준은 부패 언론인, 정치
성향이 강한 언론인, 시국관이 오도된 언론인, 언론 검열 거부 운동에 앞
장 선 언론인 등이었다. 이 중 두 번째와 세 번째의 것은 그 기준이 모호해
서 매우 자의적으로 적용될 소지를 원천적으로 안고 있었다. 즉, '정치 성
향이 강하다'거나 '시국관이 오도'되었다는 것은 객관적인 기준이란 것이
존재하지 않는 것이다. 마지막 조항은 권력자의 보복적 의도하에서 설정
된 것이라고 할 수 있다(김해식, 1994, 155쪽).

3개 언론 단체들이 자율 정화 결의문을 발표한 지 5일이 지난 8월 2일
부터 각 언론사별로 해직이 단행돼, 불과 며칠 사이에 전국 37개 언론사에
서 717명이 강제로 해직되었다. 그런데 이 해직 기자들 중에는 보안사가
각 언론사에 해직 대상자로 지목하여 통보한 명단에 따라 해직 처리된 경
우 외에도 각 언론사 내부의 자체 결정에 따라 해직된 경우가 상당수 있었
다. 1988년 11월 국회 언론 청문회에서 폭로된 '언론인 정화 결과'라는 당
시 문공부가 작성했던 문건에 따르면 보안사가 지목한 해직 대상자는 336
명이고, 이 중 38명이 언론사의 보류 요청으로 구제되어 지목 대상자 가운

민주언론운동협의회 창립 선언문

우리는 오늘 언론을 박탈당한 캄캄한 암흑시대를 살고 있다. 말할 권리, 알 권리, 알릴 권리가 인간의 천부적인 기본 권리임에도 불구하고 권력에 의한 표현의 자유, 언론·출판의 자유의 말살로 우리는 「말」을 잃어버린, 침묵을 강요 당한 언론부재시대를 살고 있다. 말하고 알고자 하는 인간의 요구가 있는 곳에 자유로운 표현의 권리와 수단이 보장되어야 함에도 불구하고 이땅의 민중은 오늘 그같은 기본적 권리를 원천적으로 박탈당하고 있으며, 뿐만 아니라, 오히려 그 표현수단이어야 할 기존 언론기관으로부터도 거꾸로 지배당하고 박해당하는 일찍이 경험하지 못했던 언론 소외를 겪고 있다.

오늘의 언론현실은 민중의 표현수단이 소수의 반민중적인 언론기관에 의해 독점되어 있는 데서, 그리고 그 언론이 지배체제에 편입되어 권력의 소리와 의지만을 일방적으로 강요하는 지배도구로 전락한 데서 단적으로 대변되고 있다. 오늘의 언론은 사실보도라는 언론의 기본적 책무를 포기한 것은 말할 것도 없고 진실의 왜곡조차 서슴지 않음으로써 사회 전체의 인식 능력과 이성을 마비시켜 이 사회와 민족의 운명이 어디로 가고 있는지 조차 알 수 없는 무지와 환상의 세계를 조성해 놓고 있다.

이 같은 언론의 모습은 민족과 민중의 주체적 각성과 힘에 의해 참다운 민족·민중언론을 쟁취·구현해보지 못한 우리 언론의 지난 날의 역사가 마침내 빚어낸 언론의 종말적 양상이다. 1896년 독립신문의 창간으로 민족 민주언론이 이땅에 자생적으로 탄생된 바 있으나, 그것이 소멸된 이후의 언론은 크게 보아 반민족적 반민중적 세력에 의해 지배당해 온 것이 우리 언론의 역사로 보아 마땅하다. 이 땅의 근대적 언론이 일제 식민주의자들의 식민통치정책의 일환으로 「주어진」 언론이었으며, 이 같은 식민주의 언론을 바로 잡으려는 저항과 노력이 부분적으로 있었음에도 불구하고 이를 극복하지 못한 채 해방을 맞았던 것은 우리 모두가 알고 있는 바와 같다. 해방 이후까지도 연장된 식민언론의 미청산, 민족분단에 의한 분단 이데올로기 냉전 이데올로기의 언론 지배, 그리고 정권 유지를 위한 정치권력의 무자비한 언론탄압으로 언론은 민족과 민중적 토대 위에 서는 참다운 언론을 건설할 기회를 박탈당하여 마침내 오늘 우리가 보는 것과 같은 언론의 참담한 모습에 이르고 있다. 언론이 민족적 토대 위에 서서 그 이익을 추구하는 언론이라면 그것은 마땅히 오늘 우리 삶의 고통의 원천인 분단을 극복하기 위해 노력하는, 그리고 모든 형태의 식민주의에 맞서 민족의 이익을 지키고 진정한 민족문화의 건설에 이바지해야 하는 언론이어야 할 것이고, 그것이 민주적 민중적 언론이라면 고난받는 민중과 더불어 민중의 현실과 의사를 대변하는 언론이어야 할 것이다. 그러나 오늘 우리가 보고 있는 것은 이와는 거리가 먼 반민족적, 반민중적 언론의 모습이다. 지금의 언론이 우리의 민족 문제를 어떻게 다루고 있으며, 민중의 현실을 어떻게 보도하고 있는가를 본다면 이를 쉽게 알 수 있을 것이다.

오늘의 언론은 언론을 말살하고 있는 권력에 대해 일체의 저항을 포기한 채, 오히려 권력과 야합하여 민중을 박해하면서 어느 때보다도 더 태평 성대를 누리고 있다. 우리는 언론기관의 존폐여부가 정부의 자의적 판단과 권한에 의해 결정될 수 있도록 규정한 공공연한 언론탄압장치인 언론기본법을 폐지해야 한다고 오늘의 언론이 주장한 바를 들어 본 적이 없으며 「보도지침」이라는 이름으로 자행되고 있는 문화공보부 홍보조정실의 언론조작을 거부하고 있다는 소식을 들어본 적이 없다. 외부권력의 언론 탄압으로부터 언론을 수호해야 할 일차적 책임이 언론을 직접 제작하고 있는 언론기관과 언론당사자에게 부과되는 것은 당연한 일이다. 그러나 우리는 1975년, 1980년 죽어가는 언론을 되살리고자 민주언론을 외치며 싸우던 언론인들을 언론기관 스스로가 대거 수백명씩이나 언론현장에서 추방한, 언론에 의한 언론의 부정이라는 자기 부정의 극치를 경험했었다. 이 같은 언론의 자기 부정이 가져온 것이 오늘의 제도언론이다.

신문 방송을 비롯한 오늘의 일체의 제도언론은 폭력이다. 강제된 힘에 의해 의사를 지배하려는 것이 폭력이라면 오늘의 제도언론은 가장 큰 정신적인 폭력이다. 이 땅에 정의로운 민주사회를 건설하려는 수많은 민주화운동 단체와 학생들의 노력이, 가혹한 조건 속에서 최소한의 인간다운 삶을 요구하고 있는 노동운동과 농민운동이 오늘의 언론에 의해 어떻게 취급되고 있는가를 보면 그것을 알 수 있다. 오늘의 학생운동은 일부 「좌경 극렬학생」의 분별없는 극단행위로 보도되고 있으며, 생존권을 요구하는 농민들의 운동은 사회 안정을 해치는 일부 불순분자의 소행으로 왜곡 보도되어 이중 삼중의 박해를 받고 있다. 이같은 언론의 폭력에 대한 민중의 분노는 곳곳에서 번져나가고 있다. 그것은 언론에 대한 불신을 넘어서서 언론에 대한 적대관계로까지 발전되고 있다. 여러 사건 현장에서 기자들이 취재를 거부당하고 돌팔매질당하고 있는 것은 민중의 분노의 표현이자 자연스런 자위권의 발동 외에 아무 것도 아니다.

이 같은 제도언론의 횡포에 대한 분노와 더불어 지금 이 땅에서 전개되고 있는 당면한 위기에 대한 민중의 각성은 어느 때 보다도 더 절실하게 참다운 민주 민족언론에 대한 요구로 나타나고 있다. 오늘 우리사회가 총체적인 위기 속에 놓여있다는 것은 양심의 눈으로 현실을 보는 모든 사람이 공통적으로 갖고 있는 인식이다. 민족분단에 의한 총체적 삶의 분단, 강대국의 각축에 의한 민족절멸의 위기, 민주주의의 사멸과 정치부재, 예속 경제에 의한 민족경제의 파탄, 빈부격차의 심화에 따른 사회의 분열, 식민지주의 문화에 의한 민족문화의 말살, 자원약탈 및 공해에 의한 자연환경의 무자비한 파괴, 불신풍조의 만연 및 인간성의 황폐화가 우리의 삶을 전면적으로 위협하고 있기 때문이다. 이 같은 위기의 극복은 참다운 언론의 기능없이 불가능하다는 것이 일반적인 인식이다. 왜냐하면 언론이란 더불어 나누는 말이며, 밝힘이며, 사회적 인식의 수단이며, 의지를 공유케 하는 유대의 끈이며, 자유의 무기이며 그리하여 마침내는 인간해방의 고귀한 열쇠가 되기 때문이다.

우리는 오늘 언론의 죽음 속에서 새로운 민주·민족언론이 탄생되고 있음을 보고 있다. 표현수단을 빼앗긴 민중으로부터 자기의 삶을 스스로 표현하려는 민중언론이 태동되고 있는 것이 그것이다. 오늘의 거짓된 지배문화를 거부하고 진정한 민족·민중문화를 건설하려는 새로운 문화운동과 더불어 민중언론은 도처에서 광범위하게 확산되고 있다.

우리 민주언론운동협의회는 이같은 새로운 언론에 대한 요구에 부응하여 일찍이 우리가 가져보지 못했던 참다운 민주·민족언론을 창조하고자 한다. 그것은 더 말할 것도 없이 제도언론을 부정 극복하는 것일 뿐만 아니라 우리의 민중적 민족적 요구에 굳건히 선 새로운 언론의 창조를 뜻한다. 오늘의 제도언론이 우리의 민주화를 가로막고 있는 가장 큰 장애의 하나라면 새로운 언론이 이같은 반민주적 거짓 언론의 극복없이 실현될 수 없다는 것은 분명하며, 그렇기 때문에 제도언론의 정체를 바로 보고 이를 타파·극복하는 일은 민주주의를 열망하는 모든 사람들의 중요한 의무이다. 제도언론의 극복이 언론활동의 기초를 이루는 표현의 자유, 언론·출판의 자유의 확보없이 불가능한 것이라면, 이 기본적 자유의 확보는 더 말할 나위없이 민주언론운동의 선결적 과제가 될 것이다. 언론활동이란 모든 종류의 말할 권리와 알 권리와 알릴 권리의 실천을 포함하는 것이기 때문에 우리 민주언론운동협의회가 신문, 방송, 출판을 비롯한 모든 언론매체의 민주화를 요구하는 사람들을 포함하게 되는 것은 당연하며, 따라서 우리는 민주언론을 실현하고자 하는 모든 분야의 자생적 언론종사자들과 함께 이 운동을 펴나갈 것이다. 제도언론 속에서 오늘의 범죄적 언론에 양심의 고통을 느끼는 사람들 역시 이 운동의 대열에 참가시키려고 노력할 것이다.

그러나 민주언론화란 사회의 전반적 민주화와의 통일적 관계속에서만 가능한 것이다. 언론의 민주화 없이 사회의 민주화가 불가능한 것과 마찬가지로 사회의 민주화없이 언론의 민주화가 실현될 수 없음 또한 분명하다. 이것이 바로 언론민주화운동이 사회의 민주화운동과의 연대 속에서 추진되지 않을 수 없는 이유이다. 우리는 진정한 언론없이 인간다운 삶이 불가능하다고 믿는 모든 사람들의 호응과 지원을 기대한다. 진정한 민주언론은 인간다운 삶의 관건이기에 우리의 이 민주언론운동은 민중의 언론운동으로 발전할 것임을 우리는 확신한다. 언론은 천부의 인권이기에, 그리고 민주·민족언론에 대한 민중의 요구가 어느 때 보다도 드높은 것이기에 이 운동은 누구도 끝내 막을 수 없을 것이며, 험난한 과정을 거치더라도 기필코 목표를 성취하고야 말 것이다.

1984. 12. 19
민주언론운동협의회 발기인 일동

출처: 민중문화운동협의회 편 (1989). ≪80년대 민중·민주 운동 자료집 (II)≫. 서울: 학민사, 31~3쪽.

데 실제 해직된 언론인은 298명이었다. 따라서 나머지 400명이 넘는 해직자는 언론사가 자체적으로 해직시킨 것으로 볼 수 있다. 이들은 언론사주의 눈 밖에 난 이거나 언론사 내부의 파벌 싸움의 희생자이거나 봉급이 고액인 고령자들인 것으로 드러났다. 결국 언론인 강제 해직은 보안사에 의한 해직뿐만 아니라 언론사주의 끼워 넣기식 자체 해고가 곁들여진 것으로 결국 신군부 세력과 언론사주의 이해 관계가 맞아 떨어지면서 단행되었던 것이다.

2차 언론인 대량 해직은 그 해 12월의 언론 통폐합에 따른 것이었다. 방송사 통폐합으로 모두 1000여 명이 민간 방송에서 KBS로 옮겼는데, 이 과정에서 직장을 잃게 된 언론인들과 지방지의 1도 1사제 도입, 지방 주재 기자 폐지 등으로 대거 해직된 언론인들이 여기에 포함된다. 이 언론사 통폐합 과정에서 해직된 언론인은 모두 305명에 이르는 것으로 알려지고 있다.

이처럼 1980년의 언론인 강제 해직은 신군부가 정권 장악을 위해 언론 내부의 저항 세력을 약화시키고 결과적으로는 언론 통제를 손쉽게 수행하기 위한 언론 장악 전략의 일환이었고, 여기에 언론사주의 '끼워 넣기식 대량 해직'이 곁들여진 언론사상 유례없는 참극이었다(주동황 외, 1997, 169~70쪽).

(2) 언론 통폐합

언론인 대량 해직으로 언론계 내의 현재적 및 잠재적 저항 세력을 제거한 신군부 세력은 뒤이어 통제 구조를 간편화하기 위해 대대적인 언론 통폐합에 착수하였다. 이 언론 통폐합의 기본적인 목적은 언론의 체질을 '저항 체질'에서 '순응 체질'로 바꾸기 위한 것이었다. 이 같은 사실은 지난 1988년 언론 청문회에서 이철 의원이 폭로한 '건전 언론 육성 종합 방안 보고'라는 문건을 통해서 확인된다. 이 문서는 당시 언론 실태에 대해서 "저항 의식이 체질화되어 있으며 국가관 및 사명감이 희박하고, 전후 세대인 30대 이하가 65%를 차지하고 있다"고 분석하고 계엄령하의 보도 검열과 '협조 유도 작용'으로 '타율적 협조' 체제를 유지하고는 있으나 30%의 저항 세력이 잠재하고 있어

계엄령이 해제되고 정치 활동이 재개되면 저항 세력이 표면화할 것으로 예상되므로 이에 대한 대처 방안으로 언론 통폐합이 필요하다는 것을 역설하고 있다.

이 자료는 언론의 '타율적 협조'를 '자율적 협조'로 바꾸고 다시 '자발적 협조'로 전환시키는 것을 언론 정책의 궁극적 목표로 삼아야 한다는 점을 강조하면서 대외적으로 한국 언론이 후퇴하고 있다는 인상을 극소화하는 범위에서 국익 증진을 최우선으로 하는 방향으로 통폐합을 추진하도록 규정하고 있다(김해식, 1994, 156~7쪽).

통폐합에 앞서 전두환 정권은 1980년 7월 31일 일간지를 제외한 정기 간행물을 무더기로 등록 취소하였다. 당시 문공부는 부조리, 외설, 사회 불안을 조성하는 간행물을 '사회 정화'한다는 명분으로 172종을 등록 취소하였다. 전체의 12%에 달하는 양이다. 이 가운데는 <기자협회보>, <월간중앙>, <창작과비평>, <뿌리깊은나무>, <씨올의소리> 등 당시 상당한 영향력을 갖고 있던 정론성 잡지들이 대거 포함되어 있어 문공부의 저의가 사이비 정기 간행물의 정화를 구실로 저항적인 논조의 정기 간행물을 제거하고자 한 것이었음을 알 수 있다.

언론 통폐합을 주도했던 것은 보안사 언론대책반과 국보위 문공분과위원회였다. 1980년도 봄부터 양측에서 만든 통폐합 계획을 토대로 하여 보안사는 11월 12일 통폐합안을 전격적으로 시행하고 나섰다. 당시 언론 통폐합도 신문협회와 방송협회의 자율 결의 형식으로 이루어졌다. 11월 14일 신문협회와 방송협회는 '건전 언론 육성과 창달을 위한 결의문'을 발표해 전국의 신문사, 방송사, 통신사의 대대적인 통폐합을 통한 언론 구조 개편을 실시할 것을 결의했다. 그 내용은 '우리 언론이 지난날의 잔재와 불합리한 요소를 제거하고 공익을 우선시키는 근대적인 공론 기관으로서의 체제를 갖추도록 자기 혁신을 단행한다'는 요지였다.

외형상 자율 결의의 형식을 취했지만, 이는 철저히 전두환 정권의 강압과 협박에 의해 이루어진 것이었다. 양 협회의 결의문 발표 이틀 전인

표 8. 1980년의 중앙지 통폐합 현황

	신문사	개편 내용
일간지	경향신문	MBC와 분리, 신아일보 흡수
	동아일보	종전대로 석간
	서울신문	석간에서 조간으로
	신아일보	경향신문에 통합
	조선일보	종전대로 조간
	중앙일보	종전대로 석간
	한국일보	서울경제를 흡수
경제지	매일경제	종전대로 석간
	서울경제	한국일보에 통합
	내외경제	코리아 헤럴드에 통합
	현대경제	종전대로 조간, 한국경제신문으로 개제
기타	일간스포츠	변동 없음
	코리아타임스	변동 없음
	코리아헤럴드	내외경제 흡수

* 자료: 김해식, 1994, 157쪽.

11월 12일에 언론 통폐합 대상 언론사 대표들은 보안사에 끌려가 강압적인 분위기 밑에서 이미 포기 각서에 반강제적으로 서명한 상태였던 것이다. 결의문 자체도 이수정 청화대 정무비서관이 직접 작성해 당일 양 협회에 전달한 것으로 밝혀졌다. 결의문 발표 바로 다음날인 11월 15일 통폐합 대상 신문, 방송 통신사들은 일제히 양 협회의 결의문을 사고(社告)로 내보내고 그 즉시 회사별로 구체적인 통합 내용을 지상 또는 방송을 발표했다. 언론사 통폐합은 12월 15일까지 모든 실무 작업을 마무리지었다(주동황 외, 1997, 174~6쪽). 매체별 통폐합의 결과는 표 8, 9, 10과 같다.

언론 통폐합으로 전국의 신문 숫자가 대폭 축소되는 바람에 살아남은 신문들의 시장 점유율은 크게 늘어나게 되었다. 뿐만 아니라 조간과 석간의 비율이 균형적으로 조정되어 중앙지나 경제지는 각각 신문 시장을 양분하면서 일종의 과점 체제를, 그리고 지방지는 지역 신문 시장에 대한 독점 체제를 누리게 되었다. 새로운 신문의 시장 진입도 전혀 없었으며, 조석간

표 9. 1980년의 지방지 통폐합 현황

신문사	개편 내용
부산일보 국제신문	1도 1지의 원칙에 따라 양사 합의에 의해 주식 51 대 49의 비율로 1개사로 통합(위쪽에 있는 신문사가 아래쪽의 신문사를 통합)
매일신문 영남일보	대구매일신문으로 개제
경남매일 경남일보	경남신문으로 개제
전남일보 전남매일	광주일보로 개제

* 자료 : 김해식, 1994, 158쪽.

표 10. 1980년의 방송사 통폐합 현황

방송국	개편 내용
KBS	TBC–TV, TBC 라디오를 흡수 DBS, 전일방송, 서해방송, 대구FM을 흡수 MBC의 주식 65% 인수
DBS	KBS에 흡수
TBC	KBS에 흡수
MBC	21개 지방사(부산문화, 부산문화TV, 춘천, 원주, 강릉, 삼척, 청주, 충주, 대전, 대구, 포항, 안동, 울산, 마산, 마산 TV, 진주, 전주, 광주, 목포, 여수, 남양)의 주식 51%를 소유주로부터 인수, 지방망을 계열화
CBS	보도 기능 없애고 복음 방송만 전담케

* 자료 : 김해식, 1994, 158쪽.

발행의 변동도 없었고, 신문 카르텔이 존속했기 때문에 살아남은 신문 기업들은 안정된 시장 구조 속에서 괄목할 만한 성장을 이룰 수 있었다.

통신사의 경우는 기존의 동양통신과 합동통신을 합병하여 연합통신을 새로이 발족시키고, 3개 특수 통신들, 즉 시사통신, 경제통신, 실업통신을 여기에 흡수시켰다. 연합통신은 전국의 일간지와 방송들이 지분 참여하는 회원제 통신사였으나, 실제로 전두환 정권의 통제하에 들어간 KBS와 MBC

가 전체 지분의 74.5%를 차지, 사실상 정부 장악하의 통신이나 다름없었다.

연합통신의 출범과 함께 지방 뉴스의 취재는 연합통신과 양대 방송사에게만 허용되었다. 일간 신문의 지방 주재 기자 제도가 폐지되고 지방부도 사라졌다. 그 과정에서 앞서도 지적한 대로 300여 명의 지방 주재 기자들이 대거 해고되는 사태도 벌어졌다. 외신의 국내 공급도 연합통신을 거쳐 각 언론사에 제공되었기 때문에 전두환 정권은 연합통신을 통해 국내외 정보의 흐름을 통제할 수 있도록 만들었다(주동황 외, 1997, 180~1쪽). 이처럼 5공화국 정권은 언론 통폐합을 단행함으로써 자신들의 통치에 유리한 언론 구조를 만들어 놓았던 것이다.

(3) 언론 통제 기구의 정비

전두환 정권은 언론인 해직과 통폐합을 통해 언론의 체질을 순응형으로 만드는 작업 외에도 앞으로 발생할지도 모르는 저항의 가능성을 차단하기 위한 제도적 안전판으로서 언론 기본법을 제정하였다. 이 법은 1980년 12월 26일 국보위 입법회의 문공분과위원회를 통과하여 1981년 1월 5일부터 발효되었다.

이 법은 그 제정 의도가 언론을 통제하려는 데 있었던 만큼 여러 가지 독소 조항을 포함하고 있었다. 대표적인 것이 바로 24조이다. 문공부 장관이 신문 통신의 등록을 취소하거나 발행을 정지할 수 있도록 규정한 것이다. 이는 사법적 판단없이 행정부의 자의적 해석만으로도 언론의 생존권 자체를 박탈할 수 있게 한 것이다. 언론 기본법은 또한 '상당한 사유가 있을 때' 법관의 영장을 받아 정기 간행물과 방송의 표현물을 압수할 수 있게 하였다. 압수의 근거가 포괄적이고 모호하여 통제권자가 권력을 남용할 소지가 있었다(김민환, 1996, 502쪽).

이처럼 제도적 차원에서 통제 시스템을 갖추어 놓은 후 전두환 정권은 언론의 일상적인 보도 활동에 대해서도 일일이 보도 지침을 통해 간섭하고 통제하였다. 보도 지침이란 문화공보부 내의 홍보조정실에서 각 언론사에

「보도지침」에 관한 공동기자회견문

─ 「보도지침」 관련 언론인들의 구속을 보고 ─ (1986. 12. 29)

언론의 자유는 진정한 민주화를 위한 필요불가결한 전제이므로 사실과 진실의 전달 그리고 창조적 비판이 보장될 때 비로소 민주사회의 발전을 기약할 수 있다. 따라서 언론을 통제·조작하거나 탄압하는 것은 민주주의는 물론 인간으로서의 생활 그 자체를 위협하는 것이라고 단언하지 않을 수 없다. 그럼에도 불구하고 우리 사회에서는 1960년대부터 이른바 권력기관을 통한 노골적인 언론통제·간섭이 존재해 왔으며 1981년에 홍보조정실이 신설되면서부터 보도금지 사항은 물론 기사의 제목과 내용, 단수, 사진의 크기와 구성까지 일일이 간섭하는 보도지침이 철저한 언론조작과 통제의 수단으로 이용되어 왔다.

진정한 민주화가 전 국민의 열화와 같은 염원이 되어 있는 시대적 상황에서 현 언론현실을 정확하게 인식하는 것은 그 무엇보다도 중요한 일이 아닐 수 없다.

현 언론 현실에 대한 정확한 인식이야말로 민주언론 나아가서 민주화의 첫 걸음이기 때문이다. 이러한 의미에서 민주언론운동협의회가 1986년 9월 6일 「말」 특집호인 보도지침을 제작·배포한 것은 오로지 현 언론현실이 과연 어떤 상태에 있는지를 전달함으로써 민주언론과 민주사회 실현의 기틀을 마련코자 하는데 목적이 있었다.

그럼에도 불구하고 현정권은 1986년 12월 10일과 12일 그리고 15일에 민주언론운동협의회 사무국장 김태홍씨, 실행위원 신홍범씨와 한국일보 김주언 기자를 잇달아 불법 연행하여 국가보안법 위반과 국가 모독 혐의로 구속하고 편집 실무자들을 수배하는 보복을 자행하였다. 이것은 한마디로 현정권의 반민주적 폭력성을 다시 한번 명백하게 드러낸 것이라고 규탄하지 않을 수 없다.

보도지침은 과연 무엇일까? 그 예를 들자면 보도지침은 1986년 3월 10일 김수환 추기경의 강론 중 개헌은 빠를수록 좋다는 것을 삭제하라고 하는가 하면 1986년 4월 28일 미하원 아시아태평양지역소위 위원장인 솔라즈 의원의 워싱턴포스트지 기고 내용 중 "한국이 불행을 회피하려면 민주화가 되어야 한다"는 대목을 삭제하도록 하였고 1986년 7월 12일에는 부천 성고문 사건 관계는 발표 때까지 보도를 일절 자제하라고 지시하는 등 폭력성과 기만성을 여지없이 드러냈다.

그뿐 아니라 1985년 11월 18일에는 치안본부가 「최근 학생시위, 적군파식 모방」이라는 발표문을 크게 다루어줄 것과 특히 「적군파식 수법」이라는 제목을 붙이라고 요구하는 등 용공조작성을 적나라하게 보여 주었다.

현정권이 이처럼 언론의 조작·통제는 물론 고문, 폭행 등의 은폐·왜곡, 반민주적 용공조작 등의 직접적 날조수단이 되고 있는 보도 지침을 강요하는 것은 민주 사회에서는 도저히 상상도 할 수 없는 위헌이며 불법임은 두말할 나위가 없다.

그러나 현 정권은 이러한 보도지침을 공개하였다는 이유로 김태홍씨, 신홍범씨 그리고 김주언 기자를 국가보안법이라는 터무니없는 혐의로 구속, 앞으로도 언론조작 통제를 계속 자행하겠다는 태도를 드러냄으로써 전 국민적 분노를 불러 일으키고 있다. 언론조작·통제의 비밀지령문인 보도지침을 공개한 것이 어떻게 국가보안법 위반일 수 있는가? 사실과 진실의 보도는 언론 고유의 사명이자 책임이다. 이러한 사명과 책임을 수행한 것이 어떻게 국가보안법 위반일 수 있는가? 이것이야말로 민주화 요구를 용공조작으로까지 몰아 탄압해온 현정권의 실상을 정권 스스로가 폭로한 조작극이 아닐 수 없다.

우리는 만약 현정권이 이런 구속자들을 즉각 석방하지 않고 끝내 재판에 회부한다면, 그것은 민주언론 나아가서는 민주주의를 재판에 회부하는 것이라고 규정한다. 따라서 우리는 이 나라의 민주언론 및 민주주의 쟁취를 위하여 더욱 굳건히 연대하여 보도지침 폭로와 관련한 구속자 석방을 위한 전 국민적 서명운동 전개를 포함, 강력한 공동 투쟁을 할 것임을 천명하여 다음과 같이 우리의 입장을 밝힌다.

1. 김태홍, 신홍범, 김주언씨를 즉각 석방하라!

2. 언론기본법을 즉각 철폐하고, 언론·출판·집회·결사의 자유를 보장하라!

3. 용공조작을 즉각 중지하고 구속된 민주인사들을 전원 석방하라!

민주화추진협의회·신민당·민주언론운동협의회·
천주교정의구현전국사제단·전국구속학생학부모회

출처: 동아일보사 편 (1990). ≪선언으로본 80년대 민족·민주 운동≫
(〈신동아〉 1990년 1월호 별책부록). 서울: 동아일보사, 209~10쪽.

매일 보낸 지침으로서 구체적인 기사의 보도 여부뿐만 아니라 크기나 위치 등 세부적인 사항에 대해서까지 통제하는 내용을 담고 있다. 이 홍보조정실은 또 청와대와 안기부의 지휘하에 있었다고 한다. 당시 언론들은 대부분이 보도 지침의 지시를 그대로 따랐던 것으로 밝혀지고 있다. 보도 지침의 내용과 실제 지면의 내용을 비교한 결과 중앙 6개지의 보도 지침 이행률은 평균 77.8%로 매우 높은 것으로 나타났다(김해식, 1994, 162~663쪽).

(4) 언론사와 언론인에 대한 경제적 혜택

전두환 정권이 시행한 강제 해직과 통폐합 등의 폭압적인 조치에도 불구하고 살아남은 언론사 및 언론인들에게는 각종 경제적 특혜가 제공되었다. 가장 큰 혜택은 앞에서도 잠시 언급하였지만 언론 통폐합을 통해 독과점 체제를 구축해 주었다는 점이다. 뿐만 아니라 신생 언론사의 시장 진입도 봉쇄해 놓아서 중앙 일간지들은 신문 카르텔 체제를 유지하면서 독과점을 기반으로 안정 속에서 눈부신 기업적 성장을 거듭할 수 있었다.

새로운 신문의 창간은 봉쇄한 반면 기존 언론사들의 다각 경영을 지원하였다. 신문사들의 잡지 발행을 대폭 허용하여 대부분 신문사들이 여러 종류의 잡지를 창간하였다. 이 시기 신문사들이 창간한 잡지는 <조선일보>가 4종(<가정조선>, <월간조선>, <월간산>, <월간낚시>)으로 가장 많았으며, <경향신문>(<레이디경향>, <소년경향>, <사상과정책>)과 <동아일보>(<음악동아>, <월간멋>, <과학동아>), <중앙일보>(<영레이디>, <이코노미스트>, <음악세계>)가 각기 3종씩을, <한국일보>(<월드테니스>, <스포츠레저>)와 <서울신문>(<TV가이드>, <예술과 비평>)이 2종씩을 발행하였다. 그 밖에도 중소 기업의 고유 업종인 상업 인쇄, 각종 문화 사업, 스포츠 사업, 부동산 임대 등에까지 진출을 허용하였다. 당시 다각 경영을 통한 언론사의 수입이 평균 20%에 육박할 정도였다고 한다.

다음은 세제상의 혜택이다. 신문사의 윤전기 도입을 위해 1981년 말에는 관세법 부칙을 개정하여 1982년 1년간 20%의 관세를 4%로 대폭 인하하는 조치를 취했다. 이 기간 중 전국 12개 신문사가 30여 대의 윤전기를 도입함으로써 도합 수십억 원의 감세 혜택을 볼 수 있었다. 뿐만 아니라 언론사가 부동산을 매매하는 경우 세금을 면제해 주기도 하였다.

이러한 특혜 조치를 바탕으로 해서 신문 기업들은 괄목할 만한 성장을 기록하였다. 1960년대 박정희 정권하에서 성장 위주의 경제 정책 토대 위에서 정권이 제공하는 특혜를 바탕으로 기업화의 기반을 닦아온 신문 기업들은 5공화국 시기를 통해서는 여러 개의 계열 기업까지 거느리면서 대기업에 버금가는 수준으로까지 성장하였다. 5공화국이 끝나는 1987년까지 4대 신문 기업의 매출액을 보면 1980년에 비해 3.26배로 증가했다.

기자들에 대해서도 여러 가지 혜택이 주어졌다. 우선 급료가 다른 업종에 비해 훨씬 높은 수준으로 상승하였으며, 취재 수단에 대한 면세, 방송광고공사의 공익 자금에 의한 해외 연수와 여행, 언론인 금고의 주택 자금 및 생활 안정 자금의 저리 융자, 자녀 학자금 지원 등이 대표적이다(주동황 외, 1997, 186~8쪽).

여기서 공익 자금이란 제5공화국에서 새로이 만들어낸 제도이다. 한국방송광고공사라는 유례를 찾아보기 힘든 기관을 만들어 방송 광고 영업을 독점 대행하면서 그 대행 수수료를 가지고 조성한 것이 바로 이 공익 자금이다. 이 공익 자금이 문화 예술의 진흥을 위한 자금으로도 쓰였지만, 그 상당 부분이 언론인들에게 후생 복지, 재교육 등의 혜택을 제공하는 데에도 사용되었다. 이는 사적 기업의 형태로 존재하는 언론 기업에 대해서까지 공적 자금을 통해 종업원 후생 복지를 제공하였다는 점에서 문제의 소지가 있는 것이며, 수혜 대상이 되는 언론인뿐만 아니라 언론 기업에 대해서도 커다란 특혜가 되는 것이다.

언론인들에 대해서는 세제상의 혜택도 주어졌다. 1982년 1월 1일부터 시행된 소득세법 시행령 8조 12항에 의거하여 기자들의 봉급 가운데 20%를 실비 변상적인 성격의 급여, 즉 취재 수당으로 보고 비과세토록 한 것이다. 이로써 기자들은 세금 면에서 약 3분의 1을 덜 내게 된 셈이다.

한국기자협회는 1984년 서울 지역 기자들로 주택 조합을 구성하여 문공부와 건설부의 도움으로 토지개발공사 땅을 불하받아 800가구의 기자 아파트를 건립하기도 했다(주동황 외, 1997, 188~9쪽).

(5) 언론 통제에 대한 언론의 대응

정치 권력의 통제와 회유에 대해 언론은 아무런 저항도 없이 순응하면서 체제내화되어 갔다. 침묵을 넘어서 정권 홍보에 적극적으로 앞장서면서 '정권의 시녀'니 '권력의 나팔수'니 하는 불명예스러운 명칭까지 얻게 되었다.

신군부의 등장 과정에서 신문과 방송은 앞 다투어 전두환을 미화하고 영웅시하는 이른바 '용비어천가'를 소리 높여 외치더니, 5·18 광주 민중 항쟁의 왜곡, 편파 보도 등으로 전두환의 집권에 결정적인 기여를 하였다. 5공화국 출범 이후 언론들의 행태는 바로 '땡전 뉴스'와 '또한 뉴스'라는 말이 잘 집약해 준다. 이 말은 당시 텔레비전 방송의 뉴스를 빗대어 나온 말이다. 저녁의 메인 뉴스인 9시 뉴스에서 시보가 땡하고 울리고 나면 바로 첫 마디는 매일같이 '전두환 대통령은'으로 시작한다고 해서 '땡전 뉴스'라는 말이 나왔으며, 이 첫 뉴스가 끝나고 나면 대부분 '또한 이순자 여사는'으로 이어진다고 해서 '또한 뉴스'라는 말이 나왔다(강준만, 2000, 530쪽). 정치 권력의 이미지 메이킹과 관리를 위해 언론의 일반적인 관행과 뉴스 가치가 전적으로 무시되면서까지 그야말로 총동원된 측면을 잘 나타내 준다.

언론이 이처럼 왜곡되고 굴절된 모습을 보여 주자 이에 대한 수용자들의 불만과 불신은 높아만 갔다. 박정희 정권기부터 시작된 언론에 대한 불신은 더욱 깊어졌다. 5공화국기의 언론의 모습에 대해 현장의 언론인들은 "국민과 정부, 어느 쪽으로부터도 호응 받지 못하는 불신 언론"이라고 자평하고 있었다(<기자협회보>, 1985. 12. 17). 국민들로부터는 언론의 제 역할을 다하지 못한다고 외면받으면서 정부로부터도 기대에 못 미친다고 외면당하고 있다는 것이다. 수용자들의 불신 때문에 취재원으로부터 외면당하는 것은 물론 시위 현장 등에서는 경찰로부터 폭행당하고 학생들로부터도

언론기본법 폐기운동 공동 성명
— 언론기본법 폐기운동을 적극 전개하자 — (1985. 9. 3)

우리는 지난 8월 31일～9월 1일 ＜민중교육＞지 관련자 3명의 구속, 계간지 ＜실천문학＞의 폐간, 도서출판「이삭」의 폐쇄 등 현 정권의 야만적 문화 탄압에 항의하는 농성을 벌였다. 그런데 비열하게도 현 정권은 우리의 항의에 귀를 기울이기는커녕 오히려 위 기간 동안 동아일보 편집국장, 정치부장 및 정치부 기자를 연행, 가혹행위를 자행하는 만행을 저질렀다.

주지하다시피 현 정권의 이러한 야만적 행위는 진실을 밝히고 표현하는 일체의 민주·민중문화 활동을 원천적으로 봉쇄하여 국민의 귀와 눈을 가리고 창조적, 비판적 사고를 마비시킴으로써 침묵의 문화, 무조건 복종의 문화를 조성, 현 정권의 폭력성을 유지해 나가려는 목적에서 나온 문화말살 책동이다. 여기서 우리는 현 정권의 이같은 문화 말살책동이 언론기본법에 의거하여 벌어지고 있다는 점에 주목하면서 이렇듯 반민주적이고 반민중적인 문화탄압의 근거가 되고 있는 언론기본법은 참다운 민주·민중문화 창달을 위해 반드시 없어져야 한다는데 의견을 같이 하고 범국민적인 언론기본법 철폐운동을 제창하고자 한다.

널리 알려져 있는 바와 같이 현재의 언론기본법은 1980년 12월 31일 이른바 입법회의가 계엄령 아래서 국민의 뜻과는 전혀 상관없이 마구잡이로 제정한 반민주적 악법 중의 하나이다. 유신독재정권조차 감히 제정하지 못했던, 언론·문화활동의 자유에 대한 공공연한 탄압법이다.

우리는 저 무참한 1980년의 5·17사태 이후 이 나라 언론사상 유례없이 7백여명에 이르는 언론인들이 언론현장으로부터 대량 축출당하고 전국의 총 64개 신문, 방송, 통신사들이 통폐합되어 그 3분의 1인 23개사로 대폭 축소되었던 사실을 분명히 기억하고 있거니와, 이같은 조치로도 부족하여 언론에 대해 항구적으로 재갈을 물리기 위해 만들어진 것이 바로「언론기본법」이었던 것이다.

이와 같이 언론기본법은 법률의 제정 동기나 제정 경위부터가 비민주적이었던 것이기 때문에 새삼 그 내용을 검토해 본다는 것조차 혐오스러운 일이지만 그것이 얼마나 언론의 숨통을 조이는 악법인가 하는 것은 아무리 강조되어도 부족할 것이다.

언론기본법은 한마디로 언론 제작물에 대한 압수와 몰수는 물론 끝내는 언론기관의 등록 취소, 즉 폐간 및 폐쇄까지도 행정부의 임의 결정에 의해 좌우될 수 있는「무한법률」이다. 등록 취소조항, 주의·의무조항, 책임편집제 조항 등 현행 언론기본법의 골간을 이루고 있는 각 조항들은 언론자유에 대한 법률적 폭력임을 여지없이 드러내고 있다. 예컨대 언기법 제3조 4항은 "언론은 폭력행위 등 공공질서를 문란케 하는 위법행위를 고무·찬양해서는 안된다"고 규정하고 이를 "반복하여 현저하게 위반할 때"에는 등록을 취소할 수 있다고 규정하고 있는 바, 그 판단·결정이 법원의 사법적 절차가 아니라 행정관리에게 맡겨져 있다.

이렇듯 「공공질서 문란행위」와 「고무찬양행위」에 관한 해석과 조치의 권한이 권력에 위임되어 있다는 것은 언론기관의 사활이 전적으로 행정관청에 위임되어 있다는 것을 뜻한다. 이밖에도 위법한 표현물의 압수조항을 보면 「상당한 이유」가 있을 경우에는 표현물들을 압수·몰수할 수 있도록 규정하고 있는데, 「상당한 이유」의 판단 또한 행정당국에 위임되어 있다. 이처럼 언론기관의 존폐를 가름할 수 있는 권한을 정치권력에 맡겨놓고 있는 이 법률이 언론자유에 대한 장기간의 탄압 아래서 제 구실을 못해온 언론기관은 물론 일반 국민에게 더욱더 큰 공포심을 조성해 왔을 것이라는 것은 상상키 어렵지 않다.

우리는 오늘날 민주주의를 지향하는 어떤 나라에서도 이같은 언론규제법이 시행되고 있다는 것을 들어본 바 없다.

그러므로 언론기본법은 폐기되어야 한다. 언론자유의 확보가 민주주의와 민주적 문화의 창달에 있어 선결적인 과제라면 언론의 숨통을 조이고 있는 가장 기본적인 제도적 장치인 「언기법」은 마땅히 무엇보다도 먼저 철폐되지 않으면 안되는 것이다. 오늘의 군사독재체제를 유지시켜 주는 힘이 물리적 폭력, 그리고 침묵의 질서 속에서 우리의 혼을 마비시키는 정신적 폭력인 언론폭력이라면 이 언론폭력은 민주주의의 가장 큰 적임이 분명하며, 따라서 오늘의 빼앗긴 언론자유를 되찾고 빼앗긴 말을 되찾아 참다운 언론을 건설하는 것은 민주주의를 열망하는 모든 국민의 공동의 과제라고 우리는 믿는다.

따라서 우리는 언론기본법 철폐운동에 앞장설 것을 다짐하면서 민주주의와 민주적 언론·문화의 창달을 염원하는 모든 국민이 이 운동에 동참하여 줄 것을 촉구하는 바이다.

모든 민주국민이여, 언론기본법 철폐운동 대열에 함께 나서자. 그리하여 진실을 알고 말할 국민의 권리를 되찾자. 또한 현 정권은 한술 더 떠서 언론·문화활동의 자유를 완전히 봉쇄하는 조항을 포함한 소위 학원안정법제정을 들먹이고 있는 바 이러한 악법의 제정 기도는 물론, 언론·문화활동의 자유를 억압하려는 현 정권의 모든 음모를 분쇄하자.

민주주의 만세! 민주언론 만세! 민중문화 만세!

자유실천문인협의회·민중문화운동협의회·민주언론운동협의회

출처: 동아일보사 편 (1990). ≪선언으로 본 80년대 민족·민주 운동≫
(<신동아> 1990년 1월호 별책부록). 서울: 동아일보사, 200~1쪽.

박성혜 씨 사건 결과 보고

부정을 고발한 시민 정신의 승리

이미 여러분이 아시는 바와 같이 지난해 12월 KBS-TV 강남 출장소에서 시청료 징수원 박성혜 씨가 징수의 부정을 폭로했다는 이유로 남자 직원들로부터 심한 폭언과 폭행을 당했습니다.

여성의전화는 KBS에 대해 바르게 처리할 것을 요청했으나 KBS의 무성의한 태도에 접하자 이 사건을 알리기 위해 '이래도 TV 시청료를 내야합니까?'라는 제하의 전단을 강남 지역에 배포하여, 주민들의 협조를 구했습니다. 전단의 제작과 관련하여 김희선 원장이 중부서에 연금되고 부상당하는 사태까지 있었습니다.

여성 단체들은 즉각 중부 경찰서에 공개 항의문을 보냈고 박성혜 사건에 대해 계속적인 관심을 표명했습니다. 강남 지역 주민들의 항의와 문의가 빗발치자 강남 출장소의 김정배 차장은 "여성의전화가 사실무근한 일을 말하고 있고 원장은 반국가 행위를 한 혐의로 현재 수감중이다"라며 근거 없는 거짓말을 하여 여성의전화의 공신력과 명예를 훼손시켰습니다.

그러나 강남 지역 주민들과 각 여성 단체들이 함께 분노하고 협조하여 민주 시민 정신으로 적극 참여해 주신 결과 박 부인과 여성의전화 측의 요구가 KBS 측에 받아들여졌습니다.

박성혜 씨에게 폭언과 폭행을 했던 김차문 씨는 파면되었고 강남 출장소 권유호 소장은 보직이 박탈되고 좌천되어 3개월간 감봉 처분을 받았습니다. 근거 없는 거짓말로 여성의전화의 명예를 손상시킨 김정배 차장에게는 '견책'으로 각각 인사 조치가 취해졌으며 박성혜 씨에게는 그간의 일에 대한 정신적인 피해 보상과 함께 근무 조건이 보다 좋은 구역으로 전출되었습니다.

또한 KBS는 여성의전화에 이 사건에 대한 공식 사과문을 보내왔습니다. 이로써 3개월에 걸친 박성혜 씨 사건이 마무리 되었습니다. 이 일을 위해 함께 애쓰고 도와 주신 여러분들께 감사하며 특히 강남 지역 주민 여러분들에게 거듭 감사드립니다.

1986. 2.
여성의전화

출처: 김기태 (2004). ≪시청자 주권과 시청자 운동≫. 서울: 한나래, 486쪽.

거부당하는 등 심각한 애로 사항을 느낄 정도였다고 한다.

　대학가와 노동계의 시위에서는 제도 언론은 규탄의 대상을 넘어 총체적으로 거부당하면서 이들은 자체적으로 대항 언론을 모색하기 시작했다. 영등포산업선교회는 <노동자신문>을 창간하면서 "모든 언론이 압살당한 채 제 구실을 다하지 못하고 있고, 우리 노동자들은 그나마도 접할 기회가 거의 없는 것이 이 땅의 언론과 노동자의 현실입니다"라고 선언하고 있다. 서울대생들도 <전진>이라는 매체를 창간하면서 "이 땅에 언론이 존재하는가? 정부는 국민을 '일방 언론'하고 국민은 정부에 '무언론'하며 대학 언론은 국민 대중의 언론에 대한 불신, 무관심 속에 자기 표현의 길을 찾아 안간힘을 쓰고 있는 실정이다. 언론이 부재하는, 부재하게끔 강제된 오늘의 현실을 보라!"고 절규하고 있다(민중문화운동협의회, 1989, 70, 73쪽).

　이처럼 수용자들에 의해 언론의 존재가 부정되다시피 할 정도로 불만이 팽배했던 것이 제5공화국의 언론 상황이었다. 이러한 불만과 비판이 밑거름이 되어 1980년대 중반부터 시청료 거부라는 집단적 운동으로 나타났던 것이다.

2) KBS 시청료 거부 운동의 전개 과정

(1) KBS 시청료 거부 운동의 발단

KBS 시청료 거부 운동은 농민 단체로부터 비롯되었다. 1984년 4월 28일 천주교 전주교구 고산 천주교회와 한국가톨릭농민회 전주교구 연합회는 "TV 시청료는 민정당과 정부만 내라"는 제목의 성명서를 발표하였다. 성명서의 내용은 시청료 체납에 대한 차압과 압력 철회, 농촌 현실의 왜곡·편파 보도 중단, 시청료 사용 용도 공개를 KBS측에 요구하는 등 상당히 구체적으로 시청료 거부의 이유를 밝히고 있다.

　공개적으로 성명서가 발표된 것은 이때였지만 호남 지역에서는 1982년경부터 이미 농촌 지도자 모임이나 교육 시간에 KBS-TV의 보도 자세에

KBS 시청료 납부를 거부한다!

우리 여성 단체들은 KBS-TV의 보도 내용과 시청료 납부 문제에 대해 심각한 우려를 느껴왔다. 한국 방송 협회는 1980년 12월 1일 5개 민간 상업 방송을 흡수하고 통합하면서 건전한 국민 의식의 함양, 개발을 향도하는 공공의 방송 체제로 만들어 한국 방송계의 폐단을 없앤다고 하였다.

그러나 KBS는 1981년 3월 1일 느닷없이 광고 방송을 시작하면서 덧붙이기를 민간 방송 인수 당시 부채 530억 원을 시청료 수입만으로는 상환할 수 없기 때문이라고 하였다.

현재 우리나라의 TV 수상기는 1000만 대가 보급되어 신문과 달리 거의 모든 국민이 보게 된다는 점에서 TV는 매우 중요한 역할을 하게 되었다. 그러나 오늘날 KBS 방송은 방송 저널리즘의 독립성과 중립성을 상실한 지 오래되고 오히려 편파 보도를 일삼아 언론 자유란 말이 무색할 지경에 이르렀다.

따라서 우리는 다음과 같은 몇 가지 점에서 KBS-TV 시청료 납부 거부 운동을 전개하기로 한다.

첫째, KBS-TV 보도는 공정한 사실 보도로서의 매스컴의 기능을 완전히 상실하고 있고, 정권의 시녀로서 정치 선전의 도구가 되었다는 것이다. 즉, 국민을 향해 끊임없이 정권의 정당성을 동어 반복적으로 주입하고 세뇌시키고 있어 무방비 상태의 국민들에게 무형의 사상적 폭력이 되고 있다.

둘째, 애초에 TV 시청료 징수의 명분으로 내세웠던 공영 방송으로서의 광고 폐지라는 공약은 온데 간데 없이 되었으므로 TV 시청료를 납부할 아무런 이유가 없다.

셋째, KBS-TV 방송은 초호화판 오락 행사를 연일 벌이며 국민에 대해 사치와 허영 의식을 불러일으키고 말초적 감각을 자극함으로써 건강한 생활 의식을 침해하고 올바른 현실의 식을 마비시키고 있으며 여성들의 성을 상품화한 광고 방송을 하고 있는 것이다.

넷째, KBS-TV는 각종 과시적 국제 행사, 외국 연예인 초청 행사 등을 열면서 서구의 저질 퇴폐 문화를 무비판적으로 수용하는 보급 기지로서 이 땅을 문화적 식민지화하고 있다.

다섯째, 천문학적인 외채와 불경기로 인한 중소기업의 도산, 중소상인 휴폐업, 또한 2000만 노동자 농민의 질곡에 대해서는 외면하고 외설적인 호화쇼, 사장 회장의 가족들만 범람하는 연속극, 각종 스포츠 중계로 화면을 가득 채우는 등 국민의 귀와 눈을 현혹시키고 판단을 흐리게 하는 데만 여념이 없는 것이다.

위와 같은 허위 의식의 주입과 피해를 받는 대가로 오히려 시청자들이 시청료를 납부해야 한다는 모순 속에서 시청료 납부는 또 다른 명분의 부당한 세금을 수탈당한다는 것을 의미할 뿐이다.

더욱 기막힌 현실은 여성을 성적 대상물로 하는 각종 광고를 내보내서 여성의 성을 상품화함으로써 여성들을 비인간화시키는 데 앞장서고 있다는 것이다. 이에 우리 여성 단체들은 KBS-TV의 편파 보도와 관제 언론, 여성 상품화에 항거하기로 하고 범국민적인 TV 시청료 납부 거부 운동을 전개하기로 한다.

따라서 우리는 KBS가 공정한 보도와 함께 건강한 국민 문화를 만들어가는 공적 기관이 될 때까지 전 국민 특히 전 여성에게 이 운동을 확산시켜 나갈 것을 결의한다.

1986. 3. 8.

가톨릭여성농민회, 충북민주화운동협의회, 또하나의문화, 한국가톨릭농민회여성부, 민주화운동청년연합 여성부, 한국교회여성연합회, 민주통일운동연합 여성부, 한국기독교교회협의회 여성위원회, 민중불교운동연합 여성부, 한국기독교노동자총연맹 여성부, 서울노동운동연합 여성부, 한국기독교농민회총연맹 여성부, 여성의전화, 한국기독청년협의회 여성선교위원회, 여성평우회, 한국기독학생회총연맹 여성부, 전북민주화운동협의회 여성분과, 한국노동자복지협의회 여성부, 주부아카데미협의회, 한국여신학자협의회 사회위원회

출처: 김기태 (2004). ≪시청자 주권과 시청자 운동≫. 서울: 한나래, 487~8쪽.

대한 불만이 표출되기 시작하였고, 전남의 강진, 무안, 함평, 구례와 전북의 부안, 임실, 고창, 완주, 김제 등지에서는 이미 TV 시청료 거부 움직임이 일어났다고 한다.

성명서가 발표된 시기를 전후하여 고산 부락의 농민들은 이미 조직적으로 TV 시청료를 거부하여 징수원들의 발길이 끊어진 지역이 되고 있었으며 호남의 기타 농촌 지역에서도 시청료 거부 움직임들이 나타나고 있었다고 한다(김기태, 1989, 104~5쪽).

이와 같이 농민 단체에 의해 시작된 시청료 거부 운동은 1985년 기독교 단체와 재야 단체, 여성 단체들이 참여하게 된 것을 계기로 점차 확산되었다. 재야 단체인 민주화추진협의회는 1985년 6월 27일 내부에 TV시청료문제소위원회를 구성하여 KBS, MBC 양 방송사의 편파·왜곡 보도에 대한 대책을 강구하기 시작하였으며, 그 해 12월 16일에는 시청료를 거부한다는 스티커를 제작·배포하였다.

한국기독교교회협의회(KNCC)는 1985년 8월 27일과 28일 열린 시국대책협의회에서 시국 전반에 대해 논의하면서 KBS 시청료 문제도 거론하였다. 논의 결과, 왜곡·편파 보도를 일삼는 KBS-TV가 시청료를 징수하는 것은 부당하다고 규정하고 이의 거부 운동을 강력히 전개할 것을 다짐하였다(<동아일보>, 1986. 4. 4). 이 자리에서 구성된 KNCC시국대책위원회는 같은 해 9월 2일 교회와 기관 단체가 연합하여 KBS-TV 시청료 거부 운동을 범국민적으로 전개할 것을 결의하였다. 이어 11월 15일에는 KNCC 회원 교단을 비롯한 18개 단체 관련자들이 참여하여 범국민운동본부를 만들기로 결정하였다.

1985년 말에는 여성 단체들이 시청료 거부 운동에 적극 참여하기 시작하였다. 그 계기가 된 것은 그 해 12월 시청료 징수 과정에서의 부정을 폭로한 징수원 박성혜 씨가 폭행당한 사건이었다. 이 사건이 상담 기관인 '여성의전화'를 통해 밝혀지면서 시청료 문제와 여성의 권익 문제가 논의되었고 자연스럽게 시청료 거부로 의견이 모아지게 되었다. 여성 단체들은

1986년 3월 '86여성대회에서 그 실천 방안으로 KBS–TV시청료폐지운동여성단체연합을 결성하여 구체적인 활동에 들어갔다(김기태, 1989, 105~6쪽). 여성 단체들은 연대 기구를 출범시키면서부터 목표를 '시청료 거부'에서 한 걸음 더 나아가 '시청료 폐지'를 표방하였다는 점이 특색이다.

(2) KBS 시청료 거부 운동의 전국적 확산과 <동아일보>

1986년에는 농촌 지역에서 시작된 시청료 거부 운동이 전 국민적 운동으로 승화되는 전기를 맞았다. 1986년 2월 11일에는 한국기독교교회협의회 가맹 6개 교단과 교회여성연합회 등 기독교 단체들이 시청료거부운동기독교범국민운동본부를 결성하였다(<동아일보>, 1986. 4. 3). 범국민운동본부는 발족식에서 성명서를 통해 "지난 80년 12월 동아방송, 동양방송을 포함한 상업 방송이 통폐합된 이후 KBS는 3개 TV채널에 9개 라디오 방송을 한 손아귀에 독점하였고, 나아가 유일한 민간 TV 방송인 MBC 주식 지분의 70%를 소유함으로써 거대한 '방송 왕국'으로 급성장했다"면서 "그러나 민간 방송 인수 때 은행에서 차입한 부채 530억 원을 시청료 수입만으로는 상환할 수 없다는 구실로 1981년 7월 돌연 광고 방송을 시작, 과거 상업 방송 체제의 폐단을 일소하겠다던 언론 통폐합의 취지를 잊은 채 광고 수익성이 높은 오락 성향의 프로그램 제작에 열을 올리면서 광고 수익의 극대화를 꾀하고 있다"고 비난했다(<동아일보>, 1986. 4. 4).

1986년 시청료 거부 운동이 전 국민적 운동으로 승화되는 보다 직접적인 계기는 일간 신문에 의해 만들어졌다. <동아일보>가 그 해 4월 2일자 7면에서 'TV 시청료 거부 확산, "KBS는 안봅니다" 스티커도 배포'라는 2단 크기의 제목으로 각지에서 전개되고 있는 시청료 거부 운동을 처음으로 보도하였다. 기사의 전문은 다음과 같다.

> KBS TV 시청료거부기독교범국민운동본부(본부장 김지길 한국기독교교회협의회 회장)는 1일 오후 한국교회1백주년기념관에서 서울, 부산, 대구, 광주, 전주,

청주 등 6개 도시 교역자들이 모인 가운데 'KBS TV 시청료에 관한 교육세미나' 를 열었다.

김상근 목사는 발제 강연에서 '지난 80년 불편부당하고 공정한 방송운영체 계를 갖추기 위해 공영화, 시청료를 받기 시작한 KBS가 왜곡 보도를 일삼고 국 민의 알권리를 봉쇄하는가 하면 건전한 교양보다는 오락프로에 치중하고 있는데 다 상업광고까지 하고 있으니 'KBS 폭리'의 희생자가 되지 않기 위해 시청료 거 부운동을 펴자'고 주장했다.

지난 2월 한국기독교교회협의회(NCC)를 중심으로 발족한 이 '기독교범국 민운동본부'는 'KBS TV를 보지 않습니다'라고 인쇄된 스티커를 이미 제작해 각 가정의 대문에 붙이게 하는 등 각 교회를 통해 이 운동을 전국적으로 펴나갈 계 획이다.

보도 내용은 기독교계를 중심으로 진행되고 있던 시청료 거부 운동의 사실을 전달하는 성격이었다. 그러나 직접적인 발단이 된 것은 이 보도 자 체보다는 이에 대한 KBS측의 반응이었다. KBS가 그날 저녁 <9시 뉴스> 에서 <동아일보>의 보도에 대해 유감의 뜻을 표명하는 반박성 기사를 내보낸 것이 도화선이 되었다. 이를 계기로 <동아일보>는 그 다음날인 4월 3일자 사설을 통해 시청료 거부 운동에 대한 원론적인 지지 의사를 표명하였다. 서두에서 1980년 이후 KBS의 운영 실태를 언급한 후 사설은 다음과 같이 언급하였다.

오죽하면 관심있는 시민들을 중심으로 KBS TV 시청료거부운동까지 나왔을까. KBS와 MBC가 편파보도를 끝내 시정하지 않으면 이 조그마한 규모의 시청료거 부운동이 확산되지 않는다고 보기 어려울 것 같다. (중략)

KBS 등 공영방송측은 차제에 뉴스 보도와 논평의 3대 원리인 정확성 객관 성 형평성을 살려 공정보도해서 떨어진 신뢰를 회복해주기 바란다. 이것이 민간 방송이 없는 한국에서 대부분 전체 시청자들이 공영방송에 바라는 조그마한 간 절한 소망이다. 이번에는 시청자로서의 국민들의 당연하고도 기본적인 권리인 이런 바람이 헛되지 않기를 기대해 본다.

이를 계기로 <동아일보>는 시청료 거부 운동의 보도에 발벗고 나서기 시작했다. 4월 5일자에서는 1면의 부톱기사로 '신민도 KBS 시청 거부 선언'이라는 제목으로 야당의 움직임을 상세하게 보도하였다. 뿐만 아니라 사회면에서는 한 복판에 5단 크기의 'KBS 시청료 거부 운동 확산'이라는 제목으로 스티커의 사진과 함께 독자들의 눈길을 끌어 모으는 편집을 선보였다.

그 다음날에는 사회면의 2개 면 전면을 관련 기사에 할애했다. 사회면 톱으로는 'KBS 시청료 징수에 횡포'라는 제목의 기사를 통해 수금원들의 고압적 자세와 이에 항의하는 시민들의 목소리를 보도하였다. 상자 기사로는 범국민운동본부 집행위원장 금영균 씨의 인터뷰 기사를 게재하였다. 제2사회면에서는 '시청료 받고 광고는 왜하나'라는 제목으로 시청료 거부 운동에 대한 각계의 의견을 종합하고 있으며 '전국서 격려 전화 쇄도'라는 제목으로 운동 본부의 표정을 긍정적으로 스케치하고 있다.

<동아일보>의 이러한 보도를 계기로 다른 일간 신문들도 시청료 거부 운동을 보도하기 시작하면서 이 운동은 일약 전국적인 관심사이자 쟁점으로 부상하게 되었다. 기독교 단체와 여성 단체 등을 중심으로 전개되던 시청료 거부 운동에 각계의 여러 세력들이 참여하기 시작하였다.

야당인 신민당은 4월 5일 이민우 총재와 김영삼 고문의 기자 회견을 통해 KBS 시청료 거부 운동에 동참하여 시청료 거부와 뉴스 안 보기 운동을 대대적으로 벌여 나가겠다고 천명하였다(<동아일보>, 1986. 4. 5). 4월 7일에는 시청료 폐지를 골자로 하는 한국방송공사법 개정안을 마련하여 국회에 제출키로 결정하였고, 이어 4월 8일 열린 정무회의를 통해 'KBS 뉴스 안 보기' 및 시청료 납부 거부 운동 전개를 당론으로 결정하여 전국 92개 지구당에 곧 지침을 마련하여 시달키로 결정하였다(<동아일보>, 1986. 4. 7, 4. 8).

천주교도 4월 9일에 한국천주교정의평화위원회 명의로 성명을 발표하여 시청료 거부 운동에 대한 지지를 표명하였다. 성명을 통해 정의평화위원회는 "요즘 펼쳐지고 있는 KBS 시청료 거부 운동의 정당성을 확인하고 이 운동이 언론자유의 회복을 위한 국민운동으로 발전 확산되기를 바

KBS-TV 시청료 납부 거부 운동에 대한 우리의 견해

우리는 최근 시민들의 자발적인 참여에 의해 일어나고 있는 KBS-TV 시청료 납부 거부 운동에 적극적으로 동참할 것을 결의하면서 다음과 같이 우리의 입장을 밝힌다.

1. 우리는 KBS-TV가 1980년 언론 통폐합 조치 이후 유일한 공영 방송으로 출현한 이래 그간 보도의 편파성과 왜곡, 상업 광고 방송과 시청료 징수에 의한 시민에의 이중적 부담 강요, 퇴폐적, 향락적 소비 문화의 조장 등으로 인해 공영 방송으로서의 기능을 상실해 가고 있다고 판단한다.

2. 우리는 KBS-TV 시청료 납부의 거부가 민주 시민으로서의 최소한의 권리 수호를 위한 시민 운동임을 확인하며, KBS가 공영 방송으로서의 기능을 회복할 때까지 이 운동을 전개해 나갈 것이다.

3. 우리는 KBS-TV 시청료 납부 거부 운동을 계기로 하여 시민들이 참여하는 민주적 언론이 제도적으로 마련되고 민간 방송의 자율적 언론 활동이 보장되는 전기가 마련되기를 바라며, 앞으로 TV의 편파 보도 문제뿐만 아니라 자라나는 청소년들에게 악영향을 미치는 각종 TV 프로그램에 대해서도 감시하고 시정을 요구하는 TV 모니터 운동을 적극 전개해 나갈 것이다.

1986. 4. 26
제28차 대한YMCA연맹
전국대회대의원 일동
시청료폐지운동여성단체연합

출처: 김기태 (2004). ≪시청자 주권과 시청자 운동≫. 서울: 한나래, 492쪽.

란다"고 밝혔다. 4월 10일 한국천주교평신도사도직협의회가 전국의 230만 신도를 대표해 KBS 시청료 거부 운동을 전국적으로 강력하게 추진해 나갈 것임을 선언하였다. 평협은 우선 시청료 납부 거부 운동의 일환으로 시청료 납부 거부에 대한 스티커 20만 장을 전국 14개 교구의 조직을 통해 배부키로 결정했다(<동아일보>, 1986. 4. 10).

대학생들도 참여하기 시작하였다. <동아일보> 1986년 4월 11일자 보도에 따르면 고려대, 연세대, 이화여대, 서강대, 서울시립대, 건국대, 국민대, 성신여대, 광운대 등은 총학생회 차원에서 참여를 결정하고 운동본부에 스티커를 2000~3000장씩 요구하여 1차분으로 300여 장씩 받아갔다고 한다. 그 밖에 서울대, 성균관대, 외국어대, 경희대, 한양대, 국민대, 숭전대, 명지대, 수원대, 한신대, 감신대, 총신대, 서울신학대, 장로회신학대학원 등에서도 과별로 혹은 서클별로 시청료 거부 운동에 동참하겠다며 단체로 스티커를 받아갔다고 한다. 그 해 4월 중에만 모두 36개 대학이 운동에 대한 지지와 참여를 결의하였다. 그 밖에도 당시 민주화 운동을 표방하고 있던 대부분의 단체들이 시청료 거부 운동에 참여를 표명하였다.

한편 각 지방의 기독교범국민운동본부에도 YMCA, YWCA 지부를 비롯하여 목회자정의평화실천협의회, 한국기독교청년협의회 등 여러 단체들이 참여하였다. 이렇게 하여 KBS 시청료 거부 운동은 그 참여 폭이 점차 확대되면서 거의 전 국민적인 운동으로 승화될 수 있었던 것이다.

1986년 9월 시청료 거부 운동의 조직은 한층 확대되었다. 1986년 9월까지 범국민운동본부는 모두 28개의 지역 본부를 설치할 정도로 확산되어 갔다(김기태, 1989, 107~8쪽). 9월 29일 KBS시청료거부기독교범국민운동본부와 야당 및 재야 단체들이 연대하여 시청료거부 및 자유언론공동대책위원회를 구성, 발족시켰다. 이에 참여한 단체는 KBS시청료거부기독교범국민운동본부 외에 한국천주교정의평화위원회, 재야 단체인 민주화추진협의회와 민주통일민중운동연합, 민주언론운동협의회, 야당인 신한민주당 그리고 KBS시청료폐지운동여성단체연합이었다. 이들 단체들은 발족에 즈

시청료거부 및 자유언론공동대책위원회 발족 선언 (1986. 9. 29.)

이 땅에 천인공로할 언론탄압의 실상이 하나하나 노정되고 있다. 우리는 먼저 9월 6일 천주교정의구현전 구사제단과 민주언론운동협의회가 발표한 문공부의 「보도지침」에 경악과 분노를 금치 못한다. 언론이 이 정권의 일방적인 선전·홍보수단으로 전락되고, 또 보도지침에 의하여 획일적으로 통제되고 있는 데 대하여 정부와 언론 자체의 반성과 시정을 촉구한 국민적 비판은 한두 번이 아니었다.

그러나 이같은 비판에도 불구하고 언론 탄압은 날로 가중되어 국민이 마땅히 알아야 할 주요 사실과 진실이 문공부의 보도지침에 의해 철저하게 은폐, 왜곡보도 되고 있음이 구체적으로 실증되었다. 우리는 이른바 「보도지침」을 통해 사회적 대소 사건이 오직 권력 유지의 판단기준에 의해 지극히 세부적인 데 이르기까지 통제·조작되고 있음을 명백히 확인하게 되었으며 언론탄압의 실상이 어 떤 것인가를 분명히 인식하게 되었다. 더구나 우리는 이 나라의 언론을 바로잡아 보기 위한 노력으로 「보도지침」을 간행한 민주언론운동협의회가 이 자료집 발행을 계기로 더욱더 가중되는 탄압을 받 고 있는 현실을 보고 언론의 자유를 열망하는 국민과 더불어 분노와 개탄을 금치 못한다.

KBS는 공영방송임을 자처하며 국민의 시청료와 방대한 독점적 광고료 수입으로 운영하면서도 계속 하여 현정권의 하수인으로 왜곡·편향보도를 일삼는 등 공정한 보도와 건강한 공영방송으로의 회 귀를 포기하고 있다. 이에 국민적 분노로 일어난 KBS시청료납부거부운동은 각계에서 활화산처럼 퍼져온 것이다.

민주주의적 동맥이요, 자유사회의 활력인 언론자유를 근본적으로 봉쇄하는 정부의 언론통제는 최근 에 공개된 「보도지침」에서 확인되듯이 날로 강화되고 있으며 KBS의 왜곡·편향보도 또한 어떠한 변설로도 부인할 수 없을 정도로 심화되고 있다. 프로축구와 야구는 생중계하면서도 나라와 겨레의 앞날을 가름할 개헌공청회를 생중계하는 문제는 애써 외면하고 있는 실정이다. 이는 명백히 KBS방 송의 주인인 국민을 무시하고 우롱하는 처사이다. 그럼에도 불구하고 보도 태도를 시정하기보다는 오히려 시청료납부거부운동을 무산시키기 위하여 시청료납부를 거부하는 국민에 대하여 개별적인 불이익 처분이나 협박을 일삼고 당국은 공과금에 대한 통합고지서를 발부하는 등 별의별 비열한 술책을 다 동원하고 있다.

우리는 그동안 시청료납부거부운동에 동참해 준 국민에게 감사하면서, 우리의 시청료납부거부운동에 동참했다는 이유로 불이익 처분이나 협박을 받고 있는 국민에게 위로와 사죄의 말씀을 드린다. 시청료납부거부운동을 우리가 범국민운동으로 전개하면서 그 최종 책임이나 불이익을 국민 개개인에게 전가한 결과로 되고 있음에 책임과 함께 송구한 마음 금할 길 없다. 이제 우리는 정부의 통합고지서 발부 계획, 체납시청료에 대한 압류, 협박 등 국민이 직면하고 있는 문제에 대한 법률적 및 현실적 대처방안을 제시하고 끝으로 앞으로의 시청료납부거부운동의 방향을 제시하고자 한다. 동시에 이 운동은 자유언론의 쟁취를 위한 범국민적 연대와 투쟁의 일환임을 밝혀 두는 바이다.

1. 우리는 나라의 민주화를 위해 언론자유의 쟁취가 무엇보다 시급한 급선무임을 거듭 확인하며, 자유언론의 쟁취를 위해 국민과 더불어 공동투쟁을 전개해 나갈 것임을 천명한다.

우리는 「보도지침」이란 이름 아래 자행되고 있는 문공부의 언론탄압이 즉각 중지될 것을 요구한다. 그리고 정부는 최근 사회적 경악과 분노의 대상이 되고 있는 「말」지의 보도지침 공개와 관련하여 언론과 민주언론운동협의회에 대해 자행되고 있는 온갖 박해와 탄압조치를 즉각 중단할 것을 요구하며, 이같은 탄압이 계속될 때는 이에 맞서 국민과 더불어 단호히 투쟁해 나갈 것임을 엄숙히 경고하는 바이다.

2. KBS가 공영방송으로서 공정보도를 해야 하는 것은 악명높은 언론기본법에서도 그 의무로 규정되어 있는 것이다. 그러므로 시청료는 공정보도를 하고 그 대가로 받는다는 국민과의 계약이며 의무로서 KBS가 이를 지키지 아니할 때 시청료납부를 거부하는 것은 원천적으로 정당한 국민적 권리임을 확인한다.

3. 전기료는 한전과의 계약에 따른 것이며, 수도료는 시청과의 관계이고, 세금은 법률에 의한 의무이행인 것이다. 따라서 그 부과는 주체가 다를 수밖에 없고 그렇지 아니한 경우 위법을 강요하는 법치행정의 배반인 것이다. 당국은 국민의 편의 운운으로 정당성을 강변하지만 그럴진대 이제 구청장은 시민의 채권징수도 징수해 줄 수 있는가라고 묻고 싶다. 당국은 시급히 통합고지서를 철회하고 분리 고지할 것을 촉구한다.

4. 최악의 경우라 할 체납시청료에 대한 압류조치를 하는 경우에도 오직 5%에 해당하는 가산금만 더 내면 된다는 사실을 명심, 필요 이상의 피해의식을 갖지 마시고 또 압류하는 사람의 신원과 절차가 적법한 것인가를 확인하시며, 시청료납부거부운동 관계단체에 꼭 연락하여 주시기 바라마지 않는다.

5. KBS시청료납부거부운동을 전개하고 있는 우리는 연대하여 다음과 같은 시청료납부거부운동 방향을 제시한다.

　　가. 시청료납부거부운동에 참가하고 있는 국민의 피해의식을 줄이고 참여 국민의 연대의식을 강화하여 이 운동을 주도한 우리의 책임을 다하기 위하여, KBS시청료납부 고지서를 이 시간 이후 각 운동단체에서 취합한다. 이는 범국민적 시청료납부거부운동의 궁극적 책임을 개별 국민에게 전가하는 것이 아니라 우리 운동단체 자신이 떠맡기 위함이다.

　　나. 각 단체는 시청료납부고지서를 취합, 보관하며 그 누계를 발표한다.

　　다. 이와 같은 거부운동은 상당한 책임이 있는 정부관계자와 KBS가 그간의 편향보도와 공영방송의 소임을 다하지 못한 데 대해 KBS를 통해 공개적으로 사과한 날로부터 3개월 이상의 KBS 보도 태도를 국민이 충분히 납득할 만한 공개적이고 객관적인 기구에서 판단, KBS가 본래 공영방송·공정보도의 모습으로 돌아왔다고 선언될 때까지 계속할 것이다

시청료거부 및 자유언론공동대책위원회
KBS시청료거부기독교범국민운동본부
한국천주교 정의평화위원회
민주화추진협의회
신한민주당
민주·통일민중운동연합
민주언론운동협의회
KBS시청료폐지운동 여성단체연합

출처: 동아일보사 편 (1990). ≪선언으로본 80년대 민족·민주 운동≫ (<신동아> 1990년 1월호 별책부록). 서울: 동아일보사, 250~2쪽.

음한 선언에서 앞으로의 시청료 거부 운동의 방향을 제시하였다. 그 주요 내용은 다음과 같다(전문은 254~6쪽 참조).

① 우리는 나라의 민주화를 위해 언론자유의 쟁취가 무엇보다 시급한 급선무임을 거듭 확인하며, 자유 언론의 쟁취를 위해 국민과 더불어 공동투쟁을 전개해 나갈 것임을 천명한다.

　　우리는 '보도지침'이란 이름 아래 자행되고 있는 문공부의 언론탄압이 즉각 중지될 것을 요구한다. 그리고 정부는 최근 사회적 경악과 분노의 대상이 되고 있는 「말」지의 보도지침 공개와 관련하여 언론과 민주언론운동협의회에 대해 자행되고 있는 온갖 박해와 탄압조치를 즉각 중단할 것을 요구하며, 이같은 탄압이 계속될 때는 이에 맞서 국민과 더불어 단호히 투쟁해 나갈 것임을 엄숙히 경고하는 바이다

② KBS가 공영방송으로서 공정보도를 해야 하는 것은 악명 높은 언론기본법에서도 그 의무로 규정되어 있는 것이다. 그러므로 시청료는 공정보도를 하고 그 대가로 받는다는 국민과의 계약이며 의무로서 KBS가 이를 지키지 아니할 때 시청료납부를 거부하는 것은 원천적으로 정당한 국민적 권리임을 확인한다.

③ 전기료는 한전과의 계약에 따른 것이며, 수도료는 시청과의 관계이고, 세금은 법률에 의한 의무 이행인 것이다. 따라서 그 부과는 주체가 다를 수밖에 없고 그렇지 아니한 경우 위법을 강요하는 법치행정의 배반인 것이다. 당국은 국민의 편의 운운으로 정당성을 강변하지만 그럴진대 이제 구청장은 시민의 채권징수도 징수해 줄 수 있는가라고 묻고 싶다. 당국은 시급히 통합고지서를 철회하고 분리 고지할 것을 촉구한다.

④ 최악의 경우라 할 체납시청료에 대한 압류조치를 하는 경우에도 오직 5%에 해당하는 가산금만 더 내면 된다는 사실을 명심, 필요 이상의 피해의식을 갖지 마시고 또 압류하는 사람의 신원과 절차가 적법한 것인가를 확인하시며, 시청료 납부거부운동 관계단체에 꼭 연락하여 주시기 바라마지 않는다.

⑤ KBS시청료납부거부운동을 전개하고 있는 우리는 연대하여 다음과 같은 시청료납부거부운동 방향을 제시한다.

　　가. 시청료납부거부운동에 참가하고 있는 국민의 피해의식을 줄이고 참여 국민의 연대의식을 강화하여 이 운동을 주도한 우리의 책임을 다하기 위하여, KBS시청료납부 고지서를 이 시간 이후 각 운동단체에서 취합한다. 이

는 범국민적 시청료납부거부운동의 궁극적 책임을 개별 국민에게 전가하는 것이 아니라 우리 운동단체 자신이 떠맡기 위함이다.

나. 각 단체는 시청료납부고지서를 취합, 보관하며 그 누계를 발표한다.

다. 이와 같은 거부운동은 상당한 책임이 있는 정부관계자와 KBS가 그간의 편향보도와 공영방송의 소임을 다하지 못한 데 대해 KBS를 통해 공개적으로 사과한 날로부터 3개월 이상의 KBS보도 태도를 국민이 충분히 납득할 만한 공개적이고 객관적인 기구에서 판단, KBS가 본래 공영방송·공정보도의 모습으로 돌아왔다고 선언될 때까지 계속할 것이다

1987년에 들어서면서 시청료 거부 운동의 조직은 더욱 확대되었다. 그 해 5월 범기독교국민운동본부가 KBS시청료거부범시민운동여성연합과 민주헌법쟁취국민운동본부와 연대하기로 한 것이다. 이는 시청료 거부 운동이 사회 민주화를 지향하는 세력과 보다 구체적인 연대를 선언하였다는 점에서 중요한 의미를 지닌다. 한편 1987년의 6월 항쟁 이후로는 시청료 거부 운동의 전개 양상도 달라지게 되었다. 범기독교국민운동본부가 주도하는 형태에서 KBS시청료거부범시민운동여성연합이 실질적으로 주도하는 형태로 바뀌게 된 것이다(김기태, 1989, 110쪽).

(3) 시청료 거부 운동의 방법

시청료 거부 운동의 주체들은 운동의 기반을 확산시켜 언론을 바로 잡자는 애초의 목적을 달성하기 위해 다양한 방법들을 동원하였다. 가장 많이 사용한 것은 전단과 스티커였다. 당시 범국민운동본부를 비롯하여 운동에 참여한 각 단체들은 시청료 거부 운동에 국민들의 동참을 호소하는 전단과 스티커를 대량으로 제작하여 배포하였다.

운동 기간 동안 스티커를 제작하여 배포한 단체는 KBS-TV시청료거부기독교범국민운동본부와 한국천주교평신도사도직협의회, KBS-TV시청료폐지운동 여성단체연합, KBS-TV시청료거부범시민운동여성연합, 그리고 민주쟁취국민운동 서울본부 등 5개에 이른다. 가장 많이 발행된 것은

범국민운동본부의 것으로 'KBS를 보지 않습니다'와 '상업 광고·편파 보도 KBS–TV의 시청료를 낼 수 없습니다'라는 내용의 스티커였다. 이 스티커는 1986년 4월 24일까지 총 73만 부가 인쇄되어 배포되었다고 한다. 그 밖의 스티커 내용들은 대부분 KBS의 편파 보도와 상업 광고를 비판하면서 시청료의 거부 내지는 통합 징수에 대한 반대 내용들로 구성되었다(김기태, 1989, 181쪽).

다음으로 많이 사용된 방법은 가두 캠페인이었다. 운동의 확산을 위해 초기부터 가두에서 캠페인을 실시하면서 전단이나 스티커를 나누어 주었으며 서명 운동을 벌이기도 하였다. 1986년 7, 8월 사이에 서울을 비롯한 전국 각지에서 시청료 거부 운동에의 동참을 촉구하는 가두 캠페인을 실시하였으며, 그 이후에도 수시로 운동본부 및 여성연합의 구성원을 중심으로 가두 캠페인 활동을 벌였다.

1987년 9월 15일부터 10월 31일까지의 기간 동안에 여성연합은 회원을 중심으로 방송 민주화를 위한 서명 운동을 전개하였다. 또한 1988년 8월부터는 정부가 같은 해 10월부터 일방적으로 대도시 전역에 통합 공과금 제도를 실시키로 한데 대해 통합 고지서 폐지 서명 운동을 벌이기도 하였다(김기태, 1989, 186쪽). 이처럼 가두 캠페인을 통해 스티커를 나눠 주고 서명 운동을 벌인 것이 일반 시민들의 참여를 유발하여 운동의 기반을 확산시키는 데 중요한 공헌을 하였다.

시청료 거부 운동의 주체들은 상품 불매 운동도 벌였다. 한국기독교청년협의회는 1986년 4월 10일 시청료 납부 거부 운동을 지지하는 성명을 발표하였다. 성명을 통해 이들은 KBS 뉴스 시간에 방영되는 광고 상품에 대해 집중적인 불매 운동 전개 등을 내용으로 하는 국민 행동 지침을 발표하였다(<동아일보>, 1986. 4. 10). 이는 운동의 성과를 거두기 위해 광고를 통해 KBS의 경영에 압박을 가하려는 운동 방법이었던 것으로 분석할 수 있다.

이처럼 시청료 거부 운동에서는 그 운동의 기반을 확산시키기 위해, 그리고 직접적인 목표 달성을 위해 다양한 방법을 사용했다고 할 수 있다.

(4) 정부와 KBS의 대응

시청료 거부 운동이 전국적으로 확산되어 가자 정부와 KBS는 한편으로는 KBS의 운영 쇄신안을 발표하여 회유를 시도하는가 하면 다른 한편으로는 시청료 거부 운동에 대한 탄압도 시도하였다. <동아일보> 1986년 4월 16일자 보도에 따르면 시청료 거부 운동으로 표출된 국민적 불만을 수렴하여 정부와 여당은 KBS의 운영을 쇄신하는 개선책 마련에 착수하였다고 한다. 그 해 상반기 중 발표를 목표로 프로그램의 질적 개선, 상업 광고 축소, 경영 합리화, 방송광고공사 운영 합리화 등에 관해 각계 의견을 수렴하여 종합 대책을 마련하기로 하였다는 것이다. 이를 토대로 하여 당시 여당인 민정당은 4월 25일 KBS 1-TV의 광고를 폐지하고 협찬, 공익 광고만을 하도록 하며 방송위원회가 KBS의 예산 운용 및 편성에 관여할 수 있도록 하고 시청료 징수 제도 개선을 골자로 하는 개선안을 마련하여 당론으로 확정하고 정부에 건의하기로 결정했다(<동아일보> 1986. 4. 25).

이러한 개선안에 대해 운동본부는 수용 거부의 의사를 밝혔다. 5월 14일 KBS시청료거부기독교범국민운동본부는 '상업 광고, 편파 보도는 중단되어야 한다'는 성명을 발표하여 정부와 여당이 마련한 KBS 운영 개선안에 대해 이는 임시 방편적이고 불법적인 행정 구상에 불과하다고 거부 의사를 분명히 했다. 성명서는 이어서 정부 당국은 지엽말단적인 사소한 조항을 고침으로써 국민을 기만하려 하지 말고, 진정한 공영 방송의 면모를 갖출 수 있도록 한국방송공사법을 전면적으로 폐기 개정할 것과 상업 광고 및 편파 보도를 즉각 중단할 것, 시청료를 공과금에 포함시킨 불법 통합 고지서 발부를 중지할 것 등 3개 항을 요구하였다(<조선일보> 1986. 5. 15).

이후에도 정부와 여당은 시청료 거부 운동을 무마시키기 위해, 다른 한편으로는 시청료 징수율을 높이기 위한 제도 개선안을 여러 차례에 걸쳐 발표하였다. 6월 7일에는 KBS의 운영 개선을 위한 종합 대책이 당정 협의를 거쳐 문공부에 의해 발표되었다. 이 대책안의 주요 내용은 시청료 통합 고지를 전국으로 확대하며 시청료 징수 방법을 종전 대당 징수에서 가구당 징수로 전환하고 영세민 약 10만 가구와 난시청 지역 60만 가구에 대해 시청료를 면제해 주는 것으로 되어 있다. 또한 KBS 1-TV의 블록 광고 일부를 폐지하고 1988년부터는 KBS 1-TV 광고를 전면 폐지하며 자문위원의 숫자를 늘리고 자문위원회의 기능을 강화하겠다는 내용도 포함되어 있었다(<조선일보> 1986. 6. 8).

이 개선안에 대해 야당인 신민당과 운동 본부 측은 즉각 성명을 발표하여 반대 의사를 밝혔다. 신민당은 이 개선안이 "종전에 비해 어느 정도 성의와 전향적 자세를 보이고 있으나 여전히 국민의 욕구에는 미흡하다"고 평하면서 "국민이 요구하는 핵심은 공정 보도이며, 공영 방송이 이 사명을 제대로 수행하지 않았기 때문에 시청료와 광고료에 대한 불만이 터져 나왔던 것"이기 때문에 "신민당은 근본적으로 언기법 폐지 및 민간 방송 부활 등 명실상부한 언론자유실천을 위해 관계법 개폐 투쟁을 계속해 나갈 것"이라고 천명하였다. 운동 본부 집행위원장 금영균 목사는 이 개선 방안은 "국민의 진의를 무시한 미봉책"이라면서 "방송공사법이 전면 개정 또는 폐지될 때까지 불시에 전국에 걸쳐 가두 캠페인을 벌이고 군 단위까지 조직을 확대해 나가겠다"고 밝혔다(<조선일보> 1986. 6. 8).

한편 운동본부는 6월 16일 모임을 열고 이 개선안에 대한 거부 입장을 공식적으로 결의하였다. 운동본부는 이 운영 개선안이 "국민의 언론 자유에 대한 갈망을 외면한 미봉책"에 불과하다고 규정하면서 언론 기본법 폐지, 방송공사법 개정, KBS 상업 광고 폐지 및 광고공사 해체, 국민이 KBS를 감독할 수 있는 제도적 장치의 마련 등을 요구하였다(<조선일보> 1986. 6. 17).

1986년 6월 27일에는 국무회의를 통해 한국방송공사법 시행령 개정안을 의결하였다. 개정안의 내용은 시청료 체납시 KBS로 하여금 문공부 장관의 승인을 얻어 강제 징수를 가능토록 규정하고 있다. 이에 대해 운동본부측은 즉각 성명을 발표하여 "이는 명백히 국민의 재산권을 침해한 것"이라고 반박하였다. 이어서 "정부와 KBS는 시청료 거부 운동의 본질을 여전히 외면한 채 사태를 더욱 악화시키고 있다"고 주장하면서 "시청료 강제 징수의 불법성을 밝히겠다"고 다짐하였다(<조선일보> 1986. 6. 29). 이후에도 6월 30일에는 KBS 1-TV의 광고를 폐지하고 시청료 징수 방법 개선을 골자로 하는 개선안을 발표하였으며, 8월 22일에는 시청료 통합 고지 제도를 확대 실시하겠다는 정부 발표가 있었다(김기태, 1989, 195쪽).

이처럼 정부는 시청료 거부 운동을 회유하기 위해 제도적인 개선책을 마련하는 한편으로는 이 운동을 저지하기 위해 공권력을 사용한 탄압도 시도하였다. 직접 탄압했던 사례로는 운동본부측이 가두 캠페인을 계획했으나 공권력에 의해 무산된 사례가 대표적이다. 기독교범국민운동본부는 1986년 5월 26일 서울 시내 신촌 등 10개 지역에서 가두 캠페인을 벌일 예정이었다(<조선일보> 1986. 5. 25). 그러나 경찰은 가두 캠페인에 참석 예정이었던 집행위원장 금영균 목사와 이우정 여성단체연합회장, 김상근, 장성룡 목사 등 운동본부 임원 9명에 대해 가택 연금시켜 캠페인에 참석하지 못하도록 저지하였다. 또한 기습적인 가두 캠페인에 대비하기 위해 캠페인 예정 지역 모두에 사복 경찰을 배치하여 봉쇄하였다. 이러한 탄압에도 불구하고 운동본부는 가택 연금 대상이 아닌 23명을 동원하여 마포구 동교동과 광화문의 새문안 교회 등 3군데에서 스티커와 전단을 행인들에게 배포하는 캠페인을 시도하였다.

탄압에 의해 예정대로 캠페인을 수행할 수 없자 운동본부측은 26일 오전 'KBS 시청료 거부 운동의 탄압에 항의한다'는 제목의 성명서를 발표하여 경찰의 탄압 조치에 항의하였다. 성명에서 운동본부는 "경찰의 조치는 국민의 의지를 외면하는 처사이며, 국민의 비판을 듣고도 시정하려는 뜻을 갖고 있지 않다는 증거"라면서 "앞으로 모든 역량을 동원해 운동을 전개해 나갈 것"이라고 밝혔다(<조선일보>, 1986. 5. 27).

3) KBS 시청료 거부 운동의 의의

이와 같이 KBS 시청료 거부 운동은 그 참여 범위가 유례를 찾아보기 힘들 정도로 전국 각지의 각계 각층이 함께 참여하였다는 점에서 우리의 수용자 운동 사상 기념비적인 사건으로 기록될 만하다. 또한 기존의 여러 사회 단체들이 참여하였으며, 이 단체들이 연대하여 추진 조직을 만들어서 운동을 전개해 나가는 조직적인 운동 양상을 보여 주었다는 점에서도 중요한 의의를 지닌다. 즉, 과거의 어떤 수용자 운동보다도 조직적으로 운동이 전개되었던 것이다. 임영호(1995, 238쪽)도 이 점과 관련하여 시청료 거부 운동을 기점으로 하여 언론 수용자 운동이 체계성과 지속성을 견지한 본격적인 운동으로 전개되기 시작하였다고 평가한 바 있다.

이러한 시청료 거부 운동은 KBS의 수입에 직접적으로 커다란 타격을 주었다. KBS의 시청료 수입은 1984년 1256억을 정점으로 하여 점차 감소하기 시작하여 1985년에는 1196억이었으며 1986년에는 1013억으로 전년 대비 183억이 감소하였다. 이러한 감소 추세는 이후에도 계속되어 1987년에는 918억, 1988년에는 790억으로까지 줄었다(김해식, 1994, 216쪽).

재정적으로 타격을 주었다는 사실 외에도 KBS 시청료 거부 운동은 5공화국 치하에서 권력의 시녀 노릇을 하던 방송에 대해 국민적 심판이 이루어졌던 사건으로서도 커다란 의의를 지닌다. 국민들은 외면하고 권력의 눈치만 보던 언론에 대해 국민들이 직접 나서서 단죄하려 시도했던 것이다.

이러한 KBS 시청료 거부 운동은 6월 항쟁 이후 활발하게 진행되는 언론 노조 운동이나 시민 언론 운동에도 상당한 영향을 준 것으로 평가할 수 있겠다. 왜곡된 언론에 대한 국민들의 심판은 현장의 언론인들에게 적지 않은 심리적 타격을 안겨 주었으며, 이것이 6월 항쟁 이후 언론 노조 운동의 밑바탕이 되었던 것이다. 또한 시청자들 입장에서도 정치 권력 혹은 언론 권력이라는 막강한 상대와의 싸움에서도 시청자들이 단결하여 광범위하게 참여하니 타격을 줄 수 있다는 경험은 소중한 자산이 될 수 있는 것이다. 이러한 역사적 경험이 이후 시민 언론 운동의 기반이 되었다고 할 수 있겠다.

뿐만 아니라 이 운동은 우리 사회 전반의 민주화 운동에도 적지 않은 기여를 하였으며, 바로 1987년 6월 항쟁의 중요한 밑거름이 되었다는 평가(김민남 외, 1993, 400쪽)도 가능할 것이다. 군부 독재 치하에서 시청료 거부도 일정하게 저항 의지를 표현하는 것으로 받아들여지게 마련이다. 이러한 저항 운동에 참여하고 성과를 얻는다는 것은 매우 중요한 경험이 될 수 있는 것이다. 이 경험은 바로 뒤이은 6월 항쟁에 광범위한 시민적 참여가 가능했던 밑거름이 되었다고 평가할 수 있을 것이다.

5. 해방 이후 언론 수용자 운동의 특성

지금까지 해방 이후 한국 언론의 역사적 전개 과정에서 나타난 수용자 운동의 대표적인 사례들을 정리해 보았다. 이 고찰을 바탕으로 해방 이후 언론 수용자 운동의 특성을 그 언론 인식과 주체, 방법의 차원으로 나누어서 평가해 보고자 한다.

1) 언론 인식의 차원

먼저 그 언론 인식의 차원을 보면 크게 두 개의 상반되는 경향을 보여 주고 있다. 전반기라 할 수 있는 언론윤리위원회법 파동이나 <동아일보> 격려 광고 운동은 언론에 대한 연대 의식이 바탕이 되고 있다. 이를 바탕으로 해서 권력의 탄압으로 어려운 지경에 처한 언론을 수용자들이 나서서 후원한 형태의 운동이었다. 반면 언론 화형식이나 KBS 시청료 거부 운동에서는 언론에 대해 적대적인 인식을 보여 준다. 제 역할을 다하지 못하

는 언론에 대해 비판하고 공격하는 형태의 언론 수용자 운동이 전개되었
던 것이다.

두 개의 흐름에서 지향하는 이념도 상반되게 나타났다. 앞의 두 사례
에서 나타난 이념적 지향은 언론 자유였다고 평가할 수 있다. 정치 권력의
언론 통제에 직면하여 언론이 어려움을 겪고 있을 때에 수용자들이 나서
서 언론과 함께 정치 권력에 맞서 자유 언론을 지키려는 이념적 지향을
보여 주었다.

반면 언론 화형식과 KBS 시청료 거부 운동의 이념적 지향은 다르게
나타나고 있다. 언론과 같은 입장에 서는 것이 아니라 권력에 굴복한 언론
자체가 운동의 목표요, 대상으로 등장한 것이다. 다시 말해 권력에 굴복하
여 편파・왜곡 보도를 일삼는 언론을 질타하고 심판하며 언론 민주화를
지향하는 이념적 특성을 보여 준 것이다. 물론 여기서 언론 민주화는 사회
민주화로 가는 과정이요, 수단으로서의 의미를 지닌다.

이러한 언론 인식과 이념적 지향의 변화는 수용자 운동과 언론의 관계
변화를 의미하기도 한다. 즉, 1960년대와 1970년대의 언론 수용자 운동은
언론과 연대 의식을 바탕으로 해서 정권에 대항하였지만, 1980년대의 수용
자 운동에서는 수용자들은 언론에 대한 대립 의식을 바탕으로 해서 언론이
직접적인 운동의 목표로 등장하게 된 것이다. 양자의 사이에 1960년대 후반
과 1970년대 초반의 언론 화형식이 자리하고 있다. 이는 박정희 정권의 수립
과 함께 권력에 순치되어가는 언론에 대해 비판 의식이 형성되어 가기는
했지만 아직도 언론에 대한 연대 의식이 완전히 소멸된 것은 아니었다는
점을 보여 준다. 그러다가 <동아일보> 광고 사태의 귀결을 보고, 그 이후
유신 시대와 5공 치하의 언론을 보면서 비판 의식은 더욱 심화되고 연대
의식은 사라지고 말았던 것으로 볼 수 있다. 이러한 수용자와 언론의 대립적
인식은, 후술하겠지만 1990년대 이후의 시민 언론 운동에서도 기본적인 토
대를 이루고 있다.

이와 같은 변화는 언론 환경의 객관적인 변화와 이에 대한 수용자들

의 인식 변화 때문인 것으로 분석된다. 먼저 언론 환경의 객관적인 변화란 언론의 기업화, 산업화 경향을 지적할 수 있다. 권력의 언론에 대한 통제는 시기별로 세부적 양상에서는 다소 차이가 있었지만 큰 흐름에서는 별다른 차이가 없다고 할 수 있다. 언론 환경의 변화란 주로 1960년대 이후 사회 전반의 산업화와 함께 언론이 상업적 이윤을 추구하는 기업화, 상업화가 점차 심화되어 가는 측면을 말한다. 이는 정치 권력이 언론을 통제하면서 다른 한편으로는 경제적 혜택을 제공하여 언론의 기업화를 유도하고 도와 준 데에 힘입은 바가 크다. 이와 같이 언론 본연의 역할, 즉 권력에 대한 비판과 견제는 제대로 못하면서 이윤 추구에만 몰두하는 언론에 대해 수용자들이 연대 의식을 가질 수 있는 여지는 점차 줄어들 수밖에 없는 것이다.

다음으로 수용자들의 인식 변화란 바로 이러한 언론 환경 변화의 직접적인 결과로서 나타난 것이다. 1960년대까지만 하더라도 수용자들은 언론도 마찬가지로 권력을 남용하는 독재 정권의 피해자로 보았다. 그러나 언론이 권력의 비호 속에 상업적 성장을 거듭하는 모습을 보면서 수용자들은 언론을 피해자로 보는 것이 아니라 언론 역시 권력과 동일선에 있다고 보는, 즉 권언유착으로 파악하는 인식이 나타나기 시작했다는 말이다.

2) 주체의 차원

다음으로 운동 주체의 측면을 보면 해방 이후 언론 수용자 운동의 주체는 점차 확대되어 가는 양상을 보여 준다. 1960년대의 언론윤리위원회 파동이나 언론 화형식에서만 하더라도 언론 단체뿐만 아니라 각종 사회 단체들이 참여하기는 하였지만 변호사회나 학생 등 대부분 지식인 집단 위주였다. 1970년대의 <동아일보> 격려 광고 운동에서는 그 참여의 폭이 대폭 확대되어 각 지역의 여러 계층 및 직업 집단의 사람들이 골고루 참여하였다. 1980년대의 KBS 시청료 거부 운동에 이르러서는 운동에 참여한 계층이 그야말로 전국민적이었다 해도 과언이 아닐 정도로 참여의 폭이 확산되었다.

이렇듯 시간의 경과와 함께 수용자 운동에 참여하는 계층이 확대되는 것은 전반적인 교육 수준이 상승하면서 수용자들의 의식 수준이 높아진 결과라고 할 수 있겠다. 이와 같이 수용자들의 높은 의식 수준이라는 바탕이 있었기에 수용자 운동에의 참여 폭이 점차 확대될 수 있었던 것이다. 그 외에도 박정희 정권기부터 시작된 언론의 파행적인 모습이 1980년대 들어 정권이 바뀌어도 계속되었다는 사실도 수용자 운동에 참여를 확대시키는 주요 요인이 되었을 것이다. 즉, 왜곡된 언론의 모습이 오랜 기간 지속되자 수용자들의 비판 의식이 높아지고 확산되어 수용자 운동에의 참여로 나타났다는 분석이다.

3) 방법의 차원

다음으로는 운동 방법의 측면에서 나타난 특징에서 첫 번째로 지적할 수 있는 것은 바로 다양화이다. 해방 이후의 네 가지 사례에서 나타난 수용자 운동의 방법을 보면 성명서 발표를 통해 언론 혹은 언론을 탄압하는 정권을 규탄하는 고전적 방법에서 시작하여 화형식이라는 극단적 형태까지 나타났다. 1970년대와 1980년대의 수용자 운동은 그 방법 면에서 매우 독특한 특징을 보여 주었다. 광고를 통해 언론을 탄압하자 수용자들이 격려 광고라는 새로운 방법을 동원한 점이나 방송에 대한 불만을 시청료 납부 거부라는 방식을 사용한 점이 매우 주목할 만하다. 주로 재정적인 측면에 치중하여 언론사를 도와 주거나 타격을 주는 방법을 사용했던 것이다.

두 번째 특징으로는 점차 운동이 조직화되어 간다는 점을 지적할 수 있겠다. 언론윤리위원회법 반대 운동에서는 기존의 사회 단체들이 중심이 되어 언론인과 연대하여 운동이 전개되었다. 언론 화형식에서는 대학생들이 중심이 되었다. <동아일보> 격려 광고 운동에서는 거의 모든 사례들이 개별적 수준에서 이루어졌다. 그러나 KBS 시청료 거부 운동에 오면 운동이 매우 조직적으로 전개되는 양상을 보여 주었다. 기존의 종교 단체나 여성 단체, 재야 단체들이 중심이 되어 시청료거부운동본부를 건설하고 이것이 구심점이 되어 운동이 조직적으로 전개되었다는 점이 특징이자 이 시기에 나타난 중요한 발전이라 할 수 있다.

참고 문헌

강준만 (2000). ≪권력 변환: 한국 언론 117년사≫. 서울: 인물과사상사.

국회사 DB Available: http://www.nanet.go.kr/dl/SimpleSearch.php(2003. 7. 14)

김기태 (1989). 한국 언론 수용자 운동의 성격과 방향에 관한 연구: 시청료 거부 운동을 중심으로. 서강대학교 대학원 박사 학위 논문.

─── (2004). ≪시청자 주권과 시청자 운동≫. 서울: 한나래.

김동민 (1990). 한국 언론 노동 운동의 특성에 관한 연구. 한양대학교 대학원 박사 학위 논문.

김민남 외 (1993). ≪새로 쓰는 한국 언론사≫. 서울: 아침.

김민환 (19960. ≪한국 언론사≫. 서울: 사회비평사.

김삼웅 (1984). ≪민족・민주・민중 선언≫. 서울: 일월서각.

김서중 (1996). 정기 간행물 관계법의 변천과 그 적용에 관한 연구: 광복 이후 제5공화국까지의 정치 경제적 요인을 중심으로. 서울대학교 대학원 박사 학위 논문.

김해식 (1994). ≪한국 언론의 사회학≫. 서울: 나남.

≪동아일보사사 권4≫(1990). 서울: 동아일보사

동아자유언론수호투쟁위원회 (2000). ≪민주화 운동 25년≫. 서울: 다섯수레.

동아자유언론수호투쟁위원회 (1987). ≪자료: 동아 투위 자유 언론 운동 13년사≫. 서울: 동아자유언론수호투쟁위원회.

민중문화운동협의회 (1989). ≪80년대 민중・민주 운동 자료집 (I, II)≫. 서울: 학민사.

송건호 (1990). ≪한국 현대 언론사≫. 서울: 삼민사.

이만렬 (1985). ≪한국사 연표≫. 서울: 역민사.

이태호 (1985). 동아일보 광고 탄압 시절의 사회사. ≪민중≫ 제2권, 157~93쪽.

임동욱 (2002). 동아일보 격려 광고의 사회적 의미. 성유보 외, ≪너마저 배신하면 이민갈거야!≫. 서울: 월간말, 19~62쪽.

임영호 (1995). 한국의 시민 사회와 언론 운동의 성격 1985~1993. 유재천 외 편, ≪한국 사회 변동과 언론≫ 서울: 도서출판 소화, 227~64쪽.

정진석 (1995a). 광복 언론 50년사: 언론윤리위원회법 파동. ≪신문과 방송≫, 3월호, 34~43쪽.

정진석 (1995b). 광복 언론 50년사: 동아일보 광고 사태. ≪신문과 방송≫, 5월호, 20~8쪽.

조선일보70년사 편찬위원회 (1990). ≪조선일보 70년사≫. 서울: 조선일보사.

조선자유언론수호투쟁위원회 (1993). ≪자유 언론, 내릴 수 없는 깃발 : 조선투위 18년 자료집, 1975∼1993≫.
     서울: 두레출판사.

주동황 (2002). 동아일보 광고 탄압 해제와 경영진의 변절. 성유보 외, ≪너마저 배신하면 이민갈 거야!≫. 서울:
     월간말, 63∼85쪽.

주동황 외 (1997). ≪한국 언론사의 이해≫. 서울: 전국언론노동조합연맹.

한국기독교교회협의회 (1987a). ≪1970년대 민주화 운동 I≫. 서울: 한국기독교교회협의회.

한국기독교교회협의회 (1987b). ≪1970년대 민주화 운동 II≫. 서울: 한국기독교교회협의회.

5장

현 단계 시민 언론 운동의 현황과 전망

1. 1990년대 이후 시민 언론 운동의 전개

1) 시민 언론 운동 전문 단체의 확산

1987년의 6월 항쟁은 한국 사회의 민주 발전에서 중대한 계기가 되었다. 언론 부문에 대해서도 마찬가지이다. 6월 항쟁을 기점으로 해방 이후 한국 언론의 가장 커다란 규정 요인이 되어 왔던 정치 권력의 언론에 대한 직접 개입은 현저하게 감소하고 상대적으로 언론의 자율성은 신장되었던 것이다(양승목, 1995, 93~4쪽).

　이와 같은 민주화의 분위기와 언론 환경의 변화는 수용자 운동에도 커다란 영향을 주었다. 언론 민주화를 지향하는 수용자 운동 단체들이 생겨나면서 수용자 운동이 조직적이며 상시적으로 전개되는 양상을 보여 주기 시작했다. KBS 시청료 거부 운동을 전후한 때부터 여성 단체와 종교 단체를 중심으로 모니터 운동이 시작되었다. 1984년 11월에는 한국여성단체협의회 매스컴모니터회가 제1회 모니터 교육을 시작했고 1985년 10월 YMCA가 제1회 TV모니터강습회를 시작한 이후 많은 언론 운동 단체들이

한겨레신문 창간 발기 선언문

오늘 우리는 언론사상 유례를 찾아보기 어려운 범국민적인 모금에 의한 새 신문의 창간을 내외에 선언합니다.

우리는 지금 나라와 민족의 역사를 새로이 열어야 할 중대한 전환점에 서 있습니다. 인간의 자유와 기본권을 유린해온 오랜 독재체제를 청산하고 사회 구석구석에 만연되어 있는 비민주적인 요소들을 제거하여 국민이 주인되는 진정한 민주화를 실현시키고, 분단을 극복하여 민족의 생존권을 확보하여 생활의 향상을 이룩하는 한편, 사회정의를 실현하고 민족정기를 바로 잡아 이 병든 사회를 건강한 사회로 바꾸어 놓아야 할 시급한 과제를 안고 있습니다. 표현의 자유 속에서 참다운 민족문화를 꽃피게 하는 한편 비뚤어진 교육을 바로잡아 인간의 자주성과 창조성을 발휘케할 수 있는 교육을 실현시키는 것 역시 우리가 성취해야 할 주요과제입니다.

이같은 우리사회와 민족의 광범위한 과제는 국민 모두의 힘과 뜻과 지혜를 남김없이 발휘케하고 동원해 냄으로써만 해결될 수 있을 것이며 그것의 가장 강력한 수단의 하나가 누구나 자기의 현실과 의사를 표현할 수 있는 민족적 언론임을 우리 모두가 다 아는 일입니다.

우리가 한세기에 가까운 언론의 역사를 두고서도 이제 새 신문을 창간하고자 하는 것은 이같은 민족적 역사적 과제가 참된 새로운 언론을 어느 때보다도 시급히 요구하고 있기 때문입니다.

돌이켜보면 1896년 이 땅에 '독립신문'이 창간된 지 근 백년의 세월이 흘렀으나, 그동안 우리의 언론은 외세 아니면 독재권력의 억압으로 고난의 길을 걸어왔고, 진정 민족을 위한 자주적 언론을 갖지 못함으로써 오늘에 이르기까지 민주 민족언론의 숙원을 이루지 못하고 있습니다.

오늘 우리가 새 신문의 창간을 결심하게 된 것은 이 땅에 언론매체가 부족한 때문이 아님은 물론입니다. 다 아는 바와 같이 우리 사회는 백만의 부수를 주장하는 여러 신문, 97%의 보급률을 자랑하는 텔레비전을 포함하여 전국 방방곡곡에 미치지 않는 곳이 없다는 방송망과 수십만 부를 넘는다는 월간지와 주간지 등 수많은 언론매체를 갖고 있습니다. 그럼에도 불구하고 우리가 굳이 새 신문을 창간하고자 하는 것은 국민의 목소리와 민족의 양심을 대변하는 바르고 용기있는 언론이 없기 때문입니다.

일제 통치 밑에서 이땅의 언론은 외세의 억압으로 민족언론으로서의 구실을 못하다가 8·15 해방을 맞았으나, 민족의 분단상황 속에서 온갖 탄압과 간섭 때문에 제 구실을 못했습니다. 특히, 5·16 군사쿠테타 이후 20여년 동안 이 땅의 언론은 이른바 근대화 바람 속에서 사실과 진실을 은폐, 왜곡하고 상업주의적인 보도에 급급함으로써 독재권력의 지탱에 가장 중요한 역할을 해왔습니다. 언론자유를 수호하기 위해 독재에 항거한 양심적인 언론인들이 1975년과 1980년 언론현장에서 무더기로 추방당하고 투옥되는 시련이 계속되는 가운데 이 땅의 언론은 국민으로부터 '제도언론'이라는 불신을 받고 있습니다. 80년대 언론은 언론기본법이라는 법적 규제도 부족해, '보도지침'을 통한 권력의 일상적인 제작 지시로 거의 제 기능을 상실하고 말았습니다.

개탄할 일은 오늘의 언론은 이러한 통제 속에서도 이미 지난 날 보여준 바와 같이 언론의 자유와 독립을 위한 용기있는 저항정신을 보여주질 못하고 오히려 유유낙낙 권력측의 부단한 간섭과 규제에 순응하고 있다는 사실입니다. 오늘의 언론현실은 탄압의 결과라기보다는 많은 경우 자진 협조의 결과로 볼 수밖에 없습니다. 이러한 언론다운 언론의 부재는 오늘의 언론인들의 도덕적 차원의 문제만이 아닙니다. 권력의 정책적 의도하에 언론기업이 구조적으로 예속당해 이미 자주성을 획득한다는 것은 사실상 불가능하며, 한 둘 양심있는 언론인이 남아있다 해서 언론이 제 기능을 되찾을 수는 없습니다. 오늘과 같은 통제와 억압의 틀 속에서 언론이 저항다운 저항을 못하는 이유는 바로 그 원인이 여기에 있다고 보아야 합니다.

오늘의 제도언론은 그 기업구조로 보아 비록 이 땅에 민주화의 꽃이 핀다해도 정치적 경제적 자주성을 견지하지 못한 채 필경은 권력의 입장에서 국민에게 진실을 전달하지 못하고 그들을 오도할 수밖에 없을 것입니다.

오늘 우리는 새 언론의 창간을 통해 지금의 제도언론이 갖는 이같은 구조적 결함을 극복하고자 합니다. 이것을 위한 첫째 요건은 기존의 언론처럼 몇사람의 사유물이 되거나 권력에 예속되지 않게 해야 하는 것입니다. 그러기 위해서 우리가 책정한 창간기금 50억원을 나라의 민주화를 염원하는 모든 사람의 참여로써 이룩하여 문자 그대로 국민이 주인되는 신문을 만들고자 합니다.

새 신문은 나라의 민주적 기본질서를 확립하기 위해 노력할 것이며 민족적 고통에 동참하는 가운데 책임있는 편집을 다 하도록 노력할 것입니다. 이런 근거로 해서 새 신문은 국민에 바탕을 둔 언론으로 성장할 것이며 따라서 민주적 가치와 사회정의를 지향하면서 사회의 정치, 경제, 문화 등 각 방면에 걸친 온갖 사실들을 언제나 일반 국민의 입장에서 숨김없이 공정하게 보도할 것입니다. 오늘의 제도언론이 보여주듯이 사소한 일은 크게 선정적으로 보도하고 정작 크고 중요한 정치, 경제, 사회의 문제들은 은폐하거나 왜곡 보도하여 국민들을 오도하는 일은 결코 하지 않을 것입니다. 또한 노동자, 농민, 여성 등 기존언론이 소홀히 다루는 부분에 더욱 관심을 가지고 보도할 것입니다. 신문이 걸어야할 정도를 지키기 위해 우리는 권력이 요구해 올지도 모를 부당한 간섭을 거부하고 '국민의 신문이며 신문인의 신문'이라는 주인의식을 가지고 공정하고 신중하고 그러나 용기있게 진실을 보도할 것입니다. 우리는 이 한겨레신문이야말로 민주주의 사회에서 언론의 정도를 걷는 참된 신문임을 보여주고자 합니다.

우리는 앞으로 있을지도 모를 어떠한 장애도 극복하고 진실을 알리기 위해, 국민의 알 권리를 위해, 한겨레신문을 키워갈 것입니다.

우리의 이러한 굳은 결의는 국민 여러분의 적극적인 참여와 협조로써만 열매를 맺을 수 있을 것으로 확신하며 오늘의 이 발기 선언대회가 역사적으로 길이 남게 될 것을 믿어 의심치 않습니다.

1987년 10월 30일
한겨레신문 창간발기인

출처: http://www.hani.co.kr/announce/hankyorehshinmun/h10_frame.html (2004. 9. 28).

생겨나기 시작했다(임영호, 1995, 238쪽).

1991년에는 또 다른 중요한 계기를 맞이하게 되었다. 해직 언론인들이 모인 언론인 단체였던 민주언론운동협의회가 시민 언론 운동 단체로 방향 전환을 하면서 상시적이고 조직적인 언론 전문 운동의 구심점으로 부상하게 되었다는 사실이다. 1975년 <동아일보>와 <조선일보>에서 해직된 기자들로 구성된 민주언론운동협의회의 구성원 중 상당수가 1988년 창간된 <한겨레신문>에 참여하게 된 것이 이러한 전환의 직접적인 계기가 되었다(민언협 내부 자료 참조). 민언협의 주체를 이루던 해직 언론인들이 빠져 나가자 언론인 운동에서 방향 전환하여 시민 언론 운동 단체로 새로운 모색을 시도하게 된 것이다. 그 첫 번째 사업으로 그 해 11월 6일 일반인을 대상으로 하는 언론학교를 개설하면서 시민 언론 운동 단체로 활동을 시작했던 것이다.

서울의 민언협이 시민 언론 운동 단체로 전환하고, 1992년의 선거를 맞이하면서 이를 계기로 하여 점차 지방에도 시민 언론 운동 단체들이 생겨나기 시작하였다. 1992년 10월 19일에는 광주전남민주언론운동협의회가 출범하였으며, 부산에서도 1992년 10월 준비위원회가 결성되었고, 1994년 4월에는 부산민주언론운동협의회가 정식으로 출범하였다. 1994년의 지역 민방 사업자 선정 논의 과정에서는 대전에서도 방송바로세우기대전시민위원회가 5월 26일 출범하였다. 마산, 창원 지역에서도 1993년 여름부터 한겨레신문독자주주모임이 중심이 되어 '언론모니터를위한마창지역준비모임'을 결성하여 꾸준한 활동을 벌이다가(채백, 1995) 1999년 6월부터는 경남민주언론운동시민연합으로 개편하였다. 그 외의 지역에서도 속속 시민 언론 운동 단체가 출범하였다. 1999년 12월에는 전주에서 전북민주언론운동시민연합이, 2000년에는 대전충남민주언론운동시민연합이, 2001년 12월 1일에는 수원에서 경기민주언론운동시민연합이, 2003년 11월에는 충북 청주에서 충북민주언론운동시민연합이 각기 발족하였다. 그 밖에 1994년 2월 2일에 창립된 '바른언론을위한시민연합'도 한때 지방 여러 곳에 지부를 두고 활동을 벌이고 있다.

부산민주언론운동협의회 창립 선언문

'제4부' 언론을 지켜보는 '제5부' 시민언론의 출범
― 맑고 바른 언론, 참언론을 위하여 ―

언론은 세상을 들여다보는 창이고 세상의 소리를 듣는 안테나이다. 그러한 언론의 창이 때묻어 있을 때 우리는 세상을 바로 보지 못하고, 그러한 언론의 안테나가 뒤틀려져 있을 때 우리는 세상의 소리를 제대로 듣지 못한다. 그동안 우리 사회의 언론은 힘있는 자의 오만과 가진 자의 편견에 의해 이리 더럽혀지고 저리 뒤틀리는 상처를 많이도 입어 왔다. 그리하여 세상을 바로 보아야 할 우리의 눈은 자주 맹목화되었고, 세상의 소리를 제대로 들어야 할 우리의 귀는 종종 난청화되었다. 이제 그러한 맹목을 깨고 우리의 눈은 열려야 하고, 이제 그러한 난청을 깨고 우리의 귀는 뚫려야 한다.

민주주의 사회에서 언론은 세상을 들여다보는 민주적인 창이어야 하고, 세상의 소리를 듣는 민주적인 안테나여야 한다. 우리 사회가 민주주의를 이상으로 하는 한 무엇보다도 먼저 언론이 민주적이어야 한다. 언론이 민주적일 때 비로소 사회가 민주적일 수 있는 기본 조건을 갖출 수 있기 때문이다. 민주적인 언론을 통해 사람들이 세상의 모습을 바로 보고, 민주적인 언론을 통해 사람들이 세상의 소리를 바로 들을 수 있을 때, 사람들은 세상을 제대로 읽고 또 세상에 대해 제대로 말할 수 있고, 바른 세상을 만들어갈 수 있기 때문이다.

그런 까닭으로 국민과 시민을 위한 언로가 활짝 열리고, 국민과 시민에 의한 공론이 크게 성하기 위해서는 마땅히 국민과 시민을 주인으로 하는 민주적인 언론이 우리 사회의 지배적인 언론으로 자리잡아야 한다.

이제 우리는 '사회의 민주화'와 '민주의 사회화'를 위한 시민 주체의 언론운동에 하나의 작은 불꽃을 지펴 올리고자 한다. 우리 사회의 언론이 오탁의 창으로 있을 때 우리는 시민의 이름으로 그것을 닦아낼 것이고, 우리 사회의 언론이 왜곡의 안테나로 있을 때 우리는 시민의 이름으로 그것을 바로 세울 것이다. 또한 우리 사회의 언론이 맑고 바른 언론, 참언론으로 있을 때 우리는 마음을 다한 격려와 성원을 보내는 데에도 결코 인색하지 않을 것이다.

우리는 둘러싼 언론 상황은 지금 급속히 변화되어 가고 있다. 그러한 언론 환경의 변화 속에서 우리는 지금 앞으로의 언론에 대한 우려와 함께 앞으로의 언론에 대한 기대도 역시 가지고 있다. 우리는 각성된 시민의 눈으로 항상 우리 주변의 언론을 지켜볼 것이다. 우리는 '제4부' 언론을 지켜보는 '제5부' 시민언론으로 언제나 서 있을 것이다. 우리의 언론을 위해, 우리의 시민언론을 위해.

1994년 4월 30일

* 출처: 부산민주언론운동시민연합 내부 자료.

언론개혁시민연대 발기인 선언문

이제는 언론개혁이다.

우리 사회의 민주화와 진정한 개혁을 위해서는 언론이 거듭나지 않으면 안됩니다. 그동안 한국 언론은 권력과 자본에 유착해 불공정한 보도와 왜곡된 여론을 조성해 왔으며 언제부터인가 스스로 권력이 되어 시민 사회 위에 군림하고 있습니다. 숱한 오보와 곡필, 상업성과 선정주의에 물들어온 언론은 한번도 스스로를 개혁하지 못하고 '성역'으로 남아 있습니다.

이제 우리는 국민의 힘으로 진정한 언론의 개혁과 민주화를 추진하기 위한 본격적인 운동에 나서기로 하였습니다. 우리는 시민 · 사회 · 언론운동의 굳건한 연대 및 광범한 국민의 참여를 바탕으로 '언론개혁 시민연대'(가칭)를 건설해 언론을 감시하고 관련 법제도의 거선을 추진하며 '수용자 주권'에 입각한 시민의 권리를 옹호할 것입니다. 그리하여 우리 사회에서 언론이 제자리를 찾을 수 있도록 투쟁해 나갈 것임을 선언합니다.

1998년 8월 24일
언론개혁시민연대 발기인 일동

출처: 언론개혁시민연대 (1998). ≪언론개혁시민연대 설명회 자료집≫.

이와 같이 각 지역에 언론 운동 전문 단체들이 결성되어 활발한 활동을 벌이다가 1990년대 후반으로 오면서 새로운 양상이 전개되고 있다. 즉, 전문 운동 단체별로 활동을 벌이다가 이슈가 있을 때 연대하던 방식과 달리 상설적인 연대 기구를 설립하여 각 부문의 시민 단체들이 언론 문제에 공동으로 대처하는 방식이 나타났다. 1998년에 구성된 '언론개혁시민연대'가 바로 그것이다. 1998년 8월에 서울에서 '언론개혁시민연대'가 출범한 것을 시초로 하여 이에 자극받아 지방에서도 이러한 연대 기구가 출범하였다. 9월에 광주에서, 그리고 11월에는 부산에서 각기 지역의 여러 시민 단체들이 참여한 가운데 언론개혁시민연대가 창립되었다. 이러한 상설적 연대 기구의 설립으로 시민 언론 운동은 그 조직의 기반을 더욱 다져가고 있는 것이다.

2) 시민 언론 운동 단체의 주요 활동

이와 같이 전문 운동 단체들이 생겨나면서 1990년대의 시민 언론 운동은 과거 어느 때보다 더욱 조직적으로 전개될 수 있었다. 먼저 1990년대 시민 언론 운동에서 나타난 가장 중요한 활동 중의 하나는 바로 대중 교육 사업이다. 이는 대중들을 상대로 '언론학교' 혹은 모니터 강좌 등의 형태를 통해 언론과 관련된 주요 강좌들을 운영하면서 언론에 대한 문제 의식과 비판적 시각을 가질 수 있도록 하기 위한 목적을 지니고 있다. 전술한 서울의 민언협이 시민 언론 운동 단체로의 방향 전환을 하면서 제일 먼저 벌인 사업도 언론학교였다. 부산과 광주, 마산, 창원 지역 등도 이러한 언론학교를 운영하여 대중들에 대한 언론 교육 사업에 나서고 있다. 서울을 비롯한 각 지역의 민언련이 중심이 되어 이 언론학교 사업을 꾸준히 지속적으로 전개하고 있다.

특히, 이 언론학교는 각 단체로서는 회원을 확대 재생산하는 주요 메커니즘이 되고 있다. 언론학교를 수강한 사람들이 각 단체의 회원으로 남

제14대 대선 선거보도감시연대회의

선언문
– '대동령선거보도 감시운동'을 시작하며 –

대통령선거 바람이 뜨겁게 전국을 휘감고 있다. 각 정당이 대통령 후보를 선출, 실제적인 선거운동에 돌입한 지 오래고 부정·타락의 징후도 엿보이고 있다.

언론이라고 예외는 아니다. 다가올 대선을 겨냥한 듯한 야릇한 보도가 잇따르고 있는가 하면 아예 특정후보를 편드는 듯한 특집물이 선보이고 있기도 하다. 불행한 현실이다. 마땅히 엄정중립을 지켜야 할 언론이 특정 후보를 위해 발벗고 나서는 현실이 개탄스럽다.

선거보도감시연대회의의 활동재개를 선언한다. 언론이 언론인들의 손을 떠난 지금 국민의 힘으로 공정성을 확보하고자 하는 것이다.

지난 14대 총선때의 활동성과를 바탕으로 잘못된 점을 개선하면서 더욱 성숙한 모습으로 나서고자 한다. 우리는 후보의 입장이 아니라 국민의 눈으로, 후보의 당락보다는 다수 국민의 민생민권 문제를 부각시키는 보도가 되도록 힘쓸 것이다. 공정선거 확보와 이를 통한 진정한 민주사회 건설을 위해서는 공정선거보도 쟁취 투쟁이 중요한 과제임을 거듭 확인하면서 혼신의 노력을 다할 것이다. 양심적 언론인들의 동참과 전국민의 지지를 기대한다.

1992. 9. 4.
선거보도감시연대회의

출처: 선거보도감시연대회의 (1993). ≪제14대 대선 보도 감시 활동 종합 보고≫(선거보도감시연대회의자료집). 258쪽.

제14대 총선 선거보도감시연대회의

결성 선언문

4천3백만 국민의 주시 속에서 선거 일정이 진행되고 있습니다. 여기에 언론매체의 선거보도가 선거에 커다란 영향을 미치고 있다는 판단 아래 시민 단체, 언론유관단체가 「선거보도감시 연대회의」를 결성하기에 이르렀습니다.

"공정한 선거보도는 국민의 힘으로", "선거보도감시는 국민의 임무"라는 슬로건을 내세우면서 「선감연」을 결성해 올바른 선거보도를 격려하는 한편 편파 왜곡 불공정 보도를 감시하고 비판할 것입니다. 또한 이의 시정을 위해 모든 방안을 강구할 것입니다.

「선감연」 활동의 추동력은 국민대중이라는 점을 가슴에 새겨 선거보도가 진실하고 국민을 중심으로 하는 감시활동이 되도록 노력하겠습니다.

권력이나 자본이 힘으로 선거보도의 진실성을 파괴하거나 언론인의 진실한 선거보도를 위협한다면 「선감연」은 국민과 함께 단호히 투쟁할 것입니다. 처음부터 끝까지 선거보도가 국민대중의 것이 될 수 있도록 노력하겠습니다.

끝으로 「선감연」 활동에 모든 국민의 참여를 기대합니다.

1992. 2. 20.
선거보도감시 연대회의

출처: ≪14대 총선 보도와 시민 언론 운동≫. 선거보도감시연대회의 심포지움 자료집. 1992. 4. 18, 157쪽.

아 단체의 여러 사업에서 중추적 역할을 담당하고 있다.

다음으로는 언론 모니터 사업이다. 이는 1990년대 시민 언론 운동 단체들이 가장 역점을 두고 있는 사업 중의 하나이다. 그 이유는 현실 언론의 문제점을 찾아내서 이에 문제 제기를 하고 시정을 요구하기 위해서는 이 모니터 사업이 필수적이기 때문이다. 그러나 이러한 중요성과 욕구에도 불구하고 실제로는 여러 가지 여건상의 어려움 때문에 각 단체들의 모니터 사업이 효과적으로 이루어지지는 못하고 있다. 인력의 부족이나 발표 매체의 부족, 분석 방법의 문제, 가시적 성과의 부족 등의 어려움이 겹치면서 모니터 사업이 그다지 활발하게 이루어지지는 못했던 것이다. 일상적인 모니터 활동은 부진했지만 선거와 같이 사회적으로 중요한 이슈가 있을 때에는 선거 보도를 집중적으로 모니터하여 거기서 나타나는 문제점을 이슈화하는 역할을 수행하였다.

세 번째로는 연대 사업이다. 각 지역의 시민 언론 운동 단체는 언론계, 특히 언론 노조 및 관련 학계, 그리고 다른 영역의 시민 단체들이나 타 지역의 시민 언론 운동 단체들과 활발한 연대 활동을 전개해 왔다. 특히, 사회적으로 중요한 이슈가 있을 때에는 연대 기구를 만들어서 공동 대처해 나가는 양상을 보여 주었다. 그 중 가장 중요한 사례로는 선거기에 '선거보도감시연대회의'를 구성하여 언론의 선거 보도에서 나타나는 불공정 및 왜곡 보도를 감시, 비판한 것을 들 수 있다.

이 연대회의가 가장 먼저 구성된 것은 1992년 3월의 총선기이다. 그해 2월 민언협과 KNCC언론대책위원회, 한국여성민우회, 한국사회언론연구회, 중앙언론연구회 등 5개 단체가 중심이 되어 선거보도감시연대회의가 처음으로 출범했던 것이다. 이후 중요한 선거가 있을 때마다 이 연대 기구가 구성되어 선거 보도를 감시, 비판하는 역할을 해왔다.

이 밖에도 시민 언론 운동 단체들이 벌였던 주요 연대 활동으로는 1990년의 '스포츠신문음란폭력조장공동대책위원회,' 1991년의 촌지 추방 운동, 1993년의 '텔레비전방송이대로는안된다시청자대책회의'가 벌였던

스포츠 신문은 청소년 보호의 사각 지대인가?

성인용으로 만들어 청소년에게 판매, 돈벌이하는 스포츠지!!
스포츠 신문들은 청소년에게 유해한 음란 폭력물을 게재하여 비난을 받을 때마다 뻔뻔스럽게 '성인층을 주 대상으로' 한다는 주장을 해 왔습니다. 그러면서도 스포츠 신문 지면이나 판매대 어디에도 청소년들은 볼 수 없는 성인용이라는 '주의'조차 한 번 한 적이 없습니다. 돈을 주고 사지 않아도 지하철 내에 널려 있고, 우리의 청소년들이 마음만 먹으면 아무런 제재 없이 구독할 수 있는 스포츠 신문이, 스포츠 신문 측의 주장에 의하면 '청소년들에게는 유해한 성인용'이었다는 것입니다. 우리는 더 이상 스포츠지의 상혼에 속지 않을 것입니다.

언론의 양식에 맡겨야 한다고요?
언론사의 양식이 조금이라도 있다면 8년간이나 시민 단체의 항의를 받았겠습니까? 무려 87회의 개선 요청과 7차례의 광고주 불매 요청, 그리고 규탄 집회만도 5차례에 이를 만큼 격렬한 항의를 받았다는 것만으로도 양식을 거론하는 것이 부끄러울 것입니다. 언론사 편집국장이 음란·폭력 조장 행위로 검찰에 기소되었다는 것만으로도 얼마나 부끄러운 일입니까? 무려 44회에 걸쳐 사과와 개선약속을 하였고 스포츠 지 면을 통한 공개 사과만도 13차례나 있었습니다. 만일 스포츠지가 그 많은 약속 중에서 단 한 번이라도 진지한 반성과 책임 있는 결단을 했더라면 지금과 같이 검찰에 기소되는 부끄러운 일을 당하지 않았을 것입니다. 검찰 기소는 결국 스포츠지의 자업자득이지 언론 탄압이나 표현의 자유에 대한 억압이 아닙니다. 시민 단체의 항의 운동과 이에 따른 검찰의 기소는 언론의 양식을 회복시키려는 노력입니다.

스포츠 신문의 저질 상업주의에 재갈을……
스포츠 신문의 상징은 무엇입니까? 1면에 게재되는 선정적인 자태의 여자 사진이 떠오르지 않습니까? 그렇습니다. 스포츠지는 사진이나 기사, 소설, 만화, 칼럼 등을 통해 '성'을 아주 가볍게 묘사하면서 쾌락의 도구로 전락시키고 있습니다. 스포츠 신문에서 여성은 단지 남성들의 성욕을 충족시켜 주는 상품에 불과합니다.

국내에서 만들어지는 온갖 외설 성인 비디오와 잡지, 소설들을 소개하는 곳이 스포츠 신문이며, 음란 조장 전화방, 국제 폰팅 등의 정보가 넘치는 곳이 스포츠 신문입니다. 스포츠 신문이 없다면 그 많은 음란물들이 어디에 광고하여 돈벌이를 할 수 있을지 의문입니다. 음대협은 거대한 자본과 언론의 힘을 믿고 저질 경쟁을 일삼는 스포츠지를 바로잡으려고 하는 것입니다.

만화계는 자정 노력과 건전 발전의 계기로
스포츠지의 편집국장과 함께 기소된 일부 스포츠지 만화 작가들로 인해 만화 산업이 위축되고, 건전한 만화 발전을 위해 노력해 온 대다수 작가들이 어려움을 겪게 된 것은 안타까운 일입니다. 음대협은 만화계가 겪는 작금의 위기상황이 오히려 저질 만화를 추방하고 건강한 대중 문화로 정착되는 게기가 되기를 바라며 이를 위해 협력할 것입니다.

그러면 우리는 무엇을 할 것인가?

32개 시민 단체로 구성된 음대협은 고발과 검찰의 기소, 그리고 사법부의 재판 과정을 통해 스포츠지가 청소년 유해 매체 표기를 하고 구분 격리 판매하든지, 아니면 청소년들에게도 유익한 건강한 신문으로 전면 개선되기를 기대합니다. 스포츠지는 지금처럼 온갖 성인 비디오나 잡지, 음란 조장 전화방 광고와 저질 사진, 기사, 만화 등을 게재하여 청소년들에게 판매하는 비도덕적 행위를 중단할 것을 촉구합니다.

    스포츠 신문사들은 검찰 기소 이후에도 개선의 노력보다는 재판에서 이겨 자신들의 행위의 정당성을 입증하겠다는 오만한 태도를 견지하고 있습니다. 시민 여러분! 스포츠 신문사측이 사태를 직시하고 건전한 신문으로 거듭나도록 촉구해 주시기 바랍니다. 재판부에도 청소년을 우려하는 국민의 염원을 반영하여 공정하게 재판할 수 있도록 격려 전화 및 편지를 보내 주시기 바랍니다. 또한 서명 운동에도 적극적인 동참을 바랍니다.

서명 운동 문의 및 연락처: 884-9882 (음대협 사무처)

· 스포츠 3사 사장실 연락처
〈스포츠서울〉 tel 721-5000 fax 721-5019
〈일간스포츠〉 tel 724-2215 fax 724-2891
〈스포츠조선〉 tel 724-6700 fax 724-5059
· 스포츠 신문 담당 판사 연락처
서울 서초구 서초3동 서울지방법원 형사 12단독판사님(우137-737)
· 스포츠 신문 항의 운동 후원 계좌
상업 142-08-268325 (예금주: 권장희)

* 음란폭력성조장매체 대책시민협의회
건강을위한시민의모임, 기독교윤리실천운동, 낮은울타리, 대학생성경읽기선교회(UBF), 대한기독간호사회, 대한불교청소년교화연합회, 대한어머니회중앙연합회, 맑고향기롭게모임, 바른언론을 위한 시민연합, 보리방송모니터, 서울YMCA, 서울YWCA, 예수전도단, 우리동네도회, 인간교육실현학부모연대, 전국직장선교연합회, 청소년교육선교회, 청소년유해환경고발센터, 학생신앙운동(SFC), 한국교회평신도단체협의회, 한국기독교신도연맹, 한국기독교총연합회, 한국기독교학인회(ESF), 한국기독학생회(IVF), 한국대학생선교회(CCC), 한국복음주의협의회, 한국선명회, 한국에이즈연맹, 한국청소년사랑회, 한국장로협의회, 흥사단, 한국소비자연맹 32개 단체

출처: 김기태 (2004). ≪시청자 주권과 시청자 운동≫. 서울: 한나래, 514쪽.

'TV 끄기 운동'과 '방송바로세우기시청자연대회의'(임영호, 1995, 239~40쪽), 그리고 1994년의 '지역민방대책을 위한 전국회의' 등을 들 수 있다.

이 중 1990년의 '스포츠신문음란폭력조장공동대책위원회'가 벌였던 운동은 수용자 운동에서 매우 중요한 사례이다. 1990년 3월 21일 <스포츠조선>이 창간되면서 스포츠 신문 3사가 극심한 선정성의 경쟁을 벌이자 시민 단체들이 문제 제기를 하고 나섰다. 이 운동에서 특징은 스포츠 신문들에 광고를 게재하는 기업에 대해서 불매 운동을 벌이겠다고 선언한 새로운 운동 방법이 효력을 발휘하였다는 점이다. 경제적 수단을 동원한 이 방법이 신문사에게는 효과적인 압력이 되어 그 해 12월 20일의 '스포츠 신문 건전화를 위한 간담회'에 두 신문사는 사장이 그리고 한 신문사는 상무가 직접 참석하여 앞으로 자제하겠다는 약속을 받아내는 성과를 거두었다(김기태, 1991, 240~4쪽). 이처럼 신문사의 최고위급 임원이 시민 단체에 나와서 잘못을 인정하고 앞으로 자제하겠다는 약속을 한 것은 유례를 찾아보기 힘든 매우 드문 성과라고 평가할 수 있다.

1993년에 벌어졌던 '텔레비전방송이대로는안된다시청자대책회의'의 'TV 끄기 운동'도 수용자 운동의 역사에서 매우 중요한 의미를 지닌다. 이는 1993년 4월 방송사의 춘계 프로그램 개편에서 MBC의 어린이 프로그램 <뽀뽀뽀>가 평일 방송을 폐지하고 토요일 주 1회 편성한 것을 계기로 서울YMCA가 문제 제기를 하면서 비롯되었다. 문제 제기의 초점은 방송사들이 지나치게 시청률 위주로 흐르면서 프로그램의 획일화와 저급한 오락화를 초래한다는 것이었다. 서울YMCA는 4월 14일부터 'MBC 뽀뽀뽀 평일 방송 되찾기 시청자 운동'을 전개하였는데, 이에 각 지역의 YMCA들이 참여하고 그 외에도 종교 단체, 여성 단체, 학부모 단체 등이 참여하면서 운동이 확대되어 6월 19일에는 '텔레비전방송이대로는안된다시청자대책회의'로 확대되기에 이르렀다. 이 단체가 중심이 되어 벌인 캠페인이 7월 7일 'TV 끄기 운동'이었다. 이 운동은 7월 7일의 시청률이 일주일 전인 같은 수요일에 비해 7% 감소하였으며, 가구당 평균 시청 시간도 30분 정도

텔레비전 방송, 이대로는 안됩니다

7월 7일, 우리 모두 TV를 끕시다

"먹고 살려고 애쓰는데, 희희닥거리고 노닥거리는 TV를 보고 있노라면, 화가 치민다"
"TV방송이 국민을 모두 저능아로 만들고 있다"
"공영방송 KBS가 앞장서서 저질 오락물을 내보내고 있으니, 시청료거부운동 다시 시작하자"

-- 시청자의 소리 --

전격 팡팡쇼, 새내기 출동 큐, 달려라 고고, 깜짝 비디오쇼, 독점.., 특종.., 대결.., 도전.., 결정.., 등이
요즈음 TV프로그램 제목들입니다.

소란스러움, 경박함, 현란함, 말장난이 TV 화면을 가득 메우고 있습니다.

TV 채널을 돌려도 제목만 다를 뿐 비슷한 내용에 겹치기 출연자들을 우리는 매일 보아야 합니다.

인기인들의 사생활을 들추는 프로그램이 토크쇼라는 이름으로 매일 늦은 시간에 우리 안방을 차지하
고 있습니다.

젊고 아름다움만이 유일한 가치라고, 주부들을 부추기고 과소비를 조장합니다.

어린이와 노인, 장애인, 농어촌의 국민들은 시청자도 아닙니다. 방송이 만들어내고 있는 상업적 소비
문화에 함께 참여할 수 없는 시청자는 시청자가 될 수 없습니다.

어린이들에게는 외국에서 싸게 들여온 만화가 폭력적이어도 상관 없습니다. 그저 자극적 재미로

어린이들을 현혹하고, 시청률을 올리면 됩니다.
교양, 문화예술프로그램은 이른 새벽이나 모두 잠든 밤중에 아무도 보지 않게 방송합니다.

이처럼 우리 방송은 이제 어느 특정 프로그램의 저질성을 논할 단계가 아닙니다. 방송이념가 철학 부재가 만들어내는 전반적인 방송의 저질화는 이제 걷잡을 수 없을 정도로 악화되고 있습니다.

정말 이대로는 안됩니다.

이제 시청자가 나서야 합니다.

그동안 개인적으로 갖고 있던 불만들을 함께 모아, 우리 방송을 개선할 기폭제로 삼읍시다.

시청자를 무시하는 방송사에 각성을 촉구합시다.

> 7월 7일, 하루를 참아 365일 좋은 방송을 봅시다.
> 깨어있는 시청자가 좋은 방송을 만듭니다!
> 7월 7일, 우리 함께 TV를 끕시다!!

텔레비전 방송 이대로는 안된다 시청자 대책회의
가톨릭여성연합회, 기독교윤리실천운동, 살기좋은구로지역여성회, 한국어린이보호회, 인간교육실현학부모연대, 지역탁아소연합회, 참교육을위한전국학부모회, 거창YMCA, 경주YMCA, 고양YMCA, 광주YMCA, 구미YMCA, 군산YMCA, 김천YMCA, 남원YMCA, 대구YMCA, 대전YMCA, 마산YMCA, 목포YMCA, 부산YMCA, 부천YMCA, 성남YMCA, 수원YMCA, 순천YMCA, 안양YMCA, 여수YMCA, 영천YMCA, 울산YMCA, 의정부YMCA, 이천YMCA, 인천YMCA, 전주YMCA, 제주YMCA, 진주YMCA, 천안YMCA, 청주YMCA, 춘천YMCA, 평택YMCA, 포항YMCA, 홍성YMCA, 해남YMCA, 서울YMCA (단체와 개인의 참여를 환영합니다)

출처: 텔레비전방송이대로는안된다시청자대책회의 (1993). ≪1993년 7월 7일 'TV 끄기 운동' 활동 보고서≫. 105쪽.

"국민이 주인되는 방송을 위하여……"

우리는 왜 국민의 여론 선도 단체들을 망라하여 방송개혁을 위한 연대회의를 구성하려 하는가? 실로 오랫동안 방송도 다른 부문과 마찬가지로 개혁이 논의되고 개혁을 전제로 구조개편을 연구하였으며 폭넓은 토론을 거쳐 여론으로 합의된 개선안이 마련되었으나, 그 시행이 미루어지고 있을 뿐 아니라 정부는 서둘러 공론(公論)과 다르게 방송의 상업화만을 강조하면서 허가를 남발하고 있기 때문이다.

전파가 특정 정파나 정권의 소유가 아니고 국민의 소유라는 기초적인 원칙은 제쳐 놓더라도 일상적으로 국민에게 미치는 방송의 정치, 경제, 문화적인 영향력을 생각할 때, 진정한 개혁의 지연이나 개편 방법의 정도(正道) 이탈, 그리고 정부를 포함한 이익집단들의 단편적이고 이기적인 발상을 좌시할 수 없는 시점에 이르렀다.

그동안 방송은 거의 허구적인 개혁, 개선의 과거를 지님으로써 오늘날 책임있는 매체로서의 위치조차 희미해진 형편이다. 즉, 공익을 보장하는 본질적 위치에서 이익창출의 사업 단위로 변모하는 과정을 보이고 있는 것이다. 비전이 없는 방송의 확대 정책은 종래와 같이 정권 이익 차원에서 해석될 수 밖에 없으며, 규범적이고, 민주적이고, 책임을 전제로 하는 틀을 벗어나 산업으로서의 성격만을 강조할 때 방송은 소비적이고 향락적인 저질문화 생산자로 전락할 수 밖에 없다.

이에 관한 생산적 비판을 가하는데 있어서 우리 여론단체들은 의견을 모으고 문화적 책임을 분명히 하도록 불합리한 정부의 방송정책 시행을 비판, 저지하려는 것이다.

해방 이후 결코 평탄치 못했던 우리 시대의 모습은 방송이라는 정보 매체를 통해 국민에게 빠르게 투영되고 성찰의 도구가 되었어야 함에도 불구하고, 긴 세월 동안 권력의 일방적 홍보매체의 기능으로 작용해 왔다. 또한 불공정과 비민주적인 배경은 방송으로 하여금 저급한 문화의 양만을 급속하게 늘리는 양상을 초래했다. 전파의 소유주인 국민에게 선진국과 같은 방송의 선용 가능성이 전해지지 않았다. 정권이 바뀌는 가운데 나름대로 획기적인 개혁이 있기는 했으나 통폐합과 같은 폭력에 의한 것이거나 '90년의 방송법 개정처럼 공론과정이 악용된 정도였다. 그러나 이제는 전보다 복잡해진 경제 현실을 구실로 재정과 내용 책임의 전망이 흐린 가운데 정부의 독자적인 허가만 남발되고 있는 것이다.

방송은 정치나 선거의 시혜물이 될 수는 없다. 비록 오랜 동안 방송이 정치적으로 불구의 매체였으며, 문화적으로 불완전한 과거를 지녔다 하더라도, 지금부터는 공익과 문화적 책임, 정치적 공정성을 보장하는 여론매체로 거듭나야 하는 것이다. 이와 같이 설사 채널이 일부 늘어났다 하더라도 방송의 본질은 변하는 것이 아니다. 특히 선거를 기화로 지역별, 업체별 허가 약속이 주어지고 그에 따라 채널 수가 갑작스럽게 늘어나 단순한 상품생산업처럼 무한경쟁으로 돌입해서는 안된다. 방송은 결코 단순한 상품이 아니기 때문이다.

이에 방송개혁 국민회의는 다음과 같이 분명한 목표를 이루어, 방송이 민주적이고 생산적인 국민의 반려가 되도록 하려는 것이다.

1. 방송은 허가에서부터 유지에 이르기까지 국민, 즉 수용자의 합의가 있는 제도적 장치에 의해 관리되어야 한다.
2. 이미 많은 연구 투자를 하여 공론으로 제의된 방송개혁에 대한 상식적이고 발전된 제안들을 시행해야 한다.
3. 방송이 이윤추구만을 위한 상품으로 전락하는 것은 막아야 하며, 선거의 선심대상으로 전락하는 것도 막아야 한다.

정부는 이와 같은 문제들을 국민의 대표기관이며 여론을 집약하는 대변기관이 책임있게 수행할 수 있도록 해야 하며 최소한 공동의 작업이라도 되어야 할 것이다. 거듭 밝히거니와 전파는 국민 모두의 것이며 전파를 통해 전해지는 내용은 국민 모두의 생활에 절대적인 영향을 주기 때문이다. 방송개혁 연대회의는 이와 같은 주장을 촉구하고, 감시하고, 정략적이거나 무리하게 진행되는 정책에 관해서는 총력을 기울여 모두에게 알리고 저지하며, 이를 통해 보다 나은 방송의 앞날을 기약하고자 결성되는 것이다.

1994. 9. 30.
방송개혁 국민회의

감소하는 효과를 가져왔던 것으로 평가되었다(텔레비전방송이대로는안된다시청자대책회의, 1993). 이 운동은 그 방법 면에서도 유례를 찾아보기 힘든 새로운 방식을 사용하였으며, 누구나 참여할 수 있는 구체적인 실천 방법을 제시함으로써 상당한 참여를 이끌어 내는 성과를 거두었다는 점에서 그 의의를 높게 평가할 수 있을 것이다.

이와 함께 2000년도부터는 <조선일보> 반대 운동이 또 하나의 흐름을 형성하기 시작하였다. 그동안 <조선일보>는 우리 사회의 주류 언론의 대표적 신문으로서 어느 언론 매체보다도 막강한 영향력을 행사해 왔다. 이러한 <조선일보>가 보수 세력의 선봉장으로서 우리 사회의 여론을 좌지우지하며 정치나 사회 문화 등 여러 부문에서 권력이라고 불릴 만한 영향력을 행사해 온 데 대해 청년층을 중심으로 한 진보 세력들이 문제를 제기하면서 제동을 걸고 나선 것이다. 이 운동은 1990년대 후반부터 급속히 보급이 확대되어 온 인터넷을 매개로 하여 큰 파급력을 지니면서 시민 언론 운동의 주요한 축을 구성하게 되었다. 1998년 말경 <조선일보>가 최장집 교수 사상을 둘러싸고 집요하게 물고 늘어져 색깔 논쟁 시비를 불러 일으켰던 사건을 계기로 해서 1999년 12월부터 사이버 공간에서 안티조선 사이트 '우리모두'(www.urimodu.com)가 활동을 본격화하였으며, 2000년 들어 지식인들이 조선일보반대 선언을 하는 것을 계기로 9월 조선일보반대시민연대가 출범하였다(http://www.antichosun.or.kr). 그 밖에도 조선일보없는아름다운세상(약칭 조아세www.joase.org), 물총닷컴(www.mulchong. com) 등의 여러 인터넷 사이트들이 생겨나면서 안티조선 운동이 확산되어 갔다.

최근 시민 언론 운동의 최대 현안은 '언론 개혁'이다. 1990년대 시민 언론 운동을 통해 자연스럽게 언론 개혁의 필요성과 당위성이 제기되었던 것이 김대중 정권부터 노무현 정권에 이르기까지 정치권까지 이에 발벗고 나서면서 우리 사회의 핵심적인 쟁점 중의 하나로 부상하여 이를 둘러싸고 심한 대립과 갈등을 빚고 있다.

방송개혁을 위한 국민선언

방송은 국민의 중요한 정신환경이며 소중한 문화자산이다. 방송전파는 전송수단과 관계없이 국민이 주인되는 공공재산이다. 따라서 방송은 국민의 공공적 이익에 봉사해야 하며 특정한 자본이익과 권력욕구의 수단이 되어서는 안된다.

방송의 소유형태는 공공의 이익을 가장 잘 추구할 수 있는 형태를 취해야 하며, 불가피하게 최소한의 사적인 소유형태를 허용하더라도 특정 집단이나 개인의 소유 집중을 막고 국민의 주권과 대의가 충분히 반영될 수 있는 규제방안을 제도화해야 한다.

공공적 방송 소유형태에서는 방송사의 경영이 가장 효율적이고 경제적으로 운영되도록 해야 하며, 사적인 소유형태에서는 방송사업으로 인해 발생하는 적정선 이상의 초과이익이 국민에게 반환되는 제도를 마련해야 한다.

방송전파의 배분과 방송사 설립허가권이 더 이상 정부에 독점되어서는 안된다. 지금과 같은 정부의 허가 독점과 대자본의 상업방송 특혜장악은 또다른 정경언(政經言) 유착을 낳게 된다. 국민의 대의가 충분히 반영된 독립적 방송정책기구로 허가권이 즉각 이전되어야 한다.

공영 방송사의 사장 및 경영진 선임에 정부의 개입과 통제가 중단되어야 하며, 이를 위해 국민적 대의를 담보할 수 있는 독립적인 경영관리기구의 구성 및 운영이 이루어져야 한다.

우리 국민 스스로는 광고 등으로 지출되는 보다 막대한 간접경비의 은닉성을 경계하고, 건전한 방송주권을 담보할 수 있으며 실제로도 가장 저렴한 비용인 직접 수신료의 지출 확대에 적극적으로 노력해야 한다.

저급한 흥미와 오락이 주는 일시적 만족을 지양하고, 후세의 교육 환경과 민주사회의 발전을 기할 수 있는 건전한 시청취문화를 구축하여 시장경쟁 논리와 시청률 경쟁의 폐해를 국민 스스로 척결해야 한다.

우리의 방송주권 획득과 민주적 방송개혁이 저절로 주어지는 것이 아님을 명확히 인식하고 방송의 주인되기를 위해 적극 참여하고 필요할 경우 힘을 합쳐 투쟁할 각오를 다진다.

1994. 9. 30.
방송개혁 국민회의

289

총선미디어감시국민연대 발족선언문

오늘 우리는 총선관련 보도를 집중 감시할 '총선미디어국민연대'를 진수시킨다. '탄핵정국'에서 치루어지는 17대 선거에 임하는 국민들의 자세는 역대 어느 선거때보다 엄숙하다. 이미 대다수 국민들은 국회의 '대통령탄핵'을 '민주주의유린행위'로 규정했고 '백만 촛불'로 심판했다. 대다수 국민들은 4·15 총선을 '민주주의수호의 날'로 규정하고 각계각층에서 자발적으로 투표참여운동을 벌이는 등 '민주수호'를 위해 적극적으로 나서고 있다.

그러나 일부 언론을 제외하면 탄핵정국과 총선을 바라보는 언론의 시각은 국민의식을 쫓아가지 못하고 있는 실정이다. 심지어 조선일보를 비롯한 수구언론들은 탄핵의 부당함을 지적하기는커녕 탄핵 이후 고건총리체제의 '안정'을 강조하며 탄핵에 대한 국민적 분노를 '국론 분열' '갈등' '혼란' 등의 용어를 동원해 왜곡시키고 있다. 몇몇 신문들은 정통성있는 550여 시민 단체가 결성한 '탄핵무효 부패정치청산을 위한 국민행동'의 백만촛불과 정체조차 불분명한 극소수 수구단체의 탄핵지지 활동을 등치시켜 보도하는 오류까지 범하고 있다.

한편 우리는 언론이 지난 선거 시기에 유권자의 올바른 선택에 도움을 주는 양질의 정보를 제공해 왔는지 묻지 않을 수 없다. 이에 대한 대답은 늘 부정적이었다. 오히려 언론은 고질적 병폐인 지역감정을 부추기는데 앞장섰고 불법 탈법 선거를 감시한다는 미명하에 선거판의 혼탁함을 지나치게 부각해 '정치 냉소주의'를 부추켰으며 결과적으로 투표율하락에 일조했다는 비판을 받아왔다. 더 나아가 선거 시기 일부언론은 최소한의 객관성, 공정성마저도 헌신짝처럼 내팽겨쳤다는 지적을 받아왔다. 선거 때마다 언론은 특정 정당과 특정 후보에 밀착하고 자신들이 지지하는 후보를 당선시키기 위해 온갖 편파·왜곡보도를 저질러왔다. 언론계 안팎에서는 어느 언론사가 어떤 정당의 후보에게 '줄섰다'는 구설이 무성했으며 2002년 대통령 선거 당일 조선일보가 내보낸 사설 <정몽준, 노무현 버렸다>는 특정정당과 특정신문의 유착관계를 드러내준 결정적 증거로 평가된다.

오늘 발족하는 '총선 미디어감시 국민연대'는 다음 몇가지 원칙에 따라 선거보도를 감시할 것이다. 우선 '정치개혁'이라는 큰 틀 아래 선거보도를 감시할 것이다. '차떼기' '책떼기'로 얼룩진 16대 국회는 국민들로부터 사망선고를 받았으며 국민들은 4·15 총선을 낡고 부패한 수구정치세력을 구축하는 정치개혁의 출발점으로 인식하고 있다. 선거보도는 당연히 정치개혁이라는 시대적 과제를 수렴해야 한다. 우리는 언론이 정치개혁에 도움이 되는 선거보도를 하는지 꼼꼼하게 살펴볼 것이다.

다음으로 우리는 진보정당 관련 보도에 주목해 선거보도감시를 할 것이다. 인물교체 혹은 보수정당 내의 의석수 변화만으로 낡고 부패한 정치를 '국민의 정치'로 탈바꿈시킬 수는 없다. 우리 정치가 정책을 기초로 한 경쟁구도로 바뀌기 위해서는 진보정당의 국회진출이 필수적이다. 4·15총선은 '부패정치 청산'과 함께 진보정당의 의회 진출을 그 역사적 과제로 부여받고 있다. 우리는 언론이 진보정당에 대해 전향적인 보도를 해줄 것을 당부하며 진보정당에 대한 언론보도를 주의 깊게 지켜볼 것임을 밝혀둔다.

우리는 또 다양한 유권자 운동에 대한 언론의 보도태도를 주시할 것이다. 다양한 유권자 운동은 정치개혁의 큰 흐름 안에 있으며 유권자중심의 선거문화를 만들어 가는 데 있어 매우 중요하다. 그러므로 언론이 시민 사회의 유권자 운동을 적극적으로 보도하는 것은 지극히 당연하다. 그러나 소위 메이저언론은 유권자운동을 제대로 보도하기보다는 이를 왜곡하고 폄하했다는 지적을 받고 있다. 지난 2002년 총선연대활동을 '정권의 홍위병' 운운하며 매도했던 수구언론은 17대 총선을 앞두고 벌어지는 시민 사회의 '낙천낙선운동'과 '당선운동' 등을 시민 사회의 분열로 몰고 가며 그 의미를 희석시키려하고 있다.

우리는 '정책보도,' '공정보도' 등등의 기본적 선거보도 규범이 제대로 지켜지고 있는지 여부를 감시하고 '편파왜곡보도'에 대해서도 감시의 끈을 팽팽하게 조일 것이다. 아울러 선거보도 감시결과는 인터넷매체들과 연대하여 지속적으로 유권자에게 알려나갈 것이다. 신문사진보도 및 인터넷언론에 이르기까지 그 영역을 확대해 이들 매체에 실리는 선거관련 보도도 집중 감시할 예정이다. 마지막으로 '총선 미디어감시 국민연대'는 총선보도감시활동을 통해 정치개혁을 위한 다양한 시민 사회의 노력에 동참할 것을 천명한다. 언론이 대오각성해 올바른 총선보도를 위해 노력해줄 것을 당부한다.

2004총선미디어감시국민연대

2004년 3월 22일

출처 : http://www.mmm2004.or.kr/zboard/view.php?id=data_01&no=2, 2004. 3. 30.

2. 현 단계 시민 언론 운동의 특성

1) 언론 인식의 차원

앞의 장에서도 지적한 바와 같이 1970년대 후반 이후 수용자 운동에서는 언론과의 연대 의식은 전혀 나타나지 않고 있다. 단지 언론을 대립적인 존재로 파악하여 언론에 대해 집단적으로 비판하고 그 개혁을 요구하는 형태의 수용자 운동이 지배적인 흐름을 형성하고 있다.

이러한 인식을 바탕으로 언론 수용자 운동이 지향하는 이념도 달라지고 있다. 특히, 1990년대 들어 정치적 지형이 크게 변화되면서 시민 언론 운동이 지향하는 바 이념도 커다란 변화를 보여 준다. 그 변화의 가장 주요한 측면은 탈정치화하여 신사회 운동적인 성격이 더욱 강해진다는 점을 지적할 수 있다. 1980년대 후반이나 1990년대 초반까지만 하더라도 언론 노조 운동이나 시민 언론 단체들이 표방하는 바는 주로 언론 민주화를 통해 사회 민주화를 지향한다는 것이었다. 물론 표방하는 목표는 어디까지나 수사적인 차원에서 선언적인 의미를 주로 지니는 것이지만 반면에 이는 단체가 지향하는 목표에 정치 지향적인 성격이 분명히 존재하고 있음을 말해 준다.

그러나 1990년대 중반으로 접어들면서는 각 단체들이 제기하는 이슈나 목표에서 탈정치적인 경향이 분명히 나타나기 시작한다. 대표적인 예는 광주의 민언협이 1995년 2월에 열린 정기총회에서 규약을 개정하면서 목적에 관한 조항에서 사회 민주화에 기여한다는 내용이 빠지게 된 사실을 들 수 있다(채백, 1995, 191~2쪽).

또한 시민 언론 운동 단체들이 제기하는 주요 이슈들을 보더라도 1990년대 중반으로 오면서는 주로 언론의 소유권 문제나 상업화 경향, 이로 인한 선정성 등 탈정치화된 성격이 두드러지게 나타나고 있다. 대표적인 예가 1993년도 TV의 선정성에 항의해서 이루어졌던 'TV 끄기 운동'과

1996년 신문들 간의 판촉 경쟁이 살인 사건으로 번지자 벌어졌던 재벌 신문의 문제나 구독 강제의 문제 등을 들 수 있다.

이와 같이 시민 언론 운동의 이념이 탈정치화되면서 신사회 운동적 성격을 더욱 강화하게 된 것은 1987년의 6월 항쟁 이후 언론에 대한 정치 권력의 직접적 개입이 현저하게 줄어들고 대신 시장 논리에 의해 좌우되는 변화에 기인한 바가 크다. 또한 1993년 이른바 '문민 정부'가 출범하면서 탈정치적인 성향은 더욱 두드러지게 되었던 것이다.

김대중 정권으로 들어서면서 시민 언론 운동이 다시 정치성을 띠는 것으로 보인다. 즉, 언론개혁시민연대들이 출범하면서 표방하는 것을 보면, 언론을 개혁하지 않고는 우리 사회를 개혁할 수 없다는 문제 의식들이 핵심을 이루고 있다. 이러한 경향이 나타나게 된 것은 아마도 한국 사회가 1997년 말부터 IMF 체제로 들어가게 된 사실이 직접적인 영향을 준 것으로 보인다. 국가의 총체적 위기 속에서 모든 부문의 개혁이 절실해지는 가운데 언론 개혁이 쟁점화되면서 이러한 정치 지향성들이 다시 생겨난다고 볼 수 있다. 특히, 2000년대 들어 언론 개혁 문제가 정치권을 포함한 전체 사회의 핵심 쟁점으로 부상하면서 언론의 문제가 갖는 정치성이 다시 강화되었다고 볼 수 있다.

2) 주체의 차원

1990년대 들어 시민 언론 운동의 주체는 더욱 확산되면서 조직화되고 전문화되는 양상을 보여 주었다. 학생들뿐만 아니라 일반 시민, 주부 등 시민 언론 운동에 참여하는 계층은 꾸준히 확대되는 양상을 지속해 왔다. 또한 지방까지 포함하여 전국 각지에 언론 관련 시민 단체들이 생겨나면서 상시적인 활동을 조직적으로 전개하고 있는 것이다.

또 다른 하나의 경향은 전문화이다. 생활 수준 및 교육 수준의 향상으로 수용자들의 주체 의식이 높아지면서 언론 문제에 대한 공감대는 매우 넓어졌다. 그러나 언론 문제의 구체적인 의미나 그 대응 방법들을 잘 몰라서 적절한 대처를 하지 못했던 것이 시민 언론 운동의 전문화를 가져 오는 주요 동인이 되었다. 즉, 언론에 대항해서 수용자의 권리를 찾기 위해서는 언론 문제에 대해서 전문적인 식견이 필요하다는 인식이 확대되면서 시민 단체들도 언론 문제를 전문으로 하는 단체들이 생겨나는 전문화 경향이 나타났다는 말이다.

　　이러한 전문화의 측면은 1990년대 후반으로 오면서 다시 연대로의 움직임을 보여 주고 있다. 전술한 언론개혁시민연대가 바로 그것이다. 이는 그동안 시민 언론 운동 단체들이 언론 부문의 전문화된 운동을 전개해 오면서 상대적인 힘의 열세를 너무나 절감하였고, 또 시민 사회 다른 영역의 단체들도 이 언론 문제의 중요성을 절감하면서 자연스럽게 연대하게 된 것으로 해석할 수 있다.

3) 방법의 차원

1990년대의 시민 언론 운동은 그 방법의 측면에서 매우 다양화되어 가는 양상을 보여 준다. 시민 언론 운동의 방법은 크게 나누면 일상적인 활동과 쟁점에 대한 대응으로 나누어서 살펴 볼 수 있다. 언론 운동을 전문으로 하는 시민 단체들이 생겨나면서 일상적인 시민 언론 운동이 가능해졌다. 이는 앞에서도 잠시 언급하였지만 언론학교를 통해 수용자들을 교육하여 언론 운동의 기반을 계속 확대해 나가며 모니터 작업을 통해 언론에 대한 감시를 항시적인 수준으로 끌어 올릴 수 있었던 것이다.

　　현안이 발생했을 때 대응해 가는 방식도 다양화되어 가고 있다. 1990년도의 스포츠 신문에 대한 문제 제기에서 사용되었던 광고주 상품 불매 운동이나 1993년의 TV 끄기 운동, 선거보도감시연대회의에서 사용된 언론사에 항의 전화 걸기, 항의 방문 등이 1990년대에 새롭게 나타난 운동 방법이라 할 수 있겠다. 또한 1996년부터 제기된 국민주 방송 관련 논의도 새로운 방식이라

할 수 있겠다. 운동의 방향이 기존 언론을 개혁하는 것을 넘어서서 국민이 주인되는 새로운 방송을 만들려는 시도까지 이루어졌던 것이다.

1990년대 후반부터 나타나는 새로운 운동 방식은 사이버 공간의 활용이다. 컴퓨터 보급이 늘어나고 정보화가 진전되면서 나타난 새로운 양상이라 할 수 있다. 이는 두 가지 측면으로 나누어 볼 수 있다. 하나는 기존의 시민 언론 단체들이 인터넷에 사이트를 개설, 운영하는 방식이며 다른 하나는 인터넷 망에서 자생적으로 대안적 매체가 만들어지는 측면이다.

전자의 측면을 보면 이제는 웬만한 조직이나 단체의 경우 인터넷 홈페이지를 개설, 운영하는 것은 필수 요건이라고 해도 절대 과언이 아닐 정도이다. 언론 관련 시민 단체들도 거의 예외없이 홈페이지를 개설하여 운영하고 있다. 이 홈페이지 운영도 단체 일상 활동의 빼놓을 수 없는 주요 항목이 되고 있다.

후자의 측면은 앞에서 지적했던 <조선일보> 반대 관련 사이트들 외에도 <딴지일보>(http://www.ddanji.com)에서 시작된 대안적 매체 운동이 <오마이뉴스>(www.ohmynews.co.kr)나 <프레시안>(www.pressian.co.kr) 등 이제는 어엿한 하나의 언론으로까지 인정받는 상황에 이르고 있다. 이 인터넷 언론들은 17대 대선 과정인 2002년도 2월 9일 문화관광부가 "<오마이뉴스>도 현행 정간법상 정기 간행물은 아니지만 <오마이뉴스>의 보도 내용과 사회적 역할 등을 감안해 볼 때 사실상 언론의 기능을 수행하고 있다는 점에서 새로운 형태의 언론이라 할 것"이라는 유권 해석을 함으로써 하나의 언론으로서 공식적인 인정을 받기에 이른 것이다(<한겨레> 2002. 2. 10)

이와 같이 1990년대의 시민 언론 운동은 그 방법 면에서 매우 다양해지는 양상을 보여 주고 있다. 이러한 방법의 다양화는 시민 언론 운동의 새로운 가능성을 보여 주는 것으로 받아들일 수 있다.

3. 시민 언론 운동의 전망과 과제

1) 시민 언론 운동의 전망

시민 언론 운동의 미래는 지금까지의 역사적 발전 과정과 무관할 수 없다. 미래란 항상 과거로부터의 흐름 속에서 존재하는 것이기 때문이다. 앞에서 살펴본 한국 시민 언론 운동의 역사적 흐름 속에서 그 미래를 조심스럽게 가늠해 보고자 한다.

앞에서 살펴 본 바와 같이 한국 사회의 시민 언론 운동은 1990년대 들어 매우 활성화되는 국면을 맞이하고 있다. 이러한 시민 언론 운동은 앞으로도 우리 사회에서 계속 중요한 역할을 할 것으로 보인다. 시민 사회의 역량은 점차 강화될 것이며 그 속에서 시민 언론 운동도 역할이 더욱 커지리라는 기대를 해 볼 수 있다. 언론 개혁이 사회적 관심사로 부상한 국면에서 앞으로 당분간은 시민 언론 운동이 바로 이 언론 개혁의 당위성과 필요성을 바탕으로 계속 중요한 역할을 해나갈 것이다.

서론에서도 언급하였지만 언론 개혁이나 우리 사회의 민주 발전 등에 관한 논의에서는 대부분 시민 언론 운동에 대한 기대를 결론으로 제시하고 있다. 이건 그만큼 언론의 중요성이 막대하여 이를 개혁하기 위해서는 거의 유일한 방법이 시민 언론 운동이라고 평가하기 때문일 것이다. 또 하나의 권력으로 평가될 만큼 언론의 힘이 막강해지고 있는 현실에서 이를 견제할 다른 대안은 마땅히 없는 현실이다. 이런 현실이기에 시민 언론 운동에 거는 기대가 점차 커져가는 것이다. 이러한 기대는 당위적 및 현실적 차원에서 시민 언론 운동의 전망을 밝게 해 주는 것이다.

더욱이 한국 언론이 이제 시장의 포로(양승목, 1995)라는 평가가 나올 정도로 정치 권력의 직접적 개입은 줄어들고 시장 메커니즘에 의해 좌우되고 있다. 자본주의 언론의 시장은 수용자가 그 주요 부분을 구성하게 되는 것이며 이 수용자들이 바로 시민 언론 운동의 주체가 된다는 점을 고려할 때, 앞으로 언론 시장에서 시민 언론 운동의 역할은 더욱 큰 몫을 차지하게 될 것이다.

이처럼 시민 언론 운동의 미래를 낙관적으로 전망할 수 있는 또 다른 주요 요인 중의 하나는 바로 언론 환경의 변화이다. 이른바 다매체 다채널 시대가 전개되면서 기존의 거대 언론들에 대항하는 소규모의 공론장들이 여러 가지 형태로 가능해진 것이다. 우선 예로 들 수 있는 것이 바로 사이버 공간이다. 앞에서도 지적한 바 있지만 인터넷에서 나타나는 기존 언론에 대한 비판과 저항, 그리고 새로운 매체 운용은 시민 언론 운동의 영역과 가능성을 크게 강화시켜주는 요인이라 할 수 있다.

2) 시민 언론 운동의 과제

시민 언론 운동에 대해 한국 사회가 거는 기대가 이처럼 큼에도 불구하고 운동의 현실은 산적한 문제들을 안고 있다. 시민 언론 운동이 주어진 역할을 제대로 해내기 위해서는 이러한 과제에의 대응과 해결이 필수적으로 요구된다. 이제 시민 언론 운동이 안고 있는 주요 과제들을 정리해 봄으로써 앞으로의 발전 방향을 제시해 보고자 한다.

우선 이념적인 측면에서 과제를 들자면 시민 언론 운동의 현실적 위상과 의미를 보다 정확하게 인식할 필요가 있을 것이다. 언론을 견제할 유일한 세력으로서 시민 언론 운동에 기대가 집중되고 있기는 하지만 시민 언론 운동이 모든 것을 할 수 있는 것은 결코 아니라는 점을 명확하게 인식해야 할 것이다. 시민 언론 운동은 언론을 견제하고 감시하는 압력 집단으로서의 역할을 할 수는 있지만 언론을 개혁하는 주체로서는 한계를 지닐 수밖에 없는 것이다. 한상진도 수용자 주권론에 대해 논평하면서 자칫하면 소비자가 모든 것을 바꿀 수 있다는 순진한 이데올로기 함정에 빠질 수 있다고 경고한 바 있다(한상진, 1994, 165쪽). 이처럼 보다 명확한 현실 인식 속에서 올바른 방향 설정이 가능할 것이다.

다음으로 너무 원칙에만 매달려 거창한 구호만을 앞세우지 말고 현실에 입각하여 보다 구체적인 목표를 세우고 이를 위해 사업 방향을 잡아 가는 것이 필요하다고 본다. 언론의 현실은 이미 상당한 정도로 기업화, 산업화되어 있다. 시민 언론 운동이 근본적인 체제 변혁을 지향하는 것이 아니라면 이러한 현실을 수용하면서 그 속에서 언론에 대한 견제가 이루어져야 할 것이다. 기업으로 형태로 존재하는 자본주의 언론에 대해서 정론지 시대의 모습을 보여 줄 것을 요구해서는 구체적인 성과를 기대하기 힘든 법이다.

　　이보다는 보다 현실적이고 구체적인 목표들을 세워 단계적으로 하나 하나 풀어 가는 전략들이 필요할 것으로 본다. 원칙적인 측면에만 얽매이지 말고 시의성 있는 구체적인 이슈 중심으로 다양한 활동을 펼쳐 나가는 기획력이 요구된다. 거창한 목표보다는 작더라도 현실적인 목표를 세워 가시적인 성과를 만들어 가는 것이 현단계 운동에서 절실하다고 본다.

　　결국 문제는 참여이다. 일반 시민들의 참여를 얼마나 확보해 내느냐가 앞으로 시민 언론 운동의 성패를 가늠하는 결정적 과제가 될 것이다. 이를 위해서는 시민 언론 운동 단체들이 조직의 문턱을 낮출 필요가 있다. 언론 문제에 공감하면서도 실제 시민 언론 운동에 아직 참여하지 않고 있는 많은 시민들을 끌어 들이는 작업이 필요할 것이다. 기존의 명망가 중심 운동이나 지사형 운동으로는 시민 참여에 한계가 있게 마련이다. 조직의 틀을 개선하고 프로그램을 다양화하여 시민들의 참여에 대한 부담을 덜어 줄 수 있는 방안을 강구해야 할 것이다.

　　앞에서도 언급한 바와 같이 최근 우리 사회는 다양한 시민 단체들이 연대하여 시민 언론 운동에 참여하고 있다. 앞으로의 과제는 이 조직이 연대를 위한 연대, 다시 말해 이름만 거는 형식적인 연대가 아니라 실질적인 참여가 이루어질 때 연대의 참뜻이 살아날 수 있으며 시민 언론 운동이 힘을 키워 나갈 수 있을 것이다.

참고 문헌

김기태 (1991). 신문 독자 운동 사례 연구. ≪저널리즘≫ 봄, 230~51쪽.

──── (2004). ≪시청자 주권과 시청자 운동: 한국 언론 수용자 운동론≫. 서울: 한나래.

양승목 (1995). 한국의 민주화와 언론의 성격 변화: '자율 언론'의 딜레마. 유재천 외 편, ≪한국 사회 변동과 언론≫.
　　　서울: 도서출판 소화, 93~146쪽.

임영호 (1994). 한국의 시민 사회와 언론 운동의 성격. 부산대학교 언론정보연구소 주최 '언론 정보 환경 변화와
　　　시민 언론 운동' 세미나 주제 발표 논문.

임영호 (1995). 한국의 시민 사회와 언론 운동의 성격 1985~1993. 유재천 외 편, ≪한국 사회 변동과 언론≫.
　　　서울: 도서출판 소화, 227~64쪽.

채백 (1995). 지역 사회 시민 언론 운동의 현황과 과제. ≪언론과 정보≫ 창간호 (부산대학교 언론정보연구소), 169
　　　~98쪽.

텔레비전방송이대로는안된다시청자대책회의 (1993). ≪1993년 7월 7일 'TV 끄기 운동' 활동 보고서≫. 서울: 텔
　　　레비전방송이대로는안된다시청자대책회의.